INSTITUTES
DE DROIT CIVIL
FRANÇAIS.

Noms des Libraires de la France, chez lesquels se vend cet ouvrage.

Aix. . . . . MM.   MOURET.
Bruxelles. . . . . . .   LECHARLIÈR.
Caen . . . .   MANOURY aîné.
Dijon. . . . .   COQUET.
Gênes . . . .   YV. GRAVIER.
Grenoble. . . . . . .   DURAND.
Lyon . . . .   RUSAND.
Milan. . . . .   GIEGLER.
Poitiers. . . . . . .   DAUVIN.
Rennes. . . . . . .   FROUT.
Strasbourg . . . . .   TREUTTEL et WURTZ.
Toulouse . . . . . .   BONNEFOI.
Turin . . . .   BOCCA.

INSTITUTES DE DROIT CIVIL FRANÇAIS,

CONFORMÉMENT AUX DISPOSITIONS

DU CODE NAPOLÉON,

AVEC LES EXPLICATIONS ET INTERPRÉTATIONS RÉSULTANTES
DES CODES, LOIS ET RÉGLEMENS POSTÉRIEURS ;

Par M. DELVINCOURT,

Professeur de Code Napoléon à l'École de Droit de Paris.

TOME TROISIÈME.

A PARIS,

Chez P. GUEFFIER, Imprimeur, rue du Foin-Saint-Jacques, n°. 18.

1808.

INSTITUTES DE DROIT CIVIL FRANÇAIS.

LIVRE QUATRIÈME.

Des différentes espèces de Contrats et d'Engagemens qui se forment sans convention.

OBSERVATION PRÉLIMINAIRE.

Nous avons vu, au titre *des Contrats en général*, Livre précédent, que les obligations provenant du fait de l'homme, étoient, ou des contrats, ou des engagemens formés sans convention, suivant que le fait d'où résulte l'obligation, étoit commun aux deux parties, ou particulier à l'une d'elles seulement.

Nous avons exposé dans le même Titre les règles générales applicables à tous les contrats. Il reste maintenant à faire connoître celles

Liv. IV. *Des Contrats et Engagemens* particulières à chaque espèce de contrats. Mais comme les conventions varient à l'infini parmi les hommes, on a dû se borner aux contrats les plus usuels, les autres pouvant se régler, ou d'après les principes généraux précédemment établis, ou d'après ceux particuliers à celui des contrats désignés dans le présent Livre, de la nature duquel ils participent davantage.

En même temps, pour observer, dans la série des divers titres qui composent ce quatrième Livre, un ordre qui puisse se retenir avec facilité, nous considérerons les contrats sous deux rapports, ou au moins dans leurs deux grandes divisions : comme consensuels et réels, comme principaux et accessoires.

PREMIÈRE CLASSE.

Contrats consensuels.

PREMIÈRE DISTINCTION.

Contrats principaux.

Contrat de mariage ;
Vente, qui comprendra l'expropriation forcée ;
Échange ;
Louage ;
Société ;
Mandat ;
Transaction.

qui se forment sans convention.

Accessoires.

Cautionnement ;
Privilége et hypothèque ;
Contrainte par corps.

La contrainte par corps est plutôt, à la vérité, un moyen d'exécution qu'un contrat ; mais cependant nous croyons devoir en parler ici, pour n'être pas obligé d'en faire une classe à part, et parce que cette contrainte peut, au moins dans quelques cas, résulter d'une convention ; ce qui lui donne alors le caractère de *Contrat consensuel accessoire.*

2062.

SECONDE CLASSE.

Contrats réels.

Principaux.

Prêt de toute espèce ;
Rente viagère, et par suite contrats aléatoires ;
Dépôt.

Accessoire.

Nantissement.

Enfin, nous terminerons ce Livre et l'ouvrage entier, par le titre *des Engagemens qui se forment sans convention.*

PREMIÈRE CLASSE.

PREMIÈRE DISTINCTION.

Contrats consensuels principaux.

TITRE PREMIER.

Du Contrat de Mariage.

L'EXPRESSION de *contrat de mariage* peut se prendre dans deux sens. Ainsi, quand nous avons dit, au premier Livre, que le mariage étoit *un contrat*, nous avons entendu par cette expression, le mariage en lui-même, c'est-à-dire, le consentement des contractans exprimé dans les formes légales, abstraction faite de toute stipulation pécuniaire ; mais dans le présent Titre, le mot de *contrat de mariage* signifie les conventions particulières faites, tant par les futurs époux, que par des tiers, en faveur et à l'occasion du mariage.

Ce contrat, dans tous les temps, attira spécialement l'attention du législateur. Destiné à renfermer le vœu des deux familles qui vont s'unir, à fixer le sort de celle qui doit résulter de cette union, il a toujours été regardé comme susceptible de la plus grande faveur. Aussi a-t-il été constamment permis d'y insérer des stipulations qui eussent été prohibées par-tout ailleurs. Cette disposition est consacrée par l'art. 1387.

Il est évident que cette faculté ne peut s'étendre aux stipulations contraires aux bonnes mœurs, ni à celles prohibées expressément par la loi (1). Il ne peut être également dérogé, même par contrat de mariage, aux dispositions de la loi, relatives

1387.

1°. A la puissance maritale (2);
2°. A la puissance paternelle (3);
3°. A la tutelle légitime des père et mère (4);
4°. A l'ordre légal des successions, soit par rapport aux époux eux-mêmes dans la succes-

1388.

---

(1) Voyez les articles 1399, 1453, 1521, 2140, etc.

(2) Nous avons vu, au titre *du Mariage*, en quoi consiste cette puissance : on ne peut pas stipuler que la femme n'aura pas le même domicile que son mari ; qu'elle pourra aliéner ses immeubles sans être autorisée, etc.

(3) On ne peut stipuler que la mère survivante n'aura pas la puissance paternelle, ou bien qu'elle l'aura pendant le mariage.

(4) On ne peut pas stipuler que la mère survivante ne sera pas tutrice de ses enfans, sauf le droit du mari de lui adjoindre un conseil.

sion de leurs enfans ou descendans (1), soit par rapport à leurs enfans entr'eux (2), sans préjudice toutefois des dispositions entre-vifs ou testamentaires, qui pourroient avoir lieu d'après les règles établies au Titre *des Donations ;*

1389.

5°. Enfin, quoique les époux puissent se conformer, dans tous les points sur lesquels le Code ne contient pas de prohibition formelle, aux dispositions, soit des ordonnances anciennes, soit du droit écrit, soit des coutumes qui régissoient ci-devant le territoire français, ils ne peuvent cependant pas stipuler, d'une manière générale, que leur union sera réglée par telle ou telle coutume, droit, ou ordonnance.

1390.

Ces cas exceptés, les époux peuvent faire telles conventions qu'ils jugent convenables ; et c'est encore par une suite de la faveur accordée au contrat de mariage, que le mineur habile à contracter mariage peut, ainsi que nous l'avons vu, *Titre précédent,* y faire, avec l'assistance des personnes dont le consentement est nécessaire pour la validité de son

---

(1) On ne peut pas stipuler qu'un des enfans venant à mourir, sa succession appartiendra en entier à l'un des époux, à l'exclusion de l'autre époux ou des parens de celui-ci.

(2) On ne peut stipuler que les successions de tous les enfans qui viendront à mourir, appartiendront à l'aîné.

Tit. I. *Du Contrat de Mariage.*

mariage (1), toutes les conventions et donations dont il seroit capable, s'il étoit majeur. 1398.

Mais comme la faveur accordée au contrat de mariage n'est que la suite de celle accordée au mariage même, il faut que les conventions soient telles, que l'on puisse présumer que, sans elles, le mariage n'eût pas été célébré.

De-là il résulte, 1°. qu'elles doivent être rédigées et consenties avant le mariage. Il faut donc, pour ne laisser aucun doute à cet égard, qu'elles soient passées devant notaires; 1394.

2°. Qu'elles n'ont d'effet qu'autant que le mariage s'est ensuivi, et seulement du jour de la célébration;

Et 3°. que les conventions matrimoniales une fois consenties, ne peuvent recevoir aucun changement après la célébration. Il faut 1395. donc qu'elles soient passées avec minute (2). Quant aux changemens qui y seroient faits avant la célébration, ils ne sont valables (3), qu'autant qu'ils ont été rédigés dans la même forme que le contrat de mariage, en présence

---

(1) Si donc il n'a pas d'ascendans, il faut que les conventions soient approuvées par le conseil de famille.

(2) Si elles étoient en brevet, on pourroit supprimer le brevet, et changer par-là les conventions, puisque les époux qui s'étoient peut-être mariés sous le régime dotal, ou sous celui de la communauté modifiée, se trouveroient régis par la communauté légale.

(3) Même à l'égard de ceux qui les ont consentis.

et du consentement simultané de tous ceux qui ont été parties (1) dans ledit contrat.

Mais ces précautions ne seroient pas encore suffisantes à l'égard des tiers qui, en voyant le contrat, pourroient ignorer qu'il y a eu des changemens. C'est pour cela que l'art. 1397 déclare nuls, à l'égard des tiers, tous changemens et contre-lettres, même revêtus des formes ci-dessus, qui n'ont pas été rédigés à la suite de la minute du contrat; et lorsque cette formalité a été observée, le même article défend au notaire, à peine de dommages-intérêts (2), et même sous plus grande peine, s'il y a lieu, de délivrer aucune grosse ou expédition dudit contrat, sans transcrire à la suite le changement ou la contre-lettre.

De plus, si l'un des époux est commerçant, le contrat de mariage doit être transmis par extrait, dans le mois de sa date, aux greffes (3).

───────────

(1) *Parties*, c'est-à-dire consentans ou donateurs. S'ils n'avoient signé le contrat que comme assistans, *honoris causâ*, leur présence ni leur consentement ne seroient nécessaires.

(2) *A peine de dommages-intérêts* : ainsi la contre-lettre est valable, même à l'égard des tiers; mais si le défaut d'insertion d'icelle à la suite de l'expédition du contrat, a induit quelque personne en erreur, elle a recours contre le notaire pour être indemnisée.

(3) Ce sont les greffes des tribunaux de première instance et de commerce, du domicile du mari.

Tit. I. *Du Contrat de Mariage.*

et chambres (1) désignés par l'art. 872 du Code de Procédure, pour être exposé au tableau, conformément audit article (2). L'extrait doit énoncer si les époux sont en communauté, séparés de biens, ou soumis au régime dotal. *Com.* 67.

La remise dudit extrait doit être faite par le notaire qui a reçu le contrat, à peine de cent francs d'amende, et même de destitution et de responsabilité envers les créanciers, s'il est prouvé que l'omission soit la suite d'une collusion. *Ib.* 68.

La même remise doit être faite par tout époux séparé de biens ou marié sous le régime dotal (3), qui embrasse la profession de commerçant postérieurement à son mariage; elle doit avoir lieu dans le mois du jour où il a ouvert son commerce, à peine, en cas de faillite, d'être puni comme banqueroutier frauduleux. *Ib.* 69.

Quant aux époux séparés de biens, ou mariés sous le régime dotal, qui exerçoient la profession de commerçant au 20 septembre 1807 (4),

---

(1) Ce sont les chambres des avoués et notaires, s'il en existe.

(2) Cette exposition doit avoir lieu pendant un an.

(3) On n'exige pas la remise, s'il est marié sous le régime de la communauté, parce que c'est le droit commun, ainsi que nous l'allons voir tout-à-l'heure, et que d'ailleurs ce régime est le plus favorable aux créanciers.

(4) Epoque de la promulgation des sept premiers Titres du Code de Commerce.

10   Liv. IV. *Des Contrats et Engag., &c.*

ils ont dû faire la même remise, et sous la même
Com. 70. peine, dans l'année à compter de ladite époque.

Quelqu'important que soit le contrat de mariage, son existence n'est cependant pas nécessaire pour la validité du mariage en lui-même. On peut donc se marier sans contrat. Mais comme il est toujours essentiel de déterminer les rapports d'intérêts que chacun des époux peut avoir, soit avec son conjoint ou les héritiers de celui-ci, soit avec les enfans communs, la loi s'est chargée de fixer d'avance, et d'une manière générale, les conventions matrimoniales de ceux qui n'en ont fait aucune. Ces conventions sont ce qu'on appelle le *régime*
1393. *de la communauté légale.*

En consacrant ainsi le régime de la communauté, le législateur n'a pas voulu cependant changer les habitudes d'une grande partie de la France, accoutumée à un système différent, connu sous le nom de *régime dotal*. Ce régime
1391. a donc été également conservé; mais avec cette différence, qu'il n'a lieu, qu'autant que les parties s'y sont soumises expressément par leur
1392. contrat; au lieu que la communauté légale n'a pas besoin d'être stipulée, et régit de plein droit l'association de ceux qui n'ont fait au-
1393. cune convention matrimoniale quelconque.

Enfin, et toujours par suite de la faveur accordée au contrat de mariage, les époux peu-

Tit. I. *Du Contrat de Mariage.* 11

vent, non seulement modifier le systême de la communauté légale, mais encore le rejeter entièrement, sans se soumettre néanmoins, même dans ce cas, au régime dotal. 1391.

Ce traité présentera donc d'abord trois grandes divisions :

Régime en communauté, qui comprendra la communauté légale, et celle modifiée, dite *conventionelle* ;

Régime exclusif de communauté ;

Et régime dotal.

Ces trois régimes ont cela de commun;
1°. que, dans tous, il peut y avoir une dot(1); 1540.
2°. que la femme ne peut, dans aucun cas, ni à la faveur d'aucune stipulation, même d'une autorisation générale donnée par contrat de mariage, aliéner ses immeubles, ou ester en jugement à raison de ses biens, soit meubles, soit immeubles, sans le consentement spécial de son mari, ou à son refus, sans l'autorisation de justice. 1538.

Mais il y a cette différence entre ces trois régimes, d'abord que, dans le régime dotal, il n'y a de dotal que ce que la femme se constitue en dot par contrat de mariage, ou qui

---

(1) On entend sous ce nom, tout ce que la femme apporte au mari pour soutenir les charges du mariage. (Art. 1540.)

1541. lui est donné par le même acte (1), tandis que, dans les deux autres régimes, tous les biens de la femme sont dotaux, si le contraire n'a été formellement stipulé; et, en second lieu, que dans le régime dotal, l'immeuble faisant partie de la dot, est, en général, inaliénable, tandis que, dans les deux autres régimes, il peut toujours être aliéné par la femme duement autorisée.

Nota. Dans un chapitre particulier placé à la fin du présent Titre, nous ferons connoître les dispositions particulières introduites par le Code de Commerce, relativement aux femmes des commerçans.

PARTIE PREMIÈRE.

Du Régime en communauté (2).

La communauté conjugale peut être définie une société de biens entre époux.

Nous disons *entre époux*, parce que cette société étant vraiment exorbitante du droit commun, n'est permise qu'en faveur des époux,

---

(1) Et encore pourvu que la donation ne soit pas faite à la charge que l'objet donné lui tiendra lieu de paraphernal. (Art. 1541.)

(2) Il existe sur cette matière trois traités fort connus de Le Brun, de Renusson, et de Pothier. Je conseille à l'étudiant de s'en tenir au dernier.

Tit. I. *Du Contrat de Mariage.* 13

et ne peut avoir lieu qu'entr'eux seuls; d'où il suit qu'elle ne peut commencer que du jour de la célébration du mariage, et qu'on ne peut même stipuler qu'elle commencera à une autre époque (1). Cependant, si la communauté avoit été stipulée, et que l'un des époux eût acquis un immeuble dans l'intervalle de temps écoulé depuis l'époque du contrat jusqu'à celle de la célébration, cet immeuble entreroit dans la communauté (2), à moins que l'acquisition n'en eût été faite en exécution de quelque clause du contrat; auquel cas elle seroit réglée suivant la convention (3).

1399.

1404.

Les règles concernant le régime en communauté peuvent se diviser, en les considérant sous les deux rapports suivans:

En effet, ou les époux n'ont point de contrat de mariage, ou bien ils se sont contentés d'y déclarer simplement qu'ils entendoient se marier sous le régime de la communauté, et

---

(1) En effet, si elle commençoit avant le mariage, elle n'auroit pas lieu entre époux: si elle commençoit après le mariage, cela faciliteroit les avantages indirects.

(2) Cette disposition a pour but d'empêcher les fraudes tendant à dépouiller la communauté.

(3) Par suite du même principe, si, dans le même intervalle, l'un des époux a vendu un de ses immeubles sans remploi, il lui en est dû récompense lors de la dissolution de la communauté.

alors le système de la communauté légale leur est appliqué dans son entier;

Ou, en conservant les bases principales de ce régime, ils l'ont modifié par quelque convention particulière ; et il en résulte alors une communauté que l'on nomme *conventionnelle*, et qui est elle-même régie par les principes de la communauté légale, pour tous les cas non prévus par le contrat.

De-là une division de cette première partie en deux chapitres, dont le premier traitera de la communauté légale, et le second de la communauté conventionnelle, c'est-à-dire, des principales clauses qui peuvent modifier le premier système.

CHAPITRE PREMIER.

De la Communauté légale.

La communauté légale étant, comme nous l'avons dit, une véritable société régie par des lois particulières, nous aurons à voir : 1°. de quels objets elle est composée, ou quel est son actif;

2°. Quelles sont les charges auxquelles elle est assujettie, ou quel est son passif;

3°. Par qui, et comment elle est administrée ;

4°. Comment elle se dissout ;

5°. Quelles sont les suites de sa dissolution.

TIT. I. *Du Contrat de Mariage.*

SECTION PREMIÈRE.

De l'Actif de la Communauté.

L'actif de la communauté se compose :

1°. De tout le mobilier appartenant aux époux ; ce qui comprend non seulement celui qu'ils possédoient au moment de la célébration, mais encore celui qu'ils acquièrent depuis, soit à titre onéreux, soit par succession ou donation. Si cependant le donateur d'objets mobiliers a mis pour condition à sa libéralité, que lesdits objets ne tomberont point en communauté, cette disposition doit être exécutée, et les objets donnés demeurent propres à l'époux donataire.

2°. De tous les fruits ou revenus échus ou perçus (1) pendant le mariage, et provenant même des biens propres aux époux. On comprend sous le nom de *fruit* tout ce qui est regardé comme tel, d'après les règles établies au Titre *de l'Usufruit.* Cependant les produits des carrières et mines ouvertes pendant le mariage, tombent dans la communauté, sauf récompense, s'il y a lieu.

1401.

1403.

On doit également appliquer à la commu-

---

(1) *Echus*, pour les fruits civils ; *perçus*, pour ceux naturels et industriels.

nauté les dispositions de l'art. 585, relativement aux fruits pendans par racine, au temps où elle commence, et à l'instant de sa dissolution (1). Si cependant il s'agit de coupes de bois qui, d'après l'aménagement ordinaire, auroient dû être faites pendant la communauté, et qui ne l'ont point été, l'époux propriétaire du fonds en doit récompense à la communauté (2).

1403.

3°. Enfin, l'actif de la communauté se compose de tous les immeubles acquis pendant le mariage à titre onéreux.

1401.

Nous disons *acquis*, parce que ceux dont chaque époux étoit propriétaire, ou possesseur à titre de propriétaire (3), au moment du mariage, n'entrent point dans la communauté.

1402.
1404.

A titre onéreux : parce que ceux qui échoient aux époux, même pendant le mariage, à titre de succession légitime, n'entrent pas davantage en communauté. Il en est de

1404.

---

(1) Ainsi la communauté profite de ceux pendans par racine au moment de la célébration, et l'époux propriétaire profite à son tour de ceux qui sont dans le même état au moment de la dissolution de la communauté, le tout sans récompense de part ni d'autre.

(2) C'est pour empêcher les fraudes. Le mari prévoyant la mort prochaine de sa femme, pourroit retarder la coupe des bois existans sur son fonds, à l'effet d'en frustrer la communauté.

(3) Ainsi, quand même la prescription s'accompliroit pendant le mariage, si l'époux possédoit l'immeuble auparavant, il seroit propre de communauté.

Tit. I. *Du Contrat de Mariage.* 17

même de ceux donnés à l'un d'eux (1), à moins que la donation ne contienne la clause expresse que l'immeuble donné appartiendra à la communauté. 1405.

Cependant la règle générale d'après laquelle tous les immeubles acquis pendant le mariage, à titre onéreux, font partie de la communauté, est elle-même susceptible de plusieurs exceptions :

1°. A l'égard de l'immeuble abandonné ou cédé à l'un des époux par ses père, mère ou autres ascendans, lorsque la cession peut être regardée comme un arrangement de famille ; elle est alors présumée faite en avancement d'hoirie ; et, en conséquence, il n'est pas nécessaire qu'elle ait lieu à titre purement gratuit, pour que l'immeuble cédé soit réputé propre de communauté (2). Ainsi, quoique la cession ait été faite, soit pour remplir l'époux de ce qui lui étoit dû par l'ascendant, soit à la charge de payer les dettes de ce dernier à des étrangers, elle n'en est pas moins, comme nous l'avons dit, présumée faite en avancement de la succession, et l'immeuble cédé reste propre à l'époux cessionnaire, à la charge

---

(1) Entre-vifs ou par testament.

(2) On appelle *propre de communauté* tous les objets appartenans à l'un des époux, et qui ne tombent point dans la communauté.

III. 2

par lui de récompenser la communauté, soit du montant de ce qui lui étoit dû, soit de ce qu'il en a coûté pour payer les dettes de l'ascendant (1);

1406.

2°. A l'égard de l'immeuble acquis à titre d'échange contre celui appartenant à l'un des époux. La subrogation réelle qui a lieu dans ce cas, donne à l'immeuble acquis le caractère de propre de communauté, sauf récompense, s'il y a eu soulte;

1407.

3°. A l'égard des immeubles acquis en remplacement de ceux propres à l'un des époux, et qui ont été aliénés pendant la communauté, lorsque les conditions prescrites pour que la subrogation ait lieu, ont été remplies (2);

4°. A l'égard de l'acquisition faite pendant le mariage, à titre de licitation ou autrement, de portion d'un immeuble dont l'un des époux étoit propriétaire par indivis au moment du mariage. Nous avons vu, au Titre *des Successions*, que l'effet de la licitation est que le co-propriétaire de l'objet, qui devient adjudiitaire du surplus, est censé avoir été, dès le principe, propriétaire du total. Il est bien

---

(1) On regarde ces conventions plutôt comme des arrangemens de famille, que comme des acquisitions, parce que, quand même elles n'auroient pas eu lieu, l'époux auroit toujours trouvé l'immeuble dans la succession de l'ascendant.

(2) Voir ci-après, section 4, §. 2.

entendu que, dans ce cas, si la communauté a fourni quelque somme pour l'acquisition, elle doit en être indemnisée.

1408.

La disposition précédente a lieu en faveur de la femme, même quand le mari se seroit fait adjuger à lui seul, et en son nom personnel, l'immeuble dont elle étoit co-propriétaire; elle a même alors cet avantage, que, lors de la dissolution de la communauté, elle a le choix, ou de reprendre l'immeuble en totalité, en remboursant à la communauté le prix de l'acquisition, ou de l'abandonner à la communauté, qui devient alors débitrice envers elle d'une partie du prix proportionnée à la part qu'elle avoit dans l'immeuble (1).

Ibid.

5°. A l'égard des immeubles dans la propriété desquels l'un des époux est rentré depuis le mariage, par la rescision ou la résolution (2) de l'aliénation qu'il en avoit faite auparavant; le tout, sauf récompense, s'il y a lieu;

6°. A l'égard des immeubles unis *réellement* à un propre de communauté. Ainsi,

---

(1) Pourquoi ce choix est-il donné à la femme? C'est pour punir le mari, qui est censé avoir abusé de la puissance maritale pour empêcher sa femme d'acquérir l'immeuble, et pour se rendre adjudicataire en son nom personnel.

(2) Par exemple, si l'immeuble avoit été vendu à pacte de rachat avant le mariage, et que le réméré eût été exercé depuis le mariage.

l'édifice construit, même aux frais de la communauté, sur un terrain appartenant à l'un des époux, est propre de communauté, sauf récompense. Nous disons *unis réellement*, parce que si l'union n'étoit que par destination, l'objet uni conserveroit la qualité d'acquêt (1). Telle seroit l'union d'une pièce de terre, voisine d'un clos propre à l'un des époux, et qui auroit servi à en augmenter l'enceinte (2).

Au surplus, dans le doute, tout immeuble est réputé acquêt, à moins qu'il ne soit prouvé que l'un des époux en avoit la propriété ou la possession légale (3) au moment du mariage.

1402.

Section II.

Du Passif de la Communauté.

Le passif de la communauté se compose;

1°. De toutes les dettes mobilières dont les époux étoient grevés au moment de la célébration du mariage, sauf récompense pour celles relatives aux immeubles qui leur sont propres de communauté (4);

---

(1) On appelle *acquêt* tous les objets acquis pendant le mariage, et qui sont de nature à tomber dans la communauté.

(2) Il en est autrement dans les legs (Art. 1019); mais c'est qu'ici il s'agit de prévenir les fraudes et les avantages indirects.

(3) Voyez la note (3) de la page 16.

(4) Telles sont celles dont les époux sont tenus hypothécairement; le prix des immeubles propres à chacun des époux, lorsqu'il est encore dû au moment du mariage, etc.

2°. Des dettes mobilières dont se trouvent chargées les successions qui leur échoient pendant le mariage, sauf les distinctions qui seront établies ci-après;

3°. De toutes les dettes, tant en capitaux qu'arrérages ou intérêts, contractées pendant la communauté par le mari, ou par la femme du consentement du mari; aussi, sauf récompense, dans les cas où elle a lieu (1);

4°. Des arrérages ou intérêts seulement des rentes et autres dettes personnelles aux époux (2);

5°. Des réparations usufructuaires des immeubles qui n'entrent point en communauté (3);

6°. Enfin, des alimens des époux, de la nourriture, entretien et éducation des enfans (4), et de toute autre charge du mariage. 1409.

Nous allons reprendre séparément les trois

---

(1) Pour les cas de récompense, voyez l'art. 1437, et ci-après section 4, §. 2.

(2) La communauté jouissant du revenu des propres de chacun des époux, doit payer les intérêts qui sont une charge des fruits.

(3) La communauté est usufruitière de ces immeubles; donc, etc.

(4) *Des enfans*, communs. Quant aux enfans du premier lit, s'ils ont de quoi y subvenir, la dépense doit être prise sur leurs biens; s'ils n'en ont pas, leurs alimens étant une dette mobilière de l'époux dont ils descendent, la communauté en doit être chargée.

premières dispositions, qui seules peuvent présenter quelque difficulté.

Nous disons d'abord que la communauté est chargée de toutes les dettes mobilières dont les époux étoient personnellement grevés au moment de la célébration ; mais comme ce principe, s'il étoit admis sans distinction, pourroit faciliter à la femme le moyen de disposer seule de la communauté pendant le mariage, par des reconnoissances anti-datées, il a été établi que les dettes mobilières contractées par elle, même avant le mariage, ne seroient à la charge de la communauté, qu'autant qu'elles seroient prouvées par un acte ayant date certaine antérieure au mariage, sauf au créancier qui n'auroit pas un titre semblable, à poursuivre son paiement, mais seulement sur la nue-propriété (1) des immeubles personnels à la femme.

Mais si le mari a payé une dette de sa femme, n'ayant point de date certaine antérieure au mariage, on doit présumer qu'il a reconnu la vérité de la date ; et, en conséquence, il n'a point de récompense à demander pour raison de ce paiement, à sa femme, ni à ses héritiers.

1410.

Quant à ce qui concerne les dettes du mari, il faut observer à son égard que, vis-à-vis des

---

(1) Et non sur l'usufruit, qui appartient à la communauté.

tiers, et pour tous les actes à titre onéreux (1), la communauté est considérée comme sa propriété pleine et entière, et comme ne faisant qu'un avec ses biens personnels. De-là il suit que, pendant la communauté, les créanciers personnels du mari peuvent poursuivre, même les biens de la communauté, et que, *vice versâ*, les créanciers de la communauté peuvent poursuivre également, même les biens personnels du mari; le tout, sauf récompense, s'il y a lieu.

· La communauté est chargée, comme nous l'avons dit, non seulement des dettes contractées par chacun des époux antérieurement au mariage, sauf, à l'égard de celles de la femme, la distinction résultante de l'incertitude de la date, mais encore, et à plus forte raison, de toutes celles contractées pendant le mariage, soit conjointement par les deux époux, soit par le mari seul, soit même par la femme seule du consentement du mari. En conséquence, le paiement de toutes ces dettes peut être poursuivi, tant sur les biens de la communauté que sur ceux du mari (2). 1419.

---

(1) La disposition à titre gratuit des biens de la communauté est défendu au mari, sauf dans quelques cas que nous ferons connoître ci-après.

(2) Et même sur ceux de la femme, quand celle-ci s'est obligée. (Art. 1419.)

Il faut observer, d'un autre côté, que la femme n'a réellement seule, ou par elle-même, aucun droit sur les biens de la communauté, pendant sa durée, et qu'elle ne peut en disposer en aucune manière, sans le consentement exprès ou présumé de son mari (1).

[1426.]

Pour appliquer ces principes aux dettes provenant des successions échues aux époux pendant le mariage, et pour faire connoître comment les époux ou la communauté en sont tenus, nous distinguerons trois cas : ou ces successions sont purement mobilières, ou elles sont purement immobilières, ou elles sont tout-à-la-fois mobilières et immobilières. Mais nous observerons, avant tout, que ces distinctions ne peuvent préjudicier au droit qu'ont, dans tous les cas, les créanciers de ces successions, de poursuivre leur paiement sur les biens, tant mobiliers qu'immobiliers, qui en proviennent.

[1412.]
[1417.]

Les dettes des successions purement mobilières sont, pour le tout, à la charge de la communauté (2), et par conséquent du mari, quand même la succession seroit échue à la

[1411.]

___

(1) L'autorisation de justice ne suffiroit même pas, comme nous le verrons tout-à-l'heure.

(2) Quand la succession est entièrement mobilière, tout l'actif tombe dans la communauté : il est juste qu'elle soit chargée de tout le passif.

femme, et que les dettes excéderoient l'émolument. Si cependant la succession n'a été acceptée par la femme qu'avec l'autorisation de justice, et qu'il y ait eu inventaire (1), les créanciers, après avoir épuisé les biens de la succession, ne peuvent poursuivre leur paiement que sur la nue-propriété des autres biens personnels de la femme (2). 1417.

Si la succession est purement immobilière, il est clair que, pour ce qui concerne les époux, la communauté ne profitant que du revenu des immeubles, les dettes ne peuvent être à sa charge que pour les intérêts et arrérages; mais, quant aux tiers, il faut distinguer si la succession est échue au mari ou à la femme.

Dans le premier cas, d'après les principes que nous avons établis ci-dessus, les créanciers peuvent poursuivre leur paiement, non seulement sur les biens propres du mari, mais même sur ceux de la communauté, sauf récompense. 1412.

Si la succession est échue à la femme, les créanciers n'ont d'action que sur ses biens personnels, et encore avec cette différence, que, si l'acceptation a eu lieu du consentement du mari, les créanciers peuvent agir sur la pleine

---

(1) L'inventaire est nécessaire pour prévenir le concert frauduleux qui pourroit exister entre le mari et la femme.
(2) Et non sur l'usufruit, qui appartient à la communauté.

propriété desdits biens, au lieu que si la femme a été autorisée par justice, ils ne peuvent se pourvoir que sur la nue-propriété des mêmes biens.

1413. Enfin, si la succession est tout-à-la-fois mobilière et immobilière, on calcule quelle est la valeur du mobilier, comparativement à la masse totale, et les dettes même mobilières de la succession ne tombent à la charge de la communauté que dans la proportion de cette valeur. La contribution, dans ce cas, se règle d'après un inventaire auquel le mari est tenu de faire procéder, soit de son chef, si la succession le concerne personnellement, soit comme dirigeant les actions de sa femme, si c'est à elle que la succession est échue.

1414. Si cet inventaire n'a pas eu lieu, et qu'il en résulte un préjudice pour la femme, elle ou ses héritiers peuvent, lors de la dissolution de la communauté, poursuivre les récompenses de droit, et même être admis à faire preuve, tant par titres et papiers domestiques, que par témoins, et, au besoin, par commune renommée, de la quantité et de la valeur du mobilier. Le mari n'est jamais reçu à faire cette preuve; il n'a tenu qu'à lui de se procurer celle exigée par la loi.

1415. La contribution dont il est ici question, n'a lieu que relativement aux époux et aux récom-

Tit. I. *Du Contrat de Mariage.*

penses qu'ils peuvent respectivement exiger, les créanciers des successions conservant toujours le droit de poursuivre leur paiement total, même sur les biens de la communauté, soit que la succession soit échue au mari ou à la femme, pourvu, dans ce dernier cas, qu'elle soit acceptée du consentement du mari. Ils ont le même droit, quand la succession a été acceptée par la femme avec l'autorisation de justice, s'il y a eu confusion du mobilier qui en provenoit, avec celui de la communauté, sans inventaire préalable. 1416.

Ibid.

Mais si la succession a été acceptée par la femme avec l'autorisation de justice au refus du mari, et qu'il y ait eu inventaire, les créanciers de la succession ne peuvent se pourvoir que sur les biens qui en proviennent, soit meubles, soit immeubles; et, en cas d'insuffisance, sur la nue-propriété des biens personnels de la femme. 1417.

Toutes les dispositions dont nous venons de parler, relativement au paiement des dettes d'une succession, s'appliquent également à celles provenant d'une donation. 1418.

Nous verrons dans la section suivante, comment et dans quels cas les dettes contractées directement par les deux époux, sont à la charge de la communauté.

Section III.

De l'Administration de la Communauté, et du Droit des conjoints sur les biens qui la composent.

Avant de faire connoître les droits respectifs des conjoints sur la communauté, il est nécessaire d'établir ici des règles générales qui serviront à fixer ces mêmes droits, ainsi que les principes d'après lesquels est administrée la communauté légale. Ces règles sont au nombre de quatre.

Première règle. Le mari est seul chef et libre administrateur de la communauté, tant qu'elle dure : il en est même, comme nous l'avons dit, censé propriétaire à l'égard des tiers ; et il est tenu, en cette qualité, même sur ses biens personnels, de toutes les dettes qui sont à la charge de cette même communauté.

1421.

Deuxième règle. Il peut, seul et sans le concours de sa femme, hypothéquer et aliéner, à titre onéreux, tous les biens qui composent la communauté.

Ibid.

Troisième règle. Il ne peut s'en avantager, ni lui, ni sa femme.

1437.

Quatrième règle. Il ne peut avantager la communauté à son préjudice, ni au préjudice de sa femme.

1453.

Ces deux dernières règles trouveront principalement leur application, lorsque nous traiterons de la liquidation de la communauté après sa dissolution. Il suffira d'observer, quant à présent, pour leur intelligence, que la communauté, dans ses rapports avec les deux époux, doit être considérée en quelque sorte comme un être moral, une tierce personne, propriétaire des biens qui la composent.

Si donc l'un des époux s'est enrichi aux dépens de la communauté, il lui doit récompense de ce qu'il en a tiré pour s'enrichir.

De même, si la communauté s'est enrichie aux dépens de l'un des époux, elle lui doit récompense de ce qu'il lui en a coûté pour l'enrichir.

Ces règles posées, nous allons en voir découler naturellement les droits respectifs des époux sur les biens de la communauté.

§. Ier.

Du Droit du mari sur les biens de la communauté.

Il résulte des deux premières règles qui viennent d'être établies :

1°. Que la communauté étant usufruitière des immeubles personnels de la femme, le mari, comme chef de cette communauté, a le droit de les administrer, et qu'il est, par la même raison, responsable de tout dépérisse-

ment causé par défaut d'actes conservatoires(1):
Par suite de cette administration, il peut passer seul les baux desdits biens; mais, au moment de la dissolution de la communauté, ces baux ne sont obligatoires, à l'égard de la femme ou de ses héritiers, qu'autant que le mari s'est renfermé dans les limites tracées par les articles 1429 et 1430, et qui sont les mêmes que pour les baux de biens de mineurs (2);

2°. Que le mari peut également exercer seul toutes les actions mobilières (3) et possessoires (4), qui appartiennent à sa femme; mais il ne peut aliéner les immeubles personnels de la femme sans son consentement;

3°. Que la communauté, par suite du droit qu'a le mari d'aliéner et d'hypothéquer les biens qui la composent, est tenue de toutes les dettes contractées par lui pendant sa durée, sauf récompense, s'il y a lieu (5). La nécessité de prévenir les fraudes a fait décider en outre que les obligations contractées, même par la femme seule, avec le consentement du mari,

---

(1) S'il a négligé d'interrompre une prescription, etc.
(2) Voyez tome 1er., pag. 245 et 246.
(3) Même celles relatives aux objets mobiliers qui ne tomberoient pas en communauté; par exemple, ceux qui auroient été donnés à la femme sous cette condition.
(4) *Possessoires*: c'est-à-dire, celles qui ont trait à la possession, comme la complainte, la réintégrande.
(5) Il est dû récompense toutes les fois que les dettes ont été contractées pour l'avantage personnel du mari.

auroient, à l'égard des tiers, le même effet que si elles eussent été contractées par le mari lui-même conjointement avec sa femme. Elle obligera en conséquence non seulement les biens personnels de la femme, mais encore ceux du mari et de la communauté, sauf récompense, s'il y a lieu (1). Il en seroit de même quand le consentement du mari ne seroit que présumé, par exemple, dans le cas où la femme est marchande publique, et qu'elle contracte pour le fait de son commerce (2) ; 1419.

4°. Que la communauté étant une société dont le mari est le chef et l'administrateur, les engagemens qu'il contracte en cette qualité, obligent sa femme même sans son consentement, mais seulement en qualité d'associée ou de commune, et pour la part qu'elle a dans la communauté. 1426.

Le droit qu'a le mari d'obliger la femme sans son consentement, étant fondé sur le pouvoir qu'elle est censé lui avoir donné tacitement par le fait du mariage, ne peut moralement s'étendre aux engagemens résultans de délits. En conséquence, le paiement des amendes encourues par le mari, peut bien, comme dette mobilière, être poursuivi sur les 1494. 1482.

_____

(1) La récompense est due quand la dette a été contractée pour l'avantage personnel de l'un des époux.
(2) Voyez au tome 1er., pag. 132.

biens de la communauté, lorsque le délit n'emporte pas mort civile (1); mais la femme ou ses héritiers ont droit d'en demander récompense lors de la dissolution ;

1424.

5°. Que le droit du mari sur les biens de la communauté se borne, en général, aux dispositions à titre onéreux, sauf néanmoins les exceptions suivantes :

Le mari peut disposer, comme il le juge convenable, même entre-vifs, et à titre gratuit, des biens de la communauté, pour l'établissement des enfans communs; et, dans le cas où la communauté est acceptée par la femme, elle doit supporter la moitié de la dot, à moins que le mari n'ait déclaré expressément qu'il s'en chargeoit pour le tout, ou pour une portion plus forte que la moitié; auquel cas il doit récompense à la communauté, de l'excédant de cette moitié.

1422.

1439.

Mais à l'égard de toutes personnes autres que les enfans communs, le mari ne peut disposer gratuitement que des effets mobiliers de la communauté, et encore seulement à titre particulier, et pourvu qu'il ne s'en réserve pas l'usufruit (2).

1422.

---

(1) Si le délit emporte mort civile, alors il n'y a plus de mariage, et conséquemment plus de communauté.

(2) On ne veut pas qu'il puisse nuire à la communauté, sans se nuire à lui-même.

Tit. I. *Du Contrat de Mariage.*

Quant aux dispositions testamentaires, ou aux donations de biens à venir, comme elles ne peuvent avoir d'effet qu'à une époque où la communauté est dissoute, il est évident qu'elles ne peuvent excéder ce qui adviendra au mari, dans ladite communauté, par l'effet du partage ou de la renonciation de sa femme. Si cependant le mari a légué à titre particulier un effet de la communauté, le légataire a toujours le droit de le réclamer en totalité, savoir : en nature, si l'objet, par l'événement du partage, tombe au lot des héritiers du mari ; ou, dans le cas contraire, en argent, à prendre non seulement sur la part desdits héritiers dans les biens de la communauté, mais encore sur les biens personnels du mari (1). 1423.

Par suite du même principe, les condamnations prononcées contre le mari, pour crime emportant mort civile, ne pouvant être exécutées qu'après la dissolution de la communauté, ne frappent que sa part dans la communauté et ses biens personnels. 1425.

---

(1) On a admis, spécialement dans cette circonstance, la disposition du Droit Romain, relativement au legs de la chose d'autrui.

§. II.

Des Droits de la femme sur les biens de la communauté.

1426. Il résulte également des deux premières règles ci-dessus, que la femme n'a réellement, par elle-même, aucun droit sur les biens de la communauté pendant sa durée. Tout acte fait par elle, sans le consentement exprès ou présumé (1) de son mari, n'engage donc en aucune manière les biens de cette communauté.

1427. L'autorisation même de justice, suffisante, dans certains cas, pour la rendre habile à disposer de ses propres biens, ne peut lui donner la capacité nécessaire pour disposer de ceux de la communauté, excepté dans les cas de la plus grande urgence, comme s'il s'agissoit de tirer son mari de prison, ou d'établir des enfans communs, pendant l'absence du mari. Hors ces cas, ou autres semblables, tout acte fait par la femme, même autorisée par justice, n'oblige la communauté qu'autant que la

---

(1) Il y a consentement présumé, quand la femme est marchande publique. Le mari, en l'autorisant à faire commerce, est censé l'avoir autorisée pour tous les actes relatifs à ce commerce.

TIT. I. *Du Contrat de Mariage.* 35

communauté elle-même en a profité, et seulement jusqu'à concurrence de l'émolument; à défaut de preuve suffisante à cet égard, le créancier n'a de recours, tant que dure la communauté, que sur la nue-propriété des biens personnels de la femme.

Par la même raison, les amendes encourues par elle, pour crime n'emportant pas mort civile (1), ne peuvent s'exécuter, pendant la communauté, que sur cette nue-propriété. 1424.

Mais si la femme ne peut, seule et par elle-même, disposer d'aucun des objets de la communauté, elle peut du moins le faire conjointement avec son mari, et cela de deux manières, ou en qualité de commune, ou en son propre nom.

Elle dispose et contracte en qualité de commune, même sans être présente ni nommée au contrat, lorsque son mari dispose ou contracte pendant la communauté (2), parce qu'il est toujours censé contracter en sa qualité de chef de la communauté; qu'en cette qualité, il a le droit d'engager sa femme pour la part qu'elle a dans cette même communauté; et

---

(1) S'il y a mort civile, la communauté est dissoute, et alors les amendes peuvent s'exécuter sur la part de la femme dans la communauté.

(2) Il faut excepter le cas où le mari dispose de ses biens personnels.

qu'en un mot, tout ce qui est fait par le mari seul, en sadite qualité de chef, est censé fait par la femme, conjointement avec lui (1).

La femme dispose et contracte encore en qualité de commune, quand elle agit en vertu de la procuration générale ou spéciale de son mari. Les obligations qu'elle consent en cette qualité, sont censées contractées par le mari seul; elles sont, en conséquence, à la charge de la communauté seulement, et le paiement n'en peut être poursuivi contre la femme qui a renoncé, ni sur ses biens personnels.

1420.

La femme dispose et contracte en son propre nom, lorsque son mari contracte et dispose, et qu'elle intervient au contrat, ou lorsqu'elle contracte seule, avec le consentement exprès ou présumé de son mari.

1419.

Ces deux modes d'obligation de la part de la femme (en qualité de commune ou en son propre nom), diffèrent essentiellement, en ce que, quand elle n'est obligée qu'en qualité de commune, elle cesse d'être obligée du moment qu'elle perd cette qualité, c'est-à-dire, du moment qu'elle a renoncé à la communauté, et que, même après l'avoir acceptée, elle n'est tenue de l'obligation, tant à l'égard de son mari

1494.

---

(1) Sauf ce que nous avons dit, au paragraphe précédent, relativement aux amendes.

Tit. I. *Du Contrat de Mariage.*

qu'à l'égard des créanciers, que jusqu'à concurrence de ce qu'elle a retiré de la communauté, pourvu qu'il y ait eu bon et fidèle inventaire, et à la charge par elle de rendre compte de tous les objets qui lui sont échus par le partage. C'est un privilége particulier accordé à la femme, et qui a beaucoup de ressemblance avec le bénéfice d'inventaire accordé à l'héritier. 1483.

Mais quand la femme a contracté en son nom, même pour une dette de la communauté, alors, comme elle est obligée personnellement, elle ne peut se décharger de l'obligation à l'égard du créancier, même en renonçant à la communauté, sauf son recours, s'il y a lieu, contre le mari ou ses héritiers. 1494.

Quant à la manière dont elle est tenue, il faut distinguer plusieurs cas :

Si elle s'est obligée conjointement avec son mari, mais sans solidité, d'après le principe établi au Titre *des Contrats en général*, elle ne peut être poursuivie que pour la moitié de la dette, sauf recours, s'il y a lieu (1), contre le mari ou ses héritiers; 1487.

Si elle s'est obligée solidairement, mais ce-

---

(1) Il y a lieu au recours quand la dette concerne le mari seul, ou même quand elle concerne la communauté, et que la femme y a renoncé.

pendant que la dette ne lui soit pas personnelle, la solidité n'a d'effet qu'à l'égard du créancier, qui peut lui demander le total ; mais pour ce qui concerne le mari, elle est toujours présumée s'être obligée comme caution, quand même la dette concerneroit les affaires de la communauté ; et elle doit être, en conséquence, indemnisée par lui ou ses héritiers, soit en
1431. total, soit pour moitié seulement, suivant les circonstances (1) (2).

Si la femme s'est obligée seule, mais avec le consentement exprès ou présumé de son mari, elle peut, ainsi que nous l'avons dit, être poursuivie pour le total, sauf son recours, s'il y a
1419. lieu (3).

Dans tous les cas où la femme a droit d'être indemnisée par le mari ou ses héritiers, elle a, pour sûreté de cette indemnité, sur les biens de son mari, une hypothèque légale ou tacite, qui remonte au jour où l'obligation a été con-
2135. tractée.

---

(1) En total, dans les deux cas mentionnés dans la note précédente ; pour moitié, quand c'est une dette de la communauté, et qu'elle l'a acceptée. Si la dette concerne la femme seulement, elle ne peut réclamer aucune indemnité.

(2) Le même principe s'applique au mari, lorsqu'il s'est obligé pour une dette personnelle à sa femme : il a, en cas de poursuites dirigées contre lui, son recours, soit sur la part de sa femme dans la communauté, soit même sur ses biens personnels. (1432.)

(3) Comme dans la note (1) ci-dessus.

Section IV.

De la Dissolution de la communauté.

La communauté étant une suite du mariage (1), doit cesser avec le mariage même. En conséquence, toutes les causes de dissolution du mariage sont également, et dans tous les cas, des causes de dissolution de la communauté (2). 1441.

Nous disons *dans tous les cas*, parce que le défaut d'inventaire, après la mort naturelle ou civile de l'un des époux, ne donne plus lieu, comme anciennement, à la continuation de la communauté, sauf aux parties intéressées à prouver la consistance et la nature des biens et effets communs, tant par titres que par témoins, et même par commune renommée. 1442.

La communauté peut encore se dissoudre pendant le mariage:

1°. Par l'absence de l'un des époux. La dissolution a lieu, dans ce cas, soit au moment de la déclaration d'absence, si l'époux présent demande

---

(1) La communauté est une suite du mariage, dans le sens que, quand elle a lieu, elle ne peut exister qu'avec le mariage, et qu'elle existe du moment que le mariage est célébré; car, d'ailleurs, les époux, comme nous l'avons vu, peuvent stipuler qu'il n'y aura pas de communauté.

(2) Voyez les Titres *du Mariage* et *du Divorce*.

la dissolution provisoire, soit lors de l'envoi définitif, si l'époux présent a réclamé dans le principe la continuation de la communauté (1);

2°. Par la séparation de corps;

1441. 3°. Par la séparation de biens.

Nous avons déjà traité de la séparation de corps au Titre *du Divorce*. Comme nous ne devons l'envisager ici que comme moyen de dissolution de la communauté, et que ses effets, à cet égard, sont les mêmes que ceux de la séparation de biens, il suffira de traiter de cette dernière.

On connoît dans le Droit deux espèces de séparations de biens, la séparation contractuelle, et celle judiciaire.

La séparation contractuelle est celle qui est stipulée par contrat de mariage. Comme l'effet de cette clause est d'empêcher qu'il n'y ait communauté entre les époux, et non pas de dissoudre une communauté existante, nous nous réservons d'en parler dans la seconde partie de ce traité.

La séparation judiciaire peut être définie, la dissolution de la communauté, ordonnée par jugement. Elle peut avoir lieu, lorsque les affaires du mari sont dans une telle situation que la dot de la femme est mise en péril, et

---

(1) Voyez le Titre *de l'Absence*.

Tit. I. *Du Contrat de Mariage.* 41

qu'il est à craindre qu'elle ne puisse recouvrer ses droits et reprises. 1443.

La séparation de biens ne peut être demandée et prononcée qu'en justice. Toute séparation volontaire est nulle (1); c'est même pour prévenir toute collusion à cet égard, que, dans ces sortes d'affaires, et par exception aux règles ordinaires, l'aveu du mari ne fait pas preuve des faits allégués contre lui, même quand il n'existeroit pas de créanciers. *Ibid.*

Pr. 870.

Le droit de demander la séparation de biens est exclusivement attaché à la personne de la femme. Ses créanciers même ne peuvent former cette demande sans son consentement, quoiqu'ils puissent néanmoins, en cas de faillite ou de déconfiture du mari, exercer les droits de leur débitrice, jusqu'à concurrence de leurs créances (2). 1446.

La femme doit être autorisée à l'effet de demander la séparation. L'autorisation est accordée sur requête, par le président du tribunal civil, et après les observations convenables. *Pr.* 865.

Extrait (3) de la demande est remis dans les

---

(1) C'est par suite du principe que les époux ne peuvent changer leurs conventions matrimoniales.

(2) Mais la femme n'en restera pas moins commune en biens.

(3) Cet extrait contient : 1°. la date de la demande ;
2°. Les noms, prénoms, profession et demeure des époux ;
Et 3°. Les noms et demeure de l'avoué constitué. (*Proc.* 866.)

trois jours, par l'avoué, au greffe du tribunal, qui l'inscrit sans délai sur un tableau placé à cet effet dans l'auditoire; pareil extrait est inscrit sur des tableaux placés dans l'auditoire du tribunal de commerce, et dans les chambres de notaires et d'avoués de première instance, dans les lieux où il y en a ; il est inséré en outre dans les journaux, conformément à ce qui se pratique pour la saisie immobilière.

Pr. 866.

Ib. 867.

Ib. {683 / 868}

Toutes ces formalités sont requises, à peine de nullité, laquelle peut être opposée, tant par le mari que par ses créanciers; et il ne peut, en outre, être prononcé sur la demande aucun jugement, qu'un mois après l'observation de toutes lesdites formalités, sans préjudice néanmoins des actes conservatoires que les circonstances peuvent rendre nécessaires.

Ib. 869.

Le jugement de séparation est lu publiquement, audience tenant, au tribunal de commerce du lieu, s'il y en a. Extrait (1) en est inséré, pendant un an, sur un tableau à ce destiné, et placé dans l'auditoire du tribunal de première instance du domicile du mari, ainsi que dans l'auditoire du tribunal de commerce; ou, s'il n'y en a pas, dans la princi-

---

(1) Cet extrait doit contenir la date du jugement ;
La désignation du tribunal qui l'a rendu ;
Et les noms, prénoms, profession et demeure des époux. (*Proc.* 872.)

Tit. I. *Du Contrat de Mariage.* 43

pale salle de la maison commune du même domicile, le tout quand même le mari ne seroit pas négociant. Pareil extrait est inséré également, et pendant le même intervalle, au tableau exposé en la chambre des avoués et notaires, s'il y en a; et l'exécution du jugement ne peut, à peine de nullité de ladite exécution, commencer que du jour où ces différentes insertions ont eu lieu. 1445.

Pr. 872.

Si les créanciers du mari craignent que la demande en séparation ne soit faite en fraude de leurs droits, ils peuvent intervenir dans l'instance pour la contester. Si le jugement a été rendu sans qu'ils soient intervenus, ils peuvent se pourvoir par tierce opposition, contre la séparation, même exécutée. Si cependant l'insertion aux tableaux a eu lieu, ainsi qu'il vient d'être dit, leur opposition n'est recevable que pendant l'année à compter de ladite insertion. 1447.

Pr. 873.

Dans tous les cas, la séparation est nulle, si elle n'a point été exécutée par le paiement réel, et prouvé par acte authentique, des droits et reprises de la femme, jusqu'à concurrence des biens du mari; ou, à défaut de paiement, par des poursuites commencées dans la quinzaine qui a suivi le jugement, et non interrompues depuis. 1444.

La séparation de biens une fois prononcée,

1445. les effets remontent au jour de la demande (1). Ces effets sont : 1°. comme nous l'avons vu, de dissoudre la communauté ;

2°. De donner à la femme le droit d'administrer ses biens personnels, et même de disposer de son mobilier. Mais la séparation de biens, quand bien même elle seroit le résultat de celle de corps, ne portant aucune atteinte au lien du mariage, ni conséquemment à la puissance maritale, la femme ne peut aliéner ses immeubles sans le consentement de son mari, ou de justice
1449. à son refus, en observant toutefois cette distinction, que, si l'aliénation a été faite par la femme séparée, du consentement du mari, il est garant envers sa femme ou ses héritiers du défaut d'emploi ou de remploi (2) du prix de l'immeuble aliéné, quoiqu'il ne le soit pas cependant de l'utilité de l'emploi ; au lieu que, si la vente a été faite avec l'autorisation de justice, le mari n'est garant du défaut d'emploi ou de remploi, qu'autant qu'il a concouru au contrat, ou qu'il est prouvé que les deniers ont été touchés par lui,
1450. ou qu'il en a profité.

La femme séparée est tenue de contribuer,

---

(1) Par conséquent tout ce qui échoit aux époux dans l'intervalle de la demande au jugement, est propre à chacun d'eux.

(2) Il y a *emploi*, quand le prix a été seulement placé. Il y a *remploi*, quand il a été employé à l'acquisition d'autres immeubles.

proportionnément à ses facultés, et à celles de son mari, même de pourvoir en totalité, si son mari n'a plus rien, aux frais de nourriture et éducation des enfans communs, et à ceux du ménage dans le cas où la séparation de biens ne seroit pas le résultat de celle de corps. 1448.

Au surplus, la communauté dissoute, soit par la séparation de corps, soit par celle de biens, peut être rétablie du consentement des deux conjoints; mais il faut : 1°. que ce consentement soit consigné dans un acte passé devant notaires avec minute, et affiché ainsi qu'il est prescrit pour le jugement de séparation;

Et 2°. que cet acte ne contienne aucun changement aux conditions qui régloient la communauté avant la séparation. Toute convention qui rétabliroit la communauté sous des conditions différentes, est nulle.

La communauté rétablie de cette manière reprend tous ses effets, à compter du jour du mariage, et les choses sont remises au même état que s'il n'y avoit pas eu de séparation, sans préjudice néanmoins de l'exécution des actes faits par la femme dans le temps intermédiaire, et non excédant les bornes de sa capacité. 1451.

SECTION V.

Des Suites de la Dissolution de la communauté.

La communauté une fois dissoute, il reste à déterminer quels sont les droits de chacun des époux sur les biens qui la composent; et comme ces droits varient suivant que la femme accepte la communauté, ou y renonce, nous aurons à traiter : 1°. de l'acceptation de la communauté et de la renonciation qui peut y être faite;

2°. Des effets de l'acceptation;

3°. De ceux de la renonciation.

§. Ier.

De l'Acceptation de la communauté, et de la Renonciation qui peut y être faite.

Le droit de renoncer à la communauté, et, ce faisant, de se décharger du paiement des dettes auxquelles elle est assujettie, est un droit exorbitant, qui n'a été accordé à la femme qu'en considération de ce que le mari étant le maître de cette communauté, et pouvant l'obérer à son gré, même au-delà de sa valeur, il ne paroissoit pas juste que la femme, qui n'avoit participé en rien à l'administration,

Tit. I. *Du Contrat de Mariage.* 47

fût tenue d'acquitter les dettes, même sur ses biens personnels.

La faculté de renoncer accordée à la femme, est en quelque sorte regardée comme étant d'ordre public, tellement que toute convention par laquelle la femme se seroit interdit, à elle ou à ses héritiers, la faculté de renoncer à la communauté, seroit nulle, et ne produiroit aucun effet. 1453.

Les raisons qui ont fait accorder cette faculté à la femme et à ses héritiers n'existant pas à l'égard du mari, qui doit être nécessairement responsable de sa mauvaise administration, il est évident qu'il ne peut renoncer à la communauté. Il continue donc d'en être propriétaire pour le total, si la femme ou ses héritiers y renoncent, ou pour moitié seulement, s'ils l'acceptent.

Cette acceptation et cette renonciation se règlent à-peu-près pour les mêmes principes que ceux établis pour l'acceptation et la répudiation des successions, sauf quelques modifications que nous allons faire connoître.

Ainsi, la femme majeure qui s'est immiscée dans les biens de la communauté ne peut y renoncer (1), en observant que, comme dans les successions, les actes purement adminis-

---

(1) Sauf l'exception portée au Titre *de l'Absence*, art. 124. (Voyez au tom. 1er. pag. 75 et 76.)

tratifs ou conservatoires n'emportent point immixtion.

1454.

Ne peut également renoncer 1°. celle qui a diverti ou recélé quelques effets de la communauté ; et, si elle a renoncé auparavant, elle est déchue du bénéfice de sa renonciation ;

1460.

2°. Celle qui, étant majeure, a pris dans un acte la qualité de commune, quand même ce seroit avant d'avoir fait inventaire, à moins qu'il n'y ait eu dol de la part des héritiers du mari.

1455.

Quant au délai dans lequel la femme doit déclarer si elle accepte la communauté, ou si elle y renonce, il faut distinguer quel est l'événement qui a donné lieu à la dissolution de la communauté.

Lorsque cette dissolution résulte d'un jugement de séparation de biens, nous avons vu que l'effet de ce jugement est nul, s'il n'y a eu des poursuites commencées par la femme dans la quinzaine de la date dudit jugement ; ce qui suppose qu'elle a dû prendre qualité dans le même délai.

1444.

Lorsque la dissolution est opérée par suite d'un divorce ou d'une séparation de corps, alors la femme qui n'a point accepté la communauté dans les trois mois et quarante jours après le divorce ou la séparation définitivement prononcés, est censée avoir renoncé, à moins qu'elle n'ait, avant l'expiration de ce délai, obtenu une prorogation en justice, son mari présent ou duement appelé. 1463.

Si, au contraire, la communauté est dissoute par la mort naturelle ou civile du mari, la présomption est pour l'acception; et, en conséquence, la femme ne peut conserver la faculté de renoncer, qu'en remplissant les formalités suivantes : $\begin{cases}1456.\\1462.\end{cases}$

Elle doit, 1°. faire procéder, dans les trois mois du jour de la mort de son mari, à l'inventaire fidèle et exact des biens de la communauté, les héritiers du mari présens ou duement appelés. Cet inventaire doit, en outre, être affirmé par elle sincère et véritable, lors de sa clôture, devant l'officier public qui l'a reçu. 1456.

2°. Si, après examen, elle juge que la communauté lui soit plus onéreuse que profitable, elle doit y renoncer dans les quarante jours après la clôture de l'inventaire. 1457.

Les délais, soit pour faire inventaire, soit pour délibérer, ne sont cependant pas de rigueur; et la femme peut, suivant les circonstances, demander au tribunal une prorogation, qui sera prononcée, s'il y a lieu, contradictoirement avec les héritiers du mari, ou eux duement appelés; et si la prorogation est demandée pour faire inventaire, les quarante 1458.

jours ne courent que du moment de l'expiration du nouveau délai.

Pr. 174.

Le défaut de renonciation, même dans le délai fixé par la loi, ou prorogé par le tribunal, n'ôte pas à la femme qui a fait inventaire, la faculté de renoncer, tant qu'elle ne s'est pas immiscée; elle peut seulement être poursuivie comme commune, jusqu'à ce qu'elle ait renoncé; et les frais faits contre elle jusqu'à sa renonciation, sont à sa charge.

1459.

Si elle vient à mourir avant d'avoir fait ou terminé l'inventaire, ses héritiers ont, pour le faire ou pour le terminer, un nouveau délai de trois mois, à compter de son décès, et un de quarante jours pour délibérer, à compter de la clôture de l'inventaire. Si elle meurt après avoir terminé l'inventaire, mais avant d'avoir pris qualité, ses héritiers ont, pour délibérer, un nouveau délai de quarante jours, à compter de son décès. Ils jouissent au surplus des mêmes droits qu'elle, relativement à la prorogation du délai, et à la faculté indéfinie de renoncer. Il en est de même quand la dissolution de la communauté est arrivée par la mort de la femme. Dans aucun cas, ils ne sont tenus de s'accorder sur l'acceptation ou la renonciation; mais s'ils sont divisés, les acceptans ne peuvent prendre dans les biens

1461.

Ibid.

1466.

Tit. I. *Du Contrat de Mariage.* 51

qui échoient au lot de la femme, qu'une part proportionnée à celle qu'ils ont dans sa succession. Le surplus reste au mari, qui demeure chargé, envers les renonçans, des droits que la femme auroit pu exercer en cas de renonciation, mais seulement aussi pour une part proportionnée à celle qu'ils prennent dans sa succession. 1475.

La renonciation de la femme ou de ses héritiers doit être faite au greffe du tribunal de première instance du domicile du mari, et inscrite sur le registre établi pour recevoir les renonciations à succession. 1457.

Toute renonciation faite au préjudice des créanciers de la femme peut être attaquée par eux ; et ils ont alors le droit d'accepter la communauté de leur chef. 1464.

Avant de passer aux paragraphes suivans, il faut observer quelques différences qui existent, quant à certains droits de la femme, suivant que la communauté est dissoute par la mort naturelle ou civile du mari, ou du vivant de ce dernier.

Dans le premier cas, la femme a le droit, pendant les trois mois et quarante jours qui lui sont accordés pour faire inventaire et pour délibérer, de prendre sa nourriture et celle de ses domestiques sur les provisions existantes, et à défaut, par emprunt au compte de la masse commune, à la charge toutefois d'en user modérément.

Secondement, elle ne doit également aucun loyer pour son habitation pendant les mêmes délais, soit que la maison où elle demeure fasse partie de la communauté, ou des biens personnels du mari, ou même soit tenue à loyer; auquel cas, cependant, le paiement du loyer doit être pris sur la masse.

1465.

Troisièmement, son deuil est aux frais de la succession de son mari : la valeur en est réglée selon la fortune de ce dernier.

1481.

Ces droits appartiennent à la femme, seulement quand elle est veuve (1), et indépendamment de son acceptation ou de sa renonciation; ils lui sont personnels, et ne passent point à ses héritiers.

1495.

Enfin, une quatrième différence, c'est que, quand la communauté est dissoute du vivant du mari, la femme est obligée d'attendre la mort naturelle ou civile de ce dernier, pour exercer ses droits de survie (2).

1452.

---

(1) Par conséquent ils n'ont pas lieu, quand la dissolution de la communauté s'opère du vivant du mari.

(2) *Ses droits de survie :* tels que préciput, donation faite au survivant, etc.

§. II.

Des Effets de l'Acceptation de la communauté.

Par l'acceptation de la communauté, la femme ou ses héritiers sont réputés avoir été, dès l'instant de la dissolution, propriétaires pour moitié de tous les biens dont la communauté étoit alors composée, et débiteurs, également pour moitié, de toutes les dettes dont elle étoit grevée. Ce droit indivis leur donne celui de demander la liquidation et le partage de cette même communauté.

Pour y parvenir, l'on détermine d'abord le montant des objets existans. Ceux mobiliers sont constatés ordinairement par un inventaire qui doit être fidèle et exact. Nous avons dit plus haut qu'une des peines infligées à la veuve qui divertiroit ou recèleroit des effets de la communauté, est d'être privée de la faculté de renoncer. Elle est déchue, en outre, du 1460. bénéfice qui lui est accordé, de n'être tenue des dettes auxquelles elle ne s'est pas obligée personnellement, que jusqu'à concurrence de ce qu'elle retire de la communauté; et, enfin, elle 1483. est privée de sa portion dans les effets divertis ou recélés. Cette dernière disposition s'applique également au mari, en cas d'acceptation par la femme ou ses héritiers. 1477.

L'on procède ensuite 1°. s'il y a lieu, au compte mobilier que les parties peuvent se devoir mutuellement, pour raison de ce que chacune d'elles a reçu ou payé pour le compte de la communauté, depuis sa dissolution ;

2°. A l'estimation des immeubles qui font partie de la communauté ;

3°. A la liquidation des différentes reprises ou créances que chacune des parties a droit d'exercer contre la communauté, et des récompenses dont chacune d'elles est débitrice envers ladite communauté, d'après les troisième et quatrième règles posées ci-dessus ;

4°. Enfin, l'actif est partagé, et le passif supporté par moitié, ainsi que nous le verrons ci-après.

Pour l'intelligence de ces dispositions, et pour établir un ordre quelconque dans cette matière, nous verrons :

1°. Quelles sont les créances que la communauté a droit d'exercer contre chacun des conjoints ;

2°. Quelles sont celles que chacun des époux a droit d'exercer contre la communauté ;

3°. Comment se partage la masse, et quels sont les effets de ce partage ;

4°. Comment les époux sont tenus des dettes passives de la communauté envers les tiers ;

5°. Enfin, nous traiterons des créances que

l'un des conjoints peut avoir à exercer personnellement contre l'autre conjoint.

Des Créances de la Communauté contre chacun des époux.

Ces créances résultent des récompenses ou indemnités que chaque conjoint doit à la communauté, à raison de ce qu'il en a tiré, pendant qu'elle existoit, pour ses affaires personnelles. En effet, nous avons vu, d'après la troisième règle posée au commencement de la section III, que toutes les fois que l'un des époux s'est enrichi aux dépens de la communauté, il lui doit récompense de ce qu'il en a tiré pour s'enrichir.

Il faut donc, pour qu'il y ait lieu à cette récompense, le concours de deux circonstances:

1°. Que l'époux se soit enrichi: la récompense ne peut donc jamais excéder ce dont l'époux a profité, quelque préjudice que la communauté ait d'ailleurs essuyé; 1437.

2°. Que l'époux se soit enrichi aux dépens de la communauté; la récompense ne peut donc jamais excéder ce qu'il en a coûté à la communauté, quelque profit que l'époux en ait d'ailleurs retiré.

Ces deux règles générales suffisent pour déterminer dans quels cas il peut être dû récompense, et quel doit être le montant de cette récompense. Il suffira d'observer que, dans tous les cas, les intérêts des créances de la communauté contre chacun des époux courent, de plein droit, au profit de ladite communauté, du jour de sa dissolution.

1473.

Des Créances des époux contre la Communauté.

Ces créances résultent de la quatrième règle générale ci-dessus, d'après laquelle, toutes les fois que la communauté s'est enrichie aux dépens de l'un des époux, elle lui en doit récompense. C'est sur ce principe qu'est particulièrement fondée *la clause de remploi*. En effet, nous avons vu que les immeubles appartenant aux époux lors de la célébration, ainsi que ceux qui leur échoient par succession ou donation, ne tombent point en communauté, ou autrement, sont, à leur égard, propres de communauté.

Cette qualité de *propres* n'en empêche pas l'aliénation. Mais comme le prix de cette aliénation est un objet mobilier qui, par conséquent, dans le cours ordinaire des choses, devroit tomber dans la communauté, on voit aisément qu'il résulteroit de-là un moyen facile de frauder les dispositions de la loi, relatives aux avantages entre époux. C'est pour prévenir cet inconvénient, qu'a été établie la clause de remploi.

Pour connoître le motif et l'effet de cette clause, il faut se rappeler ce qui a été dit, au titre *des Contrats en général*, touchant la subrogation réelle.

Cette subrogation est une fiction de droit, par laquelle une chose acquise à la place d'une autre, prend, dans certains cas, la qualité de cette dernière, à laquelle elle est subrogée.

La clause de remploi est donc celle par l'effet de laquelle le prix provenant de l'aliénation d'un propre de communauté, ou l'immeuble acquis avec ce prix, sont subrogés au propre aliéné, et acquièrent par cette subrogation la même qualité de *propres ;* d'où il résulte, en faveur du conjoint propriétaire de l'objet aliéné, une action en reprise du prix ou de l'immeuble subrogé. Il en est de même du prix provenant 1470. du rachat de services fonciers dus à l'héritage appartenant à l'un des époux. 1433.

Cette clause a lieu de droit, et sans qu'il soit besoin de convention.

Mais il faut observer que le fait de l'acquisition d'un immeuble avec les deniers provenans de l'aliénation d'un propre, ne suffit pas pour subroger de plein droit l'immeuble acquis à la place de celui qui a été aliéné ; et, à ce sujet, il faut distinguer si ce dernier appartenoit au mari ou à la femme.

Si c'étoit au mari, la subrogation, et par conséquent le remploi existent, à son égard, toutes les fois que, lors de l'acquisition, il a déclaré qu'elle étoit faite des deniers provenans de l'aliénation, et pour lui tenir lieu de

1434. remploi. Mais cette même déclaration de la part du mari ne suffit pas, lorsque l'immeuble aliéné appartenoit à la femme. Il faut, en outre, que celle-ci ait formellement accepté le remploi : sinon elle ne peut être tenue de reprendre l'immeuble acquis, lors de la dissolution de la communauté; comme aussi elle ne peut, de son côté, exiger autre chose, à la même époque, que la récompense du prix de

1435. son immeuble.

Ces principes posés, nous pouvons établir d'une manière générale que, toutes les fois qu'un des époux a procuré à ses dépens quelque avantage à la communauté, soit par l'aliénation de ses propres, soit par le rachat de services fonciers dus à ces mêmes propres, soit de toute autre manière, le tout sans remploi valablement fait, la communauté est débitrice

1433. envers l'époux de tout ce dont elle a profité.

Nous disons *de tout ce dont elle a profité :* parce que la récompense n'est jamais due que de ce qui est tombé dans la communauté, sans aucun égard à ce qui pourroit être allégué touchant la valeur de l'objet aliéné. 1436.

Les créances des conjoints contre la communauté, comme celles de la communauté contre eux, emportent intérêt de plein droit, du jour de la dissolution. 1473.

Du Partage de la Communauté.

Il est procédé au partage de l'actif de la communauté de la manière suivante :

D'abord les époux, ou leurs héritiers, rapportent à la masse tout ce dont ils sont débiteurs, d'après les règles posées ci-dessus (1); 1468.

Sur la masse, composée de l'existant et des objets rapportés, chaque époux ou son héritier prélève :

1°. Ses propres existans en nature, ou ceux acquis en remploi;

2°. Le prix de ceux aliénés, dont il n'a pas été fait de remploi;

3°. Le montant de ses autres créances contre la communauté. 1470.

Mais le droit des deux époux n'est pas le même à l'égard de ces prélèvemens.

---

(1) Ils rapportent également les objets qu'ils ont pris dans la communauté, pour doter des enfans d'un lit précédent, ou pour doter personnellement l'enfant commun. (Art. 1469.)

Premièrement, ceux de la femme s'exercent avant ceux du mari; et pour ce qui concerne la reprise du prix de ses propres, elle l'exerce d'abord sur l'argent comptant, puis sur le mobilier, et enfin subsidiairement sur les immeubles de la communauté; auquel cas le choix des immeubles, d'après l'estimation faite dans le principe, est déféré à elle ou à ses héritiers. 1471.

En second lieu, le mari ne peut exercer ses prélèvemens que sur les biens de la communauté. La femme peut, en cas d'insuffisance, recourir sur les biens personnels du mari (1). 1472.

Après que tous ces prélèvemens ont été opérés, le surplus est partagé par moitié entre les époux ou leurs représentans. 1474.

Le partage, pour tout ce qui concerne la capacité des parties qui peuvent le provoquer ou y défendre, sa forme, ses effets, la licitation des immeubles quand elle a lieu, la garantie qui en résulte, ainsi que les soultes, est soumis à toutes les règles établies pour les partages entre co-héritiers. 1476.

---

(1) Et elle a, dans ce cas, sur lesdits biens, une hypothèque tacite qui remonte, pour le remploi des propres, au jour de l'aliénation. (Art. 2135.)

Tit. I. *Du Contrat de Mariage.* 61

De la Contribution aux dettes de la Communauté envers les tiers.

Les dettes de la communauté comprennent d'abord toutes celles dont il est question dans les sections II et III du présent chapitre ; et, en outre, les frais de scellé, inventaire, vente de mobilier, liquidation, licitation et partage. 1482.

Le principe général, relativement à ces dettes, est, qu'elles sont pour moitié à la charge de chacun des époux, sauf le privilége particulier *Ibid.* à la femme de n'être tenue, ainsi que nous l'avons dit, des dettes auxquelles elle ne s'est pas personnellement obligée, que jusqu'à concurrence de son émolument. 1483.

Mais le principe de la division des dettes par moitié ne reçoit son application entière que pour ce qui concerne les droits des époux entr'eux ; car, à l'égard des créanciers, il est susceptible de plusieurs modifications.

Ainsi, 1° il ne préjudicie en rien à l'effet de l'action hypothécaire. Si donc il échoit, par le partage, à l'un des époux, tout ou partie d'un immeuble hypothéqué à une dette de la communauté, l'époux détenteur peut être poursuivi pour le total (1) ; mais il a, dans ce cas,

---

(1) C'est une conséquence de l'indivisibilité et du droit de suite attaché à l'hypothèque.

son recours, de droit, contre l'autre époux ou
1489. ses héritiers, pour la moitié de la dette ;

2°. Le mari peut être poursuivi pour la totalité des dettes, même non hypothécaires de la communauté, par lui contractées (1), sauf son
1484. recours, pour la moitié, contre sa femme ou ses héritiers; tandis que celle-ci ne peut jamais être poursuivie que pour la moitié de ces dettes, quand même elle s'y seroit personnellement obligée, à moins que l'obligation ne soit soli-
1487. daire. Si cependant elle avoit payé au-delà de sa moitié, elle n'auroit point de répétition contre le créancier pour l'excédent, à moins que la quittance n'exprimât que ce qu'elle a
1488. payé étoit pour sa moitié, ce qui indiqueroit qu'il y a eu de sa part une erreur de fait ou de calcul qui ne peut lui préjudicier.

De son côté, la femme peut être également poursuivie pour la totalité des dettes procédant de son chef, et qui sont entrées dans la com-
1486. munauté (2), sauf son recours pour la moitié (3)

---

(1) Cela tient au principe que la communauté est censée, à l'égard des tiers, être la propriété du mari.

(2) La mise de ces dettes en communauté n'a pas pu préjudicier au créancier qui avoit la femme obligée pour le total.

(3) Pour sûreté de ce recours, la femme a, sur les biens de son mari, une hypothèque tacite qui remonte au jour de la célébration du mariage, ou au jour que l'obligation a été contractée par la femme, suivant les circonstances. (Art. 2135.)

contre le mari ou ses héritiers, qui peuvent même, dans ce cas, être poursuivis directement par le créancier, mais pour la moitié seulement. 1485.

Au surplus, toutes ces dispositions n'empêchent point que l'un des époux ne puisse s'engager par le partage, à payer, soit la totalité des dettes, soit une quotité autre que la moitié, sauf, dans tous les cas, son recours contre l'autre époux, pour la restitution de ce qu'il se trouveroit par le fait avoir payé au-delà de ce dont il étoit tenu, soit d'après la loi, soit d'après la convention. 1490.

Les principes que nous venons d'établir, relativement à l'obligation de contribuer aux dettes de la communauté, s'appliquent également aux héritiers des époux, qui exercent les mêmes droits, et sont soumis aux mêmes actions que le conjoint qu'ils représentent. 1491.

Des Créances respectives de chacun des conjoints contre l'autre.

Il peut arriver que l'un des époux ait procuré, à ses dépens, des avantages, non pas à la communauté, mais à l'autre époux personnellement (1); dans ce cas, l'époux créancier

(1) Par exemple, si les deniers provenans de l'aliénation d'un de ses propres ont servi à payer une dette ou charge personnelle à l'autre époux. (Art. 1478.)

exerce ses droits, non pas sur les biens de la communauté, et par prélèvement, mais sur la part échue dans lesdits biens à l'époux débiteur, ainsi que sur les biens personnels de ce dernier ; il en est de même des donations qui ont pu être faites par un conjoint à l'autre ; elles s'exécutent de la même manière.

1478.

1480.

Enfin, si l'enfant commun a été doté par les deux époux conjointement, mais avec les biens personnels de l'un d'eux, ce dernier a une action en indemnité pour la moitié de la dot, eu égard à la valeur de l'objet donné, au temps de la donation ; laquelle action s'exerce également, tant sur la part dans la communauté que sur les biens personnels de l'époux qui n'a pas contribué à la dot.

1438.

Les créances respectives des époux ne portent, en général, intérêt que du jour de la demande.

1479.

§. III.

Des Effets de la Renonciation de la femme à la communauté.

Les effets de cette renonciation sont : 1°. que la femme perd toute espèce de droit aux biens de la communauté, dont, en conséquence, le mari, ou ses héritiers, demeurent propriétaires pour le total. Cette disposition s'applique

TIT. I. *Du Contrat de Mariage.*

même au mobilier entré dans la communauté du chef de la femme; elle peut seulement retirer le linge et les hardes à son usage (1); 1492.

2°. Qu'elle est déchargée, à l'égard du mari ou de ses héritiers, de toute contribution aux dettes de la communauté, même de celles auxquelles elle s'est personnellement obligée; mais, dans ce dernier cas, sa renonciation ne peut préjudicier au droit des créanciers, qui peuvent agir contre elle, savoir : pour moitié, lorsqu'elle s'est obligée conjointement avec son mari, mais sans solidarité; et pour le total, dans trois cas :

Lorsqu'elle s'est obligée seule, avec le consentement exprès ou présumé de son mari;

Lorsqu'elle s'est obligée conjointement et solidairement avec lui;

Et enfin, lorsqu'il s'agit d'une dette provenant originairement de son chef, et tombée à la charge de la communauté; le tout, sauf son recours contre le mari ou ses héritiers, pour 1494. sûreté duquel elle a l'hypothèque légale dont nous avons déjà parlé; 2135.

3°. Qu'elle peut exercer, tant sur les biens de la communauté que sur ceux personnels

---

(1) Mais si le mari est en faillite, le droit de la femme est restreint aux objets nécessaires à l'usage de sa personne, suivant l'état dressé par les syndics de la faillite. (*Comm.* 529.)

du mari, les mêmes actions et reprises que dans le cas d'acceptation de la communauté, et pour lesquelles elle a également l'hypothèque tacite. 1493.

La renonciation des héritiers de la femme a les mêmes effets à leur égard, sauf ce qui est relatif au droit de retirer les linges et hardes; droit purement personnel à la femme. 1495.

Observation générale.

Toutes les dispositions contenues dans le présent chapitre ont lieu, même lorsqu'il existe des enfans de précédens mariages, sauf l'action en retranchement en faveur des enfans du premier lit de l'un des époux, dans le cas où la confusion du mobilier et des dettes (1) produiroit, au profit de l'autre époux, un avantage supérieur à celui autorisé par l'art. 1098. 1496.

---

(1) Si l'un des époux a apporté 10,000 fr. à la communauté, et l'autre 50,000, il est clair qu'il en résulte un avantage de 20,000 fr. en faveur du premier.

De même, si l'un des époux avoit 50,000 fr. de dettes mobilières, et que l'autre ne dût rien, il est évident que le premier a été avantagé de 25,000 fr.

CHAPITRE II.

De la Communauté conventionelle.

Nous avons dit que le contrat de mariage étoit susceptible de toutes les stipulations que les époux ou leurs familles jugeoient convenables, pourvu qu'elles n'eussent rien de contraire aux lois ni aux bonnes mœurs.

Mais comme il étoit impossible de prévoir toutes les conventions qui pouvoient être faites à ce sujet, le législateur s'est contenté d'indiquer les principales, ou celles qui sont le plus en usage, sans entendre pour cela préjudicier au droit qu'ont les époux de faire toutes autres conventions non prohibées, et sans déroger d'ailleurs aux règles de la communauté légale, auxquelles les époux restent soumis dans tous les points sur lesquels leur contrat ne renferme point de stipulation particulière. 1527.

Les conventions indiquées spécialement dans le Code, sont au nombre de neuf: 1528.

La clause par laquelle la communauté est réduite aux acquêts;

Celle de réalisation ou stipulation de propres;

Celle d'ameublissement;

Celle de séparation des dettes;

Celle de franc et quitte ;

Celle de reprise de l'apport de la femme en cas de renonciation ;

Celle de préciput ;

Celle qui assigne aux conjoints des parts inégales ;

1497. Enfin, celle de communauté à titre universel.

Il faut, au surplus, appliquer à ces différentes clauses, ainsi qu'à toute autre qui pourroit être faite par les époux, l'observation qui termine le chapitre précédent, et qui est relative au cas où il existe des enfans d'un premier lit. Alors, toute convention dont l'effet pourroit être de procurer à l'un des conjoints, s'ils ont tous deux des enfans, ou à celui d'entr'eux qui n'en auroit pas, un avantage supérieur à la portion réglée par l'article 1098, est nulle pour tout l'excédent de cette portion.

Ne sont pas compris dans cette disposition les simples bénéfices résultans des travaux communs, et les économies faites sur les revenus respectifs, quoiqu'inégaux, des deux époux ; lesquels bénéfices ne sont point considérés comme un avantage fait au préjudice 1527. des enfans du premier lit (1).

---

(1) Ainsi, si l'un des époux a 20,000 fr. de revenus, et l'autre seulement 5,000 fr., quoique les revenus de tous deux tombent

Tit. I. *Du Contrat du Mariage.*

Section première.

De la Communauté réduite aux acquêts.

Lorsque les époux stipulent d'une manière générale, qu'il n'y aura entr'eux qu'une communauté d'acquêts, ils sont censés exclure de leur communauté leurs dettes actuelles, celles futures propres à chaque époux, leur mobilier respectif présent, et celui qui leur adviendra à l'avenir, à titre gratuit. Dans ce cas, la communauté se borne donc aux meubles ou immeubles acquis par les époux, ensemble ou séparément, pendant le mariage, et provenant, tant de leur industrie que des économies faites sur les fruits et revenus de leurs biens. 1498.

Sous l'empire de cette clause, comme dans la communauté légale, tout objet est réputé acquêt, s'il n'est prouvé que l'un des époux en avoit la propriété ou la possession légale au moment du mariage, ou qu'il lui est échu depuis à titre lucratif. Cette preuve, quant au mobilier, doit se faire par un inventaire ou état en bonne forme. {1402. 1499.

---

dans la communauté, et que les acquisitions faites avec ces revenus se partagent également entre les deux époux, on ne regardera pas cela comme un avantage compris dans la disposition de l'article 1098. Il en seroit autrement si l'inégalité existoit dans les capitaux mis en communauté.

Cette clause a cela de particulier, qu'elle peut concourir avec le régime dotal; elle prend alors le nom de *Société d'acquêt*.

1581.

Section II.

De la Clause de Réalisation ou Stipulation de propre (1).

La clause de réalisation est celle par laquelle les parties, ou l'une d'elles, excluent de la communauté, en tout ou en partie, leur mobilier présent, et celui qui leur échoira à l'avenir à titre lucratif.

1500.

On nomme cette clause *Stipulation de propre,* parce que le mobilier ainsi exclu de la communauté est immobilisé pour ce qui concerne les époux, et devient, à leur égard, *propre de communauté.*

Nous disons *à leur égard,* parce qu'il existe une grande différence entre les propres réels et les meubles réalisés, dits *propres conventionnels.* Les premiers sont propres de communauté, même à l'égard des tiers; ils ne se confondent point avec les biens de la communauté, qui n'en a que la jouissance, la propriété résidant toujours dans la personne du

---

(1) Cette clause se nomme aussi *Clause d'apport*, ou *Clause d'exclusion du mobilier.*

conjoint auquel ils appartiennent, et sans le consentement duquel ils ne peuvent être aliénés. Les meubles réalisés, au contraire, se confondent, par le fait, avec les autres objets faisant partie de la communauté, et peuvent être en conséquence aliénés par le mari seul, sans le concours de sa femme. La réalisation n'a donc aucun effet à l'égard des tiers. Quant aux conjoints, elle donne seulement à celui d'entr'eux qui l'a stipulée, le droit de prélever, lors de la dissolution de la communauté, la valeur des objets stipulés propres. 1503.

La clause de réalisation est expresse ou tacite.

Elle est expresse, quand les parties ont stipulé formellement l'exclusion de leur mobilier; elle est tacite, quand elles ont stipulé que tels ou tels objets désignés entreroient en communauté, ou que leur mobilier en général y entreroit, mais seulement jusqu'à concurrence d'une quotité ou d'une somme déterminée; elles sont censées, dans ce cas, réaliser tout l'excédant; chaque époux devient débiteur envers la communauté de tout ce qu'il a promis d'y apporter, et il est tenu de justifier de cet apport. 1500. 1501.

Cette justification, pour ce qui concerne l'apport de la femme, ne peut se faire que par la quittance du mari. Ce dernier ne pouvant se donner de quittance à lui-même, son apport est suffisamment justifié par la déclaration qu'il fait, au contrat de mariage, que son mobilier est de telle valeur.

1502.

Pour exercer le droit de prélèvement que donne la clause de réalisation, les époux sont obligés de justifier de ce dont le mobilier apporté lors du mariage, ou échu depuis, excède leur mise en communauté.

1503.

Cette preuve, pour le mobilier apporté lors du mariage, se fait, ainsi que nous venons de le dire pour la mise en communauté.

Quant à celui échu depuis, il faut également distinguer s'il est échu au mari ou à la femme.

Dans le premier cas, le mari ne peut en exercer la reprise qu'autant que la valeur et la consistance, déduction faite des dettes, en sont constatées par un inventaire ou autre titre équivalent.

Mais si le mobilier est échu à la femme, et qu'il n'y ait pas eu d'inventaire, elle ou ses héritiers sont admis à faire preuve de la consistance et de la valeur de ce mobilier, par titres, par témoins, et même par commune renommée (1).

1504.

---

(1) C'est au mari à s'imputer de n'avoir pas fait faire inventaire du mobilier échu à sa femme.

Section III.

De la Clause d'ameublissement.

La clause de réalisation tend à restreindre la communauté légale; celle d'ameublissement, au contraire, tend à lui donner plus d'étendue.

Ameublir un immeuble, c'est en général lui supposer la qualité de meuble, à l'effet de lui appliquer des dispositions dont il ne seroit pas susceptible comme immeuble. La clause *d'ameublissement* est donc celle par laquelle les parties, ou l'une d'elles, font entrer dans la communauté tout ou partie de leurs immeubles présens, ou de ceux qui leur écherront à l'avenir à titre gratuit. 1505.

L'ameublissement peut être *déterminé* ou *indéterminé*. Il est *déterminé*, quand l'époux a déclaré ameublir et mettre en communauté un tel immeuble en totalité. Le Code met également au nombre des ameublissemens déterminés, celui par lequel un immeuble désigné est ameubli jusqu'à concurrence d'une certaine somme : il y a cependant cette différence, que, dans le premier cas, c'est-à-dire si l'immeuble a été ameubli en totalité, il est censé tout-à-fait meuble à l'égard de la communauté qui en devient propriétaire, et aux 1506.

risques de laquelle il est comme tous les autres meubles ; en conséquence, si c'est la femme qui a ameubli, le mari peut disposer de l'immeuble, seul et sans son consentement.

Mais si l'ameublissement n'a eu lieu que jusqu'à concurrence d'une certaine somme, le mari peut bien, pour se procurer cette somme, hypothéquer l'héritage jusqu'à concurrence, sans le consentement de sa femme ; mais il ne peut l'aliéner, même pour la portion ameu-
1507. blie, sans ce même consentement.

Si l'immeuble ameubli en total n'a pas été aliéné, il est compris, lors de la dissolution de la communauté, dans la masse des biens à partager. Mais, néanmoins, l'époux auquel il appartenoit peut le retenir, en le précomptant sur sa part, pour le prix qu'il vaut alors; et
1509. ses héritiers ont le même droit.

L'*ameublissement* est indéterminé, quand l'époux a simplement déclaré apporter en communauté ses immeubles, jusqu'à concur-
1506. rence de telle somme. Dans ce cas, comme on ne peut dire que l'ameublissement frappe plutôt sur tel, que sur tel immeuble, il s'ensuit : 1°. que la communauté n'est propriétaire d'aucuns déterminément, et qu'ils restent aux risques de
1508. l'époux qui a fait l'ameublissement ;

2°. Que si l'ameublissement a été fait par la femme, le mari ne peut aliéner, en tout ni en partie, sans son consentement, aucun des immeubles qui lui appartiennent; mais il peut les hypothéquer, sans son aveu, jusqu'à concurrence de la somme stipulée. 1508.

Section IV.

De la Clause de séparation des dettes.

La clause de séparation des dettes est celle par laquelle les époux stipulent que la communauté ne sera point chargée des dettes que chacun d'eux a contractées avant le mariage.

Cette clause peut être expresse ou tacite. Elle est tacite, quand les époux apportent en communauté une somme déterminée, ou un corps certain. Ils sont censés par-là promettre que ledit apport n'est point grevé de dettes antérieures au mariage (1); et s'il en existe, il doit être fait raison, par l'époux débiteur, de tout ce dont l'apport promis se trouve diminué par le paiement desdites dettes. 1511.

La clause de séparation des dettes peut être considérée, soit à l'égard des époux, soit à l'égard des créanciers.

---

(1) Ici la communauté acquiert à titre singulier, elle ne doit donc point être tenue des dettes. *Secùs*, quand elle acquiert à titre universel; par exemple, tout le mobilier que les époux possédoient au moment de la célébration.

A l'égard des époux, son effet est de les obliger à se tenir respectivement compte, lors de la dissolution de la communauté, de toutes les dettes personnelles à chacun d'eux, qui seront justifiées avoir été payées sur les biens de ladite communauté.

1510.

A l'égard des créanciers, cette clause ne peut leur ôter le droit de poursuivre leur paiement sur le mobilier appartenant à leur débiteur au moment du mariage, et sur celui qui lui échoit depuis. Mais leur droit se borne là, s'ils sont créanciers de la femme ; et ils ne peuvent poursuivre le mobilier faisant partie de la communauté, ni, à plus forte raison, celui appartenant au mari, pourvu toutefois que celui de leur débitrice ait été constaté par des inventaires, ou autres actes authentiques ; et même, s'il s'agit du mobilier apporté lors du mariage, il faut que l'acte qui le constate soit antérieur à la célébration. A défaut de ces actes, les créanciers de la femme (1) peuvent poursuivre leur paiement sur tout le mobilier non inventorié, comme sur tous les autres biens de la communauté.

Ibid.

La clause de séparation des dettes, même

---

(1) *Les créanciers de la femme* : Nous avons établi précédemment que les créanciers du mari sont censés, pendant le mariage, créanciers de la communauté.

quand il y a état ou inventaire, n'a d'effet qu'à l'égard des capitaux dus. Les intérêts ou arrérages étant regardés comme une charge des fruits dont jouit la communauté, elle est tenue de payer ceux qui ont couru depuis le mariage.

1512.

Section V.

De la Clause de franc et quitte.

La clause de franc et quitte est une convention par laquelle les parens de l'un des futurs conjoints, son tuteur, ou tout autre, se rendent garans qu'il n'a pas de dettes au moment du mariage.

Cette clause n'a aucun effet à l'égard des tiers créanciers du conjoint déclaré franc et quitte (1). Elle oblige seulement les garans, dans le cas où il existeroit des dettes antérieures au mariage, à indemniser l'autre conjoint du préjudice que le paiement de ces dettes a pu lui causer.

Dans cette convention, le conjoint déclaré franc et quitte est regardé comme le principal obligé, et les garans simplement comme ses

---

(1) Et c'est en quoi elle diffère de la clause de séparation des dettes, qui a effet, dans quelques cas, à l'égard des créanciers.

cautions. En conséquence, l'indemnité se poursuit d'abord, soit sur la part de l'époux affranchi dans la communauté, soit sur ses biens personnels; et ce n'est qu'en cas d'insuffisance que le recours a lieu contre les garans. Si cependant c'est la femme qui a été déclarée franche et quitte, le mari peut, en cas de poursuites des créanciers d'icelle, agir de suite et directement contre les garans, sauf le recours de ceux-ci contre la femme ou ses héritiers, mais après la dissolution de la communauté seulement.

1513.

Section VI.

De la Clause de reprise de l'apport de la femme, en cas de renonciation.

Cette clause est celle par laquelle la femme stipule qu'elle pourra, lors de la dissolution de la communauté, et en y renonçant, reprendre tout ou partie de ce qu'elle y a apporté, soit lors du mariage, soit depuis.

Cette convention, par laquelle la femme peut avoir part au gain, si la communauté prospère, sans rien supporter de la perte dans le cas contraire, est tellement opposée aux règles ordinaires des sociétés, qu'elle n'a été admise dans les contrats de mariage que par suite de la grande faveur attachée à ces sortes d'actes, et à raison de ce que la femme n'a aucune part à l'administration des biens communs. Mais aussi elle est de droit très-strict, et ne peut s'étendre au-delà des choses formellement exprimées, ni avoir lieu au profit de personnes autres que celles expressément désignées.

Ainsi, la faculté de reprendre le mobilier que la femme a apporté, sans autre explication, ne comprend que celui apporté lors du mariage, et ne s'étend point à celui qui lui est échu depuis. De même, la faculté accordée à la femme ne s'étend point à ses enfans; celle accordée à elle et à ses enfans ne s'étend point aux descendans, ni aux collatéraux, etc.

Dans tous les cas, la reprise ne peut avoir lieu que déduction faite des dettes personnelles à la femme, que la communauté peut avoir acquittées. 1514.

Section VII.

De la Clause de préciput.

On appelle, en général, *préciput,* ce qu'un des co-partageans a droit de prélever avant partage.

En matière de communauté, la clause de préciput, dite *préciput conventionnel,* est donc celle par laquelle les époux stipulent que le survivant d'eux prélevera, avant partage, sur la communauté, une certaine somme, ou une certaine quantité d'effets mobiliers en nature.

1515.

Nous disons *le survivant*, parce qu'il n'y a que la mort naturelle ou civile de l'un des conjoints qui puisse donner ouverture au préciput. Si donc la dissolution de la communauté s'opère par le divorce, ou par la séparation de corps, il n'y a pas lieu à la délivrance actuelle du préciput; mais la communauté est partagée comme à l'ordinaire, et l'époux demandeur (1) conserve seulement ses droits à cet égard, en cas de survie (2).

1517.

1518.

Avant partage, parce que le préciput proprement dit ne s'exerce jamais que sur la masse partageable. Il ne peut donc être demandé qu'autant qu'il y a lieu à partage; et par conséquent la femme ne peut y avoir de droit qu'autant qu'elle accepte la communauté.

1515.

Si cependant il avoit été stipulé expressément par le contrat de mariage que le prélèvement auroit lieu au profit de la femme, même en renonçant, la clause devroit être exécutée; et le droit de la femme, que l'on appelle aussi, dans ce cas, improprement pré-

---

(1) L'époux défendeur est privé des avantages, même de ceux stipulés réciproques. (Art. 300.)

(2) Il en est de même en cas de séparation de biens, sauf que les deux époux conservent également leur droit éventuel.

‑‑ciput, seroit alors exercé tant sur les biens de la communauté, que sur ceux personnels du mari (1). 1515.

La clause de préciput n'ôte pas aux créanciers de la communauté le droit de faire vendre les objets qui y sont compris, sauf le recours de l'époux survivant sur les autres biens de la communauté, et même sur les biens personnels du conjoint prédécédé, si le préciput a été stipulé au profit de la femme, et pour le cas de renonciation. 1519.

Le préciput n'est point en général regardé comme un avantage sujet aux formalités (2) des donations, mais comme une convention de mariage. 1516.

Section VIII.

De la Clause qui assigne aux Conjoints des parts inégales dans la Communauté.

De droit commun, comme nous l'avons vu, le partage de la communauté, après sa disso‑

---

(1) Mais si la dissolution de la communauté avoit eu lieu par un divorce ou une séparation de corps obtenus à la requête de la femme, la somme et la chose qui constitue le préciput resteroient toujours provisoirement au mari, à la charge de donner caution. (Art. 1518.)

(2) *Aux formalités* seulement ; mais quant au fond, c'est une donation, sur-tout quand il est stipulé en renonçant.

lution, se fait par moitié entre les conjoints ou leurs héritiers, sans aucun égard à ce que chacun d'eux y a apporté ; mais cette égalité dans le partage n'étant pas d'ordre public, les époux peuvent y déroger par leur contrat de mariage, et cela de trois manières :

1°. En assignant à l'un d'eux une part moindre que la moitié ;

2°. En stipulant que l'un d'eux, ou le survivant, ou les héritiers du premier mourant, seront obligés de se contenter d'une somme fixe pour tout droit de communauté. C'est cette clause que l'on nomme *forfait de communauté* ;

3°. Enfin, en stipulant que la communauté entière appartiendra à l'un des deux époux, s'il survit, ou à celui des deux qui survivra.

1520. Lorsqu'il a été assigné à l'un des époux, ou à ses héritiers, une part moindre que la moitié, cette stipulation l'assujettit à payer une part proportionnée des dettes. Il ne peut s'obliger à en payer une plus forte, comme il ne peut stipuler qu'il en paiera une moindre. Toute convention dans l'un ou l'autre sens seroit nulle.

1521. Lorsqu'il y a *forfait de communauté*, il faut distinguer si c'est au mari ou à la femme qu'est imposée l'obligation de se contenter d'une certaine somme pour tout droit de communauté.

Tit. I. *Du Contrat de Mariage.* 83

Si c'est à la femme, le mari ne peut, dans aucun cas, se dispenser de payer la somme convenue, quelle que soit la situation de la communauté; et il est seul tenu de toutes les dettes, sans que les créanciers de la communauté, envers lesquels la femme n'est pas personnellement obligée, aient aucune action contre elle ou ses héritiers.

Mais si c'est au mari, comme la femme ne peut s'interdire, par aucune convention, la faculté de renoncer à la communauté, elle conserve toujours le choix, ou de payer la somme fixée au mari ou à ses héritiers, en demeurant obligée à toutes les dettes, ou de renoncer à la communauté, et de se décharger par-là du paiement, non seulement des dettes, mais encore de la somme convenue.

{ 1522.
1524.

On peut stipuler le forfait, seulement à l'égard des héritiers de l'un des époux; auquel cas, si cet époux survit, la clause est anéantie, et la communauté se partage comme à l'ordinaire.

1523.

La clause par laquelle il est stipulé que la totalité de la communauté appartiendra à l'un des époux, s'il survit, ou à celui des deux qui survivra, n'est point regardée comme un avantage sujet aux règles des donations, soit quant au fonds, soit quant à la forme, mais seulement comme une convention de mariage et entre associés, pourvu toutefois que le contrat renferme la faculté, au profit des héritiers de l'autre époux, de reprendre l'apport de leur auteur, ainsi que les capitaux tombés dans la communauté de son chef.

1525.

Section IX.

De la Communauté à titre universel.

D'après la faculté accordée aux époux d'étendre ou de restreindre la communauté légale, ils peuvent établir, par leur contrat de mariage, une communauté à titre universel, qui peut comprendre, soit tous leurs biens meubles et immeubles présens, soit tous leurs biens à venir, soit même tous leurs biens présens et à venir.

1526.

PARTIE II.

Du Régime exclusif de Communauté.

Le régime exclusif de communauté est celui qui tient le milieu entre le régime en communauté et le régime dotal.

1529.

Il diffère principalement de ces deux régimes, savoir : du premier, en ce qu'il n'y a entre les époux aucune communauté, ni légale, ni conventionnelle ; et du second, en ce

TIT. I. *Du Contrat de Mariage.* 85

que les immeubles dotaux, quand il en existe, peuvent toujours être aliénés, avec le consentement du mari, ou, à son refus, avec l'autorisation de justice. 1535.

Le régime exclusif de communauté a lieu dans deux cas : lorsque les époux déclarent qu'ils se marient sans communauté, ou lorsqu'ils stipulent la séparation de biens. 1529.

Nous allons exposer les règles relatives à ces deux conventions.

CHAPITRE PREMIER.

De la Clause portant que les époux se marient sans communauté.

Le seul effet de cette clause est d'empêcher qu'il n'y ait communauté entre les époux ; elle ne change rien, du reste, aux dispositions relatives à l'administration des biens.

Ainsi, le mari conserve l'administration et la jouissance des biens meubles et immeubles de sa femme, qui sont tous réputés dotaux; et il en perçoit seul les fruits, qui sont censés lui être apportés pour soutenir les charges du mariage (1). {1530. 1531.

---

(1) En conséquence toutes les acquisitions faites pendant le mariage appartiennent au mari seul, qui est également chargé seul de toutes les dettes contractées par lui pendant le même temps.

1531. Il perçoit également tout le mobilier que sa femme a apporté en dot, ou qui lui échoit pendant le mariage, à la charge de le restituer à sadite femme ou à ses héritiers après la dissolution du mariage, ou après la séparation de biens prononcée par justice.

1532. Si ce mobilier comprend des choses fongibles, il en doit être joint un état estimatif au contrat de mariage, ou il doit en être fait inventaire avec prisée lors de l'échéance ; et le mari est tenu d'en rendre le prix, d'après l'estimation.

1533. Le mari ayant, comme on voit, tous les droits de l'usufruitier, est tenu, en conséquence, de toutes les charges de l'usufruit.

1534. Les époux peuvent, au surplus, même en stipulant la clause de non communauté, convenir que la femme touchera annuellement, sur ses simples quittances, une portion de ses revenus, pour son entretien et ses besoins personnels.

CHAPITRE II.

De la Clause de séparation de biens.

Cette clause se nomme séparation contractuelle, parce qu'elle est stipulée par le contrat de mariage, et pour la distinguer de la séparation judiciaire, qui est toujours prononcée par jugement. Ces deux séparations diffèrent, en outre, en ce que la séparation contractuelle est irrévocable, comme toutes les conventions de mariage, au lieu que l'effet de la séparation judiciaire peut cesser, comme nous l'avons vu, par le consentement mutuel des parties.

La séparation contractuelle diffère de la clause de non communauté, en ce que la femme séparée contractuellement conserve l'entière administration de ses biens meubles et immeubles (1), et la jouissance libre de ses revenus. 1536.

Les charges du mariage sont supportées par les époux, dans la proportion déterminée par le contrat. A défaut de stipulation, la femme y contribue jusqu'à concurrence du tiers de ses revenus. 1537.

La femme séparée contractuellement peut laisser à son mari la jouissance de ses biens; mais, lors de la cessation de cette jouissance, de quelque manière qu'elle arrive, la femme ne peut demander au mari aucun compte des fruits consommés, mais seulement la représentation de ceux existans. 1539.

---

(1) Et même le droit d'aliéner ses meubles. (Art. 1449.) En général, dans le mariage, l'administration du mobilier emporte le droit de l'aliéner.

PARTIE III.

Du Régime dotal.

1575. Le régime dotal ne tire point son nom de la constitution de dot; car il peut exister sans qu'il y ait eu de dot constituée; et, d'un autre côté, il y a également dot dans les deux autres régimes; mais il est ainsi nommé, parce que la dot, quand il y en a une, y est considérée sous un rapport particulier.

1392. La simple constitution de dot ne suffit donc pas pour soumettre les biens constitués au régime dotal. Il faut qu'il y ait en outre dans le contrat une déclaration expresse à cet égard; comme aussi, les époux peuvent déclarer, d'une manière générale, qu'ils entendent se marier sous le régime dotal; et alors leur union est soumise aux règles que nous allons faire connoître. Ils peuvent également, en se soumettant à ce régime, stipuler une société d'acquêts, dont les effets sont réglés d'après les mêmes principes qui régissent la commu-
1581. nauté réduite aux acquêts (1).

Sous le régime dotal, les biens de la femme sont dotaux ou paraphernaux.

---

(1) Voyez ci-devant, pag. 69.

TIT. I. *Du Contrat de Mariage.*

CHAPITRE PREMIER.

Des Biens dotaux.

La dot, sous ce régime, comme sous les deux autres, est en général le bien que la femme apporte au mari pour soutenir les charges du mariage; mais en la considérant seulement 1540. sous le rapport du régime dotal, nous traiterons, dans une première section, de la constitution de dot;

Dans la deuxième, des droits du mari sur les biens dotaux, et de l'inaliénabilité de l'immeuble dotal;

Et dans la troisième, de la restitution de la dot.

SECTION PREMIÈRE.

De la Constitution de dot.

La dot ne peut être constituée que par contrat de mariage. Elle ne peut être augmentée après la célébration. 1543.

La dot comprend non seulement tout ce que la femme se constitue, mais encore tout ce qui lui est donné par contrat de mariage, à moins qu'il ne soit dit expressément que l'objet donné lui tiendra lieu de paraphernal. 1541.

La femme peut se constituer en dot tout

ou partie de ses biens présens et à venir, ou tous ses biens présens seulement, ou enfin un objet individuel. Si elle s'est constitué simplement tous ses biens, sans autre explication, 1542. ses biens à venir n'y sont pas censés compris.

Si la dot est constituée par les père et mère conjointement, sans que la part de chacun soit distinguée, ils sont censés avoir constitué chacun pour moitié. Mais il faut pour cela que la mère ait constitué expressément; autrement elle ne seroit point engagée, et la dot resteroit en entier à la charge du père, quand même la mère auroit été présente au contrat, et que le père auroit déclaré que la dot étoit 1544. constituée pour droits paternels et maternels. Dans tous les cas, la dot constituée par les père et mère, ou par l'un d'eux seulement, doit être prise sur les biens du ou des constituans, quand même leur fille auroit des biens particuliers dont ils jouiroient, à moins qu'il 1546. n'y ait stipulation contraire. Mais si l'un d'eux est prédécédé, et que le survivant constitue une dot, pour biens paternels et maternels, sans spécifier la portion pour laquelle il entend y contribuer, la dot doit se prendre d'abord sur ce qui revient à l'époux doté dans les biens du conjoint prédécédé, et le surplus 1545. seulement sur les biens du constituant.

En général, ceux qui constituent une dot

Tit. I. *Du Contrat de Mariage.*

sont tenus à la garantie des objets constitués, et aux intérêts, à compter du jour du mariage, même quand il y auroit terme pour le paiement, à moins que le contraire ne soit formellement stipulé. 1547.

{1440. 1548.

Section II.

Des Droits du mari sur les biens dotaux, et de l'Inaliénabilité du fonds dotal.

§. Ier.

Des Droits du mari sur les biens dotaux.

La dot étant tout ce qui est donné au mari pour soutenir les charges du mariage, il en résulte qu'il doit avoir seul, pendant le mariage, l'administration des biens qui la composent ; qu'il a seul droit d'en poursuivre les débiteurs et détenteurs, d'en percevoir les fruits et intérêts, et de recevoir le remboursement des capitaux, sans être tenu de donner caution, à moins qu'il n'y ait été assujetti par le contrat de mariage. Cependant il peut être stipulé par le contrat, comme dans la clause de non-communauté, que la femme touchera annuellement, sur ses simples quittances, une partie de ses revenus pour son entretien et ses besoins personnels. 1549.

1550.

1549.

Si les objets donnés en dot sont des corps certains, et qu'ils aient été mis à prix par le contrat, il faut, quant au droit du mari, distinguer si ces objets sont meubles ou immeubles.

S'ils sont meubles, l'estimation vaut vente, à moins de stipulation contraire. Le mari en devient conséquemment propriétaire par le fait seul de l'estimation, et il n'est débiteur que du prix y porté.

1551.

Si au contraire les objets dotaux sont immeubles, l'estimation n'est censée faite que pour déterminer la valeur de l'objet et les dommages-intérêts à payer en cas de détérioration, et n'en transfère pas la propriété au mari, à moins qu'il n'y ait déclaration expresse à cet égard.

1552.

Toutes les fois que la propriété des objets dotaux n'a pas été transférée, le mari est tenu de toutes les obligations de l'usufruitier, et il est responsable de toutes prescriptions acquises, et détériorations survenues par sa négligence.

1562.

Si la dot est mise en péril par la mauvaise administration, ou seulement par le mauvais état des affaires du mari, la femme peut en poursuivre la restitution suivant les formes ci-dessus prescrites pour la séparation de biens.

1563.

§. II.

De l'Inaliénabilité du fonds dotal.

Le principal caractère qui distingue le régime dotal, consiste dans l'inaliénabilité de l'immeuble constitué en dot.

Nous disons *constitué en dot*, parce qu'on ne doit regarder comme immeuble dotal, que celui qui a été réellement constitué en dot. En conséquence, si la dot a été constituée dans le principe en argent, et qu'il ait été donné un immeuble en paiement, cet immeuble n'est pas réputé dotal; il en est de même de celui acquis des deniers dotaux, à moins que la condition de l'emploi n'ait été stipulée par le contrat de mariage. 1553.

La prohibition d'aliéner s'étend à toutes les espèces d'aliénation, ou concessions de droits réels, etc., faites pendant le mariage, par les deux époux, ensemble ou séparément, sauf les exceptions qui suivent: 1554.

1°. Il peut être dérogé au principe de l'inaliénabilité par le contrat de mariage, lorsqu'il 1557. contient, soit permission expresse d'aliéner, soit estimation avec déclaration que l'estimation vaut vente; 1552.

2°. La femme peut, avec l'autorisation de

son mari, donner ses biens dotaux pour l'établissement de ses enfans d'un précédent mariage; elle le peut également avec l'autorisation de justice, en cas de refus du mari; mais alors elle est tenue de lui en réserver la jouissance.

1555.

3°. Elle peut les donner aussi, mais avec l'autorisation du mari seulement, pour l'établissement des enfans communs.

1556.

4°. L'immeuble dotal peut être aliéné, en tout ou en partie, avec permission de justice, après trois affiches, et aux enchères,

Pour tirer de prison le mari ou la femme;

Pour fournir des alimens à la famille, dans les cas prévus au Titre *du Mariage;*

Pour payer les dettes de ceux qui ont constitué la dot, lorsqu'elles ont une date antérieure au mariage.

Dans ces trois cas, l'excédent du prix de la vente au-dessus des besoins reconnus, reste dotal, et il en est fait emploi comme tel au profit de la femme.

5°. L'immeuble dotal peut encore être aliéné, et avec les mêmes formalités, lorsqu'il se trouve indivis avec des tiers, et qu'il est reconnu impartageable. Dans ce cas, la portion du prix revenant à la femme est dotale, et il en est fait emploi comme dessus.

6°. Une partie des immeubles dotaux peut

être aliénée, toujours avec les mêmes formalités, pour payer les grosses réparations nécessaires à la conservation du reste. 1558.

7°. Enfin, le mari peut, avec le consentement de la femme et l'autorisation de justice, et d'après une estimation par experts nommés d'office par le tribunal, échanger l'immeuble dotal contre un autre de même valeur, à un cinquième près au plus. Dans ce cas, l'immeuble reçu en échange est dotal; la soulte, s'il y en a, l'est également, et il en est fait emploi comme dessus. 1559.

Ces différens cas exceptés, l'immeuble dotal ne peut, comme nous l'avons dit, être aliéné pendant le mariage, à quelque titre et sous quelque prétexte que ce soit. En conséquence, toute aliénation qui en auroit été faite, peut être révoquée sur la demande, soit de la femme, après la séparation de biens, soit d'elle ou de ses héritiers, après la dissolution du mariage, soit même du mari (1) pendant le mariage, sauf, dans tous les cas, les dommages-intérêts de l'acheteur contre le mari, s'il n'a pas déclaré dans le contrat de vente que le bien étoit dotal. 1560.

---

(1) Parce que cette prohibition est, en quelque sorte, regardée comme étant d'ordre public, *Interest Reipublicæ mulieres dotes salvas habere.*

La prescription étant une aliénation, l'immeuble dotal non aliénable ne peut être prescrit pendant le mariage; mais il devient prescriptible après la séparation, quelle que soit l'époque à laquelle la possession ait commencé.

1561.

Section III.

De la Restitution de la dot.

La dot doit être restituée après le mariage, ou quand cette restitution est ordonnée par jugement. Quant au mode de restitution, il faut distinguer :

Si la dot consiste en meubles non estimés, ou en meubles estimés, mais avec déclaration que l'estimation n'en vaut pas vente, ou en immeubles estimés, mais sans déclaration, le mari ou ses héritiers peuvent être contraints de la restituer sans délai. Si les meubles ont dépéri par l'usage, et sans la faute du mari, il n'est tenu de rendre que ceux qui restent, et dans l'état où ils se trouvent.

1564.

1566.

Si la dot consiste en une somme d'argent, ou en meubles estimés purement et simplement, ou en immeubles estimés avec déclaration que l'estimation vaut vente, la restitution ne peut être exigée qu'un an après la dissolution du mariage (1), sans préjudice du droit accordé à la femme, dans ce cas comme dans le précédent, de retirer de suite les linges et hardes à son usage actuel, sauf à en précompter la valeur, s'ils ne font pas partie des objets dont elle a conservé la propriété.

Si la dot comprend des obligations ou constitutions de rentes qui aient péri, ou qui aient souffert des retranchemens, sans qu'il y ait eu négligence de la part du mari, il n'en est point responsable, et demeure quitte en restituant les contrats, ou en remboursant ce qu'il a reçu.

Si c'est un usufruit qui ait été constitué en dot, le droit d'usufruit seul doit être restitué, et non les fruits échus pendant le mariage.

Il résulte de ces principes, que, régulièrement, le mari n'est tenu de restituer la dot qu'autant qu'il est prouvé qu'il l'a reçue, et jusqu'à concurrence de ce qu'il a reçu, sauf sa responsabilité en cas de négligence ; mais cependant, si le mariage a duré dix ans depuis l'échéance des termes pris pour le paiement de la dot, alors il y a présomption que le mari l'a reçue ; et cette présomption donne à la

---

(1) *Après la dissolution du mariage* : On peut conclure de-là que le même délai n'auroit pas lieu si la restitution de la dot étoit ordonnée par jugement. On sent aisément la raison de la différence.

femme ou à ses héritiers le droit de la répéter, sans être tenus de prouver le paiement, sauf au mari à justifier de poursuites faites inutilement en temps opportun, pour s'en procurer le remboursement (1).

1569.

Quant aux intérêts, ils courent de plein droit au profit de la femme ou de ses héritiers, du jour de l'événement qui donne lieu à la restitution. Si cependant cette restitution a lieu par suite de la mort du mari, la femme a le choix, ou d'exiger les intérêts comme il vient d'être dit, ou de se faire donner des alimens pendant l'année de son deuil, aux dépens de la succession de son mari; mais dans tous les cas, l'habitation, pendant le même intervalle, et les habits de deuil, doivent lui être fournis sur la même succession, gratuitement et sans imputation sur les intérêts à elle dus.

1570.

Si la dot à restituer consiste en immeubles, les fruits se partagent entre le mari et la femme, ou leurs héritiers, à proportion du temps que le mariage a duré pendant la dernière année, laquelle se compte à partir du jour que le mariage a été célébré.

1571.

Nous verrons, au Titre *des Hypothèques*,

---

(1) Observez que cela ne préjudicie en rien aux actions que le mari peut avoir à exercer contre les débiteurs de la dot, et qui ne sont sujettes qu'à la prescription ordinaire de trente ans.

que la loi donne à la femme, pour sûreté de la restitution de sa dot, une hypothèque tacite qui remonte au jour de la célébration du mariage; mais son privilége se borne là, et elle 2135. ne peut être préférée aux créanciers antérieurs à elle en hypothèque, 1572.

CHAPITRE II.

Des Biens paraphernaux.

Les biens paraphernaux sont tous ceux appartenans à la femme, et qui ne font point partie de sa dot. 1574.

La femme a, en général, l'administration et la jouissance de ses paraphernaux; mais si 1576. elle n'a pas apporté de dot, et qu'il n'y ait rien de stipulé dans le contrat, relativement aux charges du mariage, elle y contribue jusqu'à concurrence du tiers de ses revenus. 1575.

L'existence des paraphernaux ne préjudicie en rien à la puissance maritale. La femme ne peut, en conséquence, aliéner ses immeubles, même paraphernaux, ni ester en jugement à raison de ses paraphernaux, soit meubles, soit immeubles, sans l'autorisation de son mari, ou de justice à son refus. 1576.

Si le mari a joui des paraphernaux de sa femme, ou les a administrés, le compte qu'il doit rendre est subordonné à la nature du titre en vertu duquel il a joui ou administré.

1577. Si c'est en vertu d'une procuration contenant charge de rendre les fruits, il est tenu, à l'égard de la femme ou de ses héritiers, comme tout autre mandataire.

1578. S'il a joui sans mandat, mais aussi sans opposition constatée de la part de sa femme, il n'est tenu, lors de la cessation de sa jouissance qui peut avoir lieu à la première demande de cette dernière, qu'à la représentation des fruits existans, et n'est point comptable de ceux consommés.

1579. Enfin, s'il a joui malgré l'opposition constatée de sa femme, il est comptable de tous les fruits, tant existans que consommés.

1580. Dans tous les cas où il fait les fruits siens, il est tenu de toutes les obligations de l'usufruitier.

CHAPITRE PARTICULIER.

Des Dispositions introduites par le Code de Commerce, relativement aux femmes des commerçans.

Le Code de Commerce n'a rien changé aux droits de la femme, lorsqu'elle les exerce contre son mari ou les héritiers de celui-ci;

TIT. I. *Du Contrat de Mariage.*

mais si le mari ou sa succession sont en faillite, la condition de la femme éprouve des changemens considérables.

Le premier est que la présomption légale, au lieu d'être, comme dans les cas ordinaires, en faveur de la femme, est toujours, pour ce qui concerne les créanciers, et dans leur intérêt seulement, en faveur du mari ou de sa succession.

Ainsi, 1°. il n'y a de dotal en deniers ou effets mobiliers, que ceux dont l'apport est justifié par actes authentiques. *Com.* 551.

2°. Sous quelque régime que les époux soient mariés, les biens acquis par la femme sont toujours présumés appartenir au mari, avoir été payés de ses deniers, et doivent, en conséquence, être réunis à la masse de son actif, à moins que la femme ne puisse justifier par inventaire, ou autre acte authentique, de l'origine des deniers qui ont servi au paiement. *Ib.* {546. 547.

3°. Si la femme a payé des dettes pour son mari, elle est présumée, jusqu'à preuve contraire, l'avoir fait avec les deniers de son mari même; et elle ne peut, en conséquence, exiger aucune répétition. *Ib.* 550.

4°. Tous les effets mobiliers quelconques, à l'usage, tant du mari que de la femme, et sous quelque régime que ce soit, sont présumés acquis des deniers du mari seul, et peuvent, en conséquence, être réclamés par ses créanciers, sans que la femme puisse retirer autre chose que les habits et linges nécessaires à son usage, d'après l'état dressé par les syndics définitifs de l'union, ainsi que les bijoux, diamans et vaisselles, qu'elle peut justifier authentiquement lui avoir été donnés par contrat de mariage, ou lui être advenus par succession seulement. La femme qui se seroit permis de détourner ou recéler des effets, mobiliers autres que ceux qui viennent d'être désignés, ainsi que des marchandises, des effets de commerce, ou de l'argent comptant, doit être condamnée à les rapporter à la masse, et, en outre, poursuivie comme complice de banqueroute frauduleuse.

Com.529.

Ib. 554.

Ib. 555.

Un second changement fait par le Code de Commerce, relativement aux droits des femmes, concerne l'hypothèque tacite accordée à celles-ci.

D'après ce Code, toute femme qui épouse un commerçant, n'a hypothèque pour ses biens dotaux justifiés comme il est dit ci-dessus, pour le remploi de ses propres, et pour l'indemnité des dettes contractées par elle avec son mari, que sur les immeubles appartenans à ce dernier à l'époque du mariage.

Ib. 551.

Enfin, la femme ne peut exercer dans la faillite aucune action à raison des avantages

TIT. I. *Du Contrat de Mariage.* 103

portés en son contrat de mariage, comme aussi les créanciers du mari ne peuvent se prévaloir, dans aucun cas, des avantages faits par la femme au mari dans le même contrat. *Com.* 549.

Ces deux dernières dispositions (celles relatives à l'hypothèque et aux avantages faits par contrat de mariage) s'appliquent non seulement à la femme qui épouse un commerçant, mais encore à celle dont le mari avoit, à l'époque du mariage, une profession déterminée, autre que celle de commerçant, s'il entreprend le commerce dans l'année de la célébration. *Ib.* 553.

Celle relative à l'hypothèque en particulier, s'applique également à la femme qui épouse le fils d'un commerçant, n'ayant, au moment de la célébration, aucun état ou profession déterminée, s'il devient par la suite négociant, à quelque époque que ce soit. *Ib.* 552.

TITRE II.

De la Vente (1).

LA vente est un contrat par lequel une personne transfère à une autre la propriété d'une chose, moyennant un certain prix (2).

Un contrat : non solennel, commutatif, et synallagmatique parfait.

Par lequel une personne : nous verrons dans un chapitre particulier quelles sont les personnes qui peuvent acheter ou vendre.

Transfère la propriété : en effet, par suite du nouveau principe établi au Titre *des Contrats en général*, lorsque la vente est pure et simple, la propriété de la chose vendue par le propriétaire lui-même, est acquise de droit à l'acheteur, du moment qu'on est convenu de la chose et du prix, quoiqu'il n'y ait encore

1583. ni livraison ni paiement. Ce principe souffre cependant quelques exceptions.

---

(1) Voyez, dans les OEuvres de Pothier, le *Traité du Contrat de Vente*.

(2) Il résulte de cette définition que trois choses sont de l'essence de la vente ; la chose, le prix, et le consentement. Otez une de ces choses, il n'y a plus de vente.

Tit. II. *De la Vente.*

Premièrement, à l'égard des marchandises qui se pèsent, se comptent ou se mesurent, il faut distinguer : si la vente a été faite en bloc et pour un seul prix, elle est parfaite, la propriété est transférée, et la chose est conséquemment aux risques de l'acheteur, par l'effet de la convention seule, quoique les marchandises n'aient été encore ni pesées, ni comptées, ni mesurées ; mais si le même bloc de marchandises a été vendu au poids, au compte ou à la mesure, la vente est bien parfaite, dans le sens que le vendeur et l'acheteur peuvent en poursuivre l'exécution, et demander des dommages-intérêts en cas de refus ; mais néanmoins la chose n'est aux risques de l'acheteur, que lorsqu'elle a été pesée, comptée ou mesurée. 1586. 1585.

2°. A l'égard des choses qu'on est dans l'usage de goûter avant d'en faire l'achat, la vente n'est parfaite que du moment que l'acheteur les a goûtées et agréées. D'après ce principe, toute vente faite à l'essai est présumée faite sous une condition suspensive. 1587. 1588.

3°. A l'égard des objets mobiliers en général, dont la propriété n'est censée transférée, pour ce qui concerne les tiers de bonne foi, que par la livraison. 1141.

4°. Enfin, à l'égard des objets mobiliers même livrés, mais non payés, et qui, lorsque la vente a été faite sans terme, peuvent être revendiqués, dans certains cas, par le vendeur, ainsi que nous le verrons au titre *des Priviléges et Hypothèques*.

2102.

D'une chose : Nous verrons également ci-après quelles sont les choses qui peuvent être vendues.

Moyennant un certain prix : Ce prix doit être sérieux et déterminé par les parties. Il peut cependant être laissé à l'arbitrage d'un tiers; mais alors la vente est nulle, si ce tiers ne peut, ou ne veut faire l'estimation.

1591.
1592.

Pour exposer les principes du contrat de vente, nous aurons donc à voir,

1°. Quelles sont les personnes qui peuvent acheter ou vendre;

2°. Quelles choses peuvent être vendues;

3°. Comment la vente peut être faite;

4°. La vente une fois parfaite, quelles sont les obligations du vendeur et de l'acheteur;

5°. Comment la vente peut être résolue;

6°. Enfin, nous traiterons de quelques espèces particulières de contrats de vente.

Tit. II. *De la Vente.*

CHAPITRE PREMIER.

Des Personnes qui peuvent acheter ou vendre.

La vente étant de droit commun comme tous les contrats, peut avoir lieu entre toutes personnes qui n'en sont pas déclarées incapables par la loi.   1594.

Outre les motifs généraux d'incapacité, dont il a été question au Titre *des Contrats en général*, il en est de particuliers au contrat de vente, et qui peuvent provenir de la part du vendeur seul, ou de l'acheteur seul, ou des deux ensemble.

De la part du vendeur : Ainsi, 1°. le saisi réellement ne peut aliéner l'immeuble saisi, quand la saisie lui a été dénoncée. L'art. 692 du Code de Procédure décide que, dans ce cas, la vente est nulle de droit, tellement qu'il n'est pas même nécessaire d'en faire prononcer la nullité, sauf toutefois le cas prévu par l'article suivant;   Pr. {692. 693.

2°. Le failli étant, d'après l'art. 442 du Code de Commerce, dessaisi, à compter du jour de la faillite, et de plein droit, de l'administration de tous ses biens, ne peut conséquemment les aliéner; et même, d'après l'art. 444, les aliénations faites par lui à titre onéreux, quoiqu'antérieurement à la faillite, peuvent être annullées sur la demande des créanciers, s'ils prouvent qu'elles ont été faites en fraude de leurs droits.

C. {442/444}

De la part de l'acheteur : Ainsi, 1°. le tuteur ne peut, à peine de nullité, acheter (1) les biens de son pupille, ni par lui-même, ni par personnes interposées.

Il en est de même du mandataire, pour les biens qu'il est chargé de vendre;

Des administrateurs des communes et des établissemens publics, pour les biens de ces communes ou établissemens;

Des officiers publics chargés de la vente des biens nationaux, pour ceux de ces biens dont la vente se fait par leur ministère;

1596.

2°. Le saisi réellement, et les personnes notoirement insolvables ne peuvent se rendre adjudicataires de l'immeuble saisi. Cette prohibition est étendue aux juges, à leurs suppléans, aux procureurs-généraux et impériaux, substituts, et greffiers du tribunal où se poursuit la vente, le tout à peine de nullité de l'adjudication, et de dommages et intérêts contre l'avoué qui auroit enchéri en leur nom.

Pr. 713.

---

(1) Même en adjudication publique.

Tit. II. *De la Vente.*

3°. Les juges, suppléans, etc., comme dessus, ainsi que les huissiers, avoués, défenseurs-officieux et notaires, ne peuvent également, à peine de nullité, et de tous dépens, dommages et intérêts, devenir cessionnaires des procès et droits litigieux qui sont de la compétence du tribunal dans le ressort duquel ils exercent leurs fonctions. 1597.

Enfin, l'incapacité peut exister respectivement entre les deux parties : ainsi, la crainte des avantages indirects a fait décider qu'il ne pourroit y avoir de vente entre époux. Il peut seulement y avoir lieu, dans quelques circonstances, au contrat appelé *Datio in solutum* (1), contrat, à la vérité, équipollent à vente, mais qui en diffère cependant, principalement en ce qu'il suppose toujours une obligation précédente. Les cas dans lesquels ce contrat peut avoir lieu entre époux, sont au nombre de trois :

1°. Lorsqu'après une séparation judiciaire, l'un des époux cède des biens à l'autre en paiement de ses droits;

2°. Même sans séparation, lorsque la ces-

---

(1) *Datio in solutum : la dation en paiement.* C'est l'acte par lequel un débiteur donne un effet à son créancier, et de son consentement, en paiement d'une somme d'argent, ou de quelqu'autre chose qu'il lui doit.

sion est faite par le mari à la femme, pour le remploi de propres aliénés, ou de deniers réalisés par elle, ou pour toute autre cause légitime;

3°. Lorsqu'en cas de non communauté, la femme cède des biens à son mari, en paiement d'une somme qu'elle lui a promise en dot.

Sauf, dans ces trois cas, les droits des héritiers respectifs, s'il y a avantage indirect de part ou d'autre.

1595.

CHAPITRE II.

Des Choses qui peuvent être vendues.

En général, on ne peut vendre qu'une chose qui existe, ou qui peut exister. Quant à celle qui n'existoit plus au moment de la vente, il est clair qu'elle ne peut être l'objet d'un contrat. Si une partie seulement étoit périe, l'acquéreur a le choix, ou de renoncer à la vente, ou d'exiger la partie qui reste, dont le prix est alors déterminé par la ventilation.

1601.

Secondement, comme il ne peut y avoir de vente sans translation de propriété, il est évident que la vente de la chose d'autrui est

Tit. II. *De la Vente.*

nulle (1). Elle peut même donner lieu à des dommages-intérêts en faveur de l'acheteur, lorsqu'il a ignoré que la chose fût à autrui.

Troisièmement, enfin, il faut que la chose vendue soit dans le commerce, et que la loi n'en ait pas prohibé l'aliénation.

Sont prohibées, 1°. la vente des biens de mineurs, des absens, et des interdits, sauf les cas où les formalités requises ont été observées;

2°. Celle de l'immeuble dotal, sauf les cas d'exception déterminés;

3°. Celle de la succession d'une personne vivante, quand même elle y auroit consenti;

4°. Celle des biens, soit immeubles réels, soit meubles immobilisés, qui ont été admis pour la formation d'un majorat (2).

1599.

1598.

1600.

---

(1) Elle est nulle, dans le sens que la propriété n'est point transférée; mais elle peut avoir, et elle a effectivement des effets considérables: elle peut servir de base à la prescription, à l'action en garantie, etc.

(2) Statut impérial du 1er. mars 1808, art. 40 (*Bulletin*; n°. 3207), et sauf les cas d'aliénation et de remploi, indiqués par les sections 1 et 2 du titre 4 du même statut.

CHAPITRE III.

De quelle manière la Vente peut être faite.

1582. La vente étant, comme nous l'avons dit, un contrat non solemnel, n'exige aucune formalité particulière. Elle peut donc être faite par acte authentique, ou sous seing-privé, et même verbalement, sauf, dans ce dernier cas, l'exécution des règles relatives à la preuve testimoniale.

1584. Elle peut être faite purement et simplement, à terme, sous condition suspensive ou résolutoire, alternativement, etc. Dans tous ces cas, son effet est réglé par les principes posés au Titre *des Contrats en général*.

1590. S'il y a simplement promesse de vente, il faut distinguer : si cette promesse a été accompagnée d'arrhes, la prestation des arrhes doit faire présumer entre les parties une convention secondaire et tacite, par laquelle elles se réservent respectivement la faculté de rompre le marché, savoir : celle qui a donné les arrhes, en les perdant ; et celle qui les a reçues, en les restituant au double.

1589. Mais si la promesse de vente est pure et simple et sans arrhes, elle vaut vente, et au-

Tit. II. *De la Vente.*

cune des parties ne peut se désister sans le consentement de l'autre.

Il est bien entendu que, dans les deux cas, la promesse de vente ne peut avoir d'effet, qu'autant qu'il y a consentement réciproque sur la chose et sur le prix. 1589.

Les frais d'actes, et autres accessoires à la vente, sont toujours à la charge de l'acheteur, à moins de stipulation contraire. 1593.

Toutes les clauses obscures ou ambiguës s'interprètent contre le vendeur ; c'est à lui à expliquer clairement ce à quoi il entend s'obliger et obliger l'acquéreur. 1602.

CHAPITRE IV.

Des Obligations du Vendeur et de l'Acheteur.

SECTION PREMIÈRE.

Des Obligations du Vendeur.

Le vendeur est tenu de deux obligations principales : celle de livrer la chose vendue, et celle de la garantir. 1603.

§. Ier.

De la Délivrance.

1604. La délivrance, ou tradition, est la remise de la chose vendue en la puissance et possession de l'acheteur.

Pour la manière dont peut et doit se faire la délivrance, il faut d'abord distinguer entre les choses corporelles et celles incorporelles. Nous verrons au chapitre VI comment se fait la tradition des choses incorporelles.

1606. Quant aux choses corporelles, on distingue trois sortes de traditions : la réelle, la symbolique, et la feinte (1).

La tradition réelle est celle qui s'opère par la remise directe de la chose dans les mains de celui à qui elle doit être livrée. Elle n'a lieu ordinairement que pour les choses mobilières d'un poids léger.

La tradition symbolique s'opère par la remise, non pas de la chose même qui doit être livrée, mais d'une autre chose qui la représente : telle est, pour les immeubles, la

---

(1) Observez que ces principes ne sont pas particuliers à la vente, mais qu'ils sont les mêmes pour tous les cas où il doit y avoir tradition.

remise des clefs, ou des titres de propriété ; et pour les meubles, la remise des clefs du bâtiment où ils sont contenus. 1605. 1606.

Enfin, la tradition feinte s'opère par le seul consentement des parties ; ce qui a lieu dans deux cas seulement : le premier, lorsque la chose est déjà, à quelqu'autre titre, en la possession de l'acheteur ; et le second, lorsque celui qui doit livrer, désigne la chose au preneur, en lui donnant la faculté de l'enlever. *Ibid.*

La tradition doit, en général, se faire au lieu où étoit la chose vendue au moment de la vente, s'il n'en a été autrement convenu. Les frais de délivrance sont à la charge du vendeur, et ceux d'enlèvement à la charge de l'acheteur, le tout sauf stipulation contraire. 1609. 1608.

Le vendeur est tenu de livrer la chose de suite, ou à l'époque fixée par le contrat ; sinon, en cas de retard, il est tenu d'indemniser l'acheteur du préjudice qui peut en résulter pour lui ; et ce dernier peut même, s'il le juge convenable, et si le retard ne provient que du fait du vendeur, demander la résolution de la vente, avec dommages-intérêts. 1611. 1610.

Mais ces dispositions n'ont lieu en faveur de l'acquéreur, qu'autant qu'il a payé ou offert de payer le prix, ou obtenu terme et délai pour le paiement ; autrement, le vendeur n'est pas tenu de livrer. Il en seroit de même, quand 1612.

il y auroit terme et délai, si, depuis la vente, l'acquéreur étoit tombé en faillite ou en déconfiture, tellement que le vendeur se trouvât en danger imminent de perdre le prix. Dans ce cas, l'acquéreur ne peut exiger la livraison qu'en payant, ou en donnant bonne et valable caution de payer aux termes convenus.

1613.

La chose doit être livrée dans l'état où elle se trouvoit au moment de la vente. La responsabilité du vendeur, relativement à l'obligation de conserver, est soumise aux règles que nous avons établies au Titre *des Contrats en général* (1). Il en est de même des questions relatives à la perte ou à la détérioration de la chose vendue, ainsi qu'aux dommages-intérêts pour cause d'inexécution (2).

1614.

1624.

La chose doit être livrée avec ses accessoires, et tout ce qui est destiné à son usage perpétuel. Tous les fruits perçus depuis le jour de la vente, appartiennent à l'acquéreur.

1615.

1614.

Le vendeur est tenu de délivrer la contenance, telle qu'elle est portée au contrat, sauf les modifications suivantes :

1616.

Si la vente d'un fonds a été faite avec indication de la contenance, et au prix de tant la

---

(1) Chap. IV, sect. 1re.
(2) Même chap., sect. 4.

mesure, il faut distinguer si la contenance réelle est supérieure, ou inférieure à celle portée au contrat.

Si elle est supérieure, l'acquéreur est tenu de fournir un supplément de prix proportionné. Si cependant l'excédent est d'un vingtième au-dessus de la contenance déclarée, il a le choix, ou de se désister du contrat, ou de fournir le supplément. S'il se désiste, le vendeur est tenu de restituer le prix, s'il a été payé, ainsi que les frais du contrat. 1618. 1621.

Si la contenance réelle est au-dessous de celle indiquée, l'acquéreur peut forcer le vendeur, si cela est possible, de lui livrer la contenance déclarée : en cas d'impossibilité, ou si l'acquéreur veut bien ne pas l'exiger, le vendeur est tenu de souffrir une diminution proportionnelle sur le prix; et suivant les circonstances, la vente même peut être résiliée. 1617.

Lorsque la vente a été faite à raison d'un seul et unique prix pour tout ce qui est vendu, la différence qui peut se trouver, en plus ou en moins, entre la contenance réelle et celle portée au contrat, ne donne lieu à aucun supplément de prix en faveur du vendeur, ni à aucune diminution en faveur de l'acquéreur, à moins que cette différence ne soit d'un vingtième, en plus ou en moins, eu égard à la valeur de la totalité des objets vendus (1), ou qu'il n'y ait stipulation contraire; en observant néanmoins que, toutes les fois qu'il y a lieu à augmentation de prix, l'acquéreur a, comme ci-dessus, le choix de demander la résiliation de la vente, avec restitution du prix payé et des frais, ou de fournir le supplément proportionné, avec les intérêts à compter du jour de la livraison.

Ces dispositions s'appliquent à tous les cas où la vente n'est pas faite à tant la mesure, soit qu'il s'agisse d'un corps certain et limité, soit que l'on ait commencé par exprimer la mesure avant de désigner l'objet (2), ou *vice versâ* (3); soit enfin qu'on ait vendu ensemble des fonds distincts et séparés; auquel cas, la différence doit être déterminée, eu égard à la valeur respective de chacun des objets vendus (4).

L'action en supplément de prix de la part du vendeur, ainsi que celle en diminution ou en résiliation du contrat de la part de l'acqué-

---

(1) C'est-à-dire que la différence d'un vingtième dans la mesure ne donne lieu à augmentation ni à diminution, si, eu égard à la valeur de l'objet particulier sur lequel porte la différence, il n'en résulte pas une différence d'un vingtième dans le prix du tout.

(2) Par exemple, dix arpens de pré à prendre en tel endroit.

(3) Par exemple, tel pré, de la contenance de dix arpens.

(4) Voyez la note (1) ci-dessus.

reur, doivent être intentées dans l'année à compter du jour de la vente, à peine de déchéance.

1622.

§. II.

De la Garantie.

L'obligation de garantie a deux objets ; le premier, la propriété et la possession paisible de la chose vendue, ce qui comprend le cas d'éviction ; et le second, les défauts cachés de cette chose, dits *vices redhibitoires*.

1625.

De la Garantie en cas d'éviction.

On entend, en général, par éviction, l'abandon que le possesseur d'une chose est obligé de faire de tout ou partie de ladite chose, par suite d'une action réelle exercée contre lui par un tiers. Or, comme dans le contrat de vente le vendeur est tenu de transférer à l'acquéreur la propriété de la chose, il doit, par suite, le garantir de toutes les évictions dont la cause existoit antérieurement à la vente, quand même cette cause ne procéderoit pas du fait de lui vendeur (1).

---

(1) Si par exemple elle provient du fait de celui dont le vendeur a acquis, sauf, dans ce cas, son recours contre son auteur.

1626. Cette garantie est de droit, c'est-à-dire, qu'elle a lieu même sans stipulation, parce qu'elle tient de la nature du contrat. Mais est-elle également de son essence? A cet égard, il faut distinguer : s'il s'agit du fait personnel du vendeur, la clause de garantie est de l'essence du contrat. On ne peut stipuler qu'on ne sera pas tenu de son propre dol. Toute con-
1628. vention contraire seroit donc nulle.

Mais s'il s'agit seulement du fait des tiers, la clause de garantie n'est plus que de la nature du contrat. Les contractans peuvent donc y déroger, en tout ou en partie, par des con-
1627. ventions particulières, sans que néanmoins, en cas d'éviction, le vendeur puisse se prévaloir de la clause de non garantie, même totale, pour se dispenser de restituer le prix de la
1629. chose ou de la partie évincée. Si cependant l'acquéreur connoissoit, lors de la vente, le danger de l'éviction, ou avoit acheté à ses
Ibid. périls et risques, il ne pourroit rien répéter.

Si le contrat ne renferme aucune stipulation particulière relative à la garantie, ou si elle a été promise en général, le vendeur, en cas d'éviction de la totalité de la chose, doit rendre l'acquéreur parfaitement indemne. En conséquence, outre la restitution du prix, il doit encore lui tenir compte :

Tit. II. *De la Vente.*

1°. Des frais et loyaux coûts (1) du contrat ;

2°. Des fruits, si l'acquéreur évincé a été obligé de les rendre au propriétaire ;

3°. Des frais faits, tant sur la demande originaire (2) que sur celle en garantie ;

4°. Des dommages-intérêts. Ces dommages se composent, d'abord, de l'augmentation de prix que la chose peut avoir éprouvée, même sans le fait de l'acquéreur ; et, en second lieu, des dépenses voluptuaires faites par lui sur le fonds, si toutefois le vendeur étoit de mauvaise foi (3). Quant aux réparations et aux améliorations utiles, le vendeur n'en est tenu, qu'autant que l'acquéreur n'en a pas été remboursé par le demandeur originaire (4); mais alors il en est tenu dans tous les cas, soit qu'il ait été de bonne ou de mauvaise foi. 1630. 1633. 1635. 1634.

Les autres questions auxquelles peuvent donner lieu, dans ce cas, les dommages-intérêts, doivent être décidées d'après les règles

---

(1) On appelle *loyaux coûts* tout ce que l'acquéreur a pu et dû raisonnablement payer pour le contrat.

(2) On appelle *demande originaire*, l'action réelle dirigée par le propriétaire contre l'acquéreur, et *demande en garantie*, celle dirigée par l'acquéreur contre le vendeur, en garantie de l'éviction.

(3) C'est-à-dire, si, connoissant le danger de l'éviction, il n'en a pas prévenu l'acquéreur.

(4) Par exemple, dans le cas de l'art. 555.

générales établies au Titre *des Contrats en*
1639. *général.*

Le remboursement de la plus-value de l'immeuble ne devant avoir lieu qu'à titre de dommages-intérêts, il ne faut pas en conclure, *à contrario*, que le vendeur n'est tenu de restituer qu'une partie du prix, si la chose vendue se trouve diminuée de valeur, même par le fait de la négligence de l'acquéreur. Le contraire est formellement décidé par l'art. 1631, portant que, dans ce cas, le vendeur n'en est
1631. pas moins tenu de restituer la totalité du prix.

Cependant, si l'acquéreur a tiré quelque profit des dégradations par lui commises sur le fonds, le vendeur a droit de retenir sur
1632. le prix une somme égale à ce profit.

Nous avons raisonné jusqu'à présent dans l'hypothèse d'une éviction totale de l'objet. Mais cette éviction peut n'être que partielle; et alors il faut distinguer : si la partie évincée est telle, relativement au tout, qu'il soit probable que l'acquéreur n'eût point acheté, s'il eût prévu l'éviction, il peut demander la ré-
1636. siliation de la vente.

Dans le cas contraire, ou si l'acquéreur ne demande pas la résiliation, il ne peut exiger le remboursement de la valeur de la portion évincée, que d'après l'estimation faite à l'époque de
1637. l'éviction, sans avoir égard au prix de la vente.

La même distinction doit avoir lieu à l'égard des servitudes non apparentes, ou autres droits réels, dont l'héritage se trouve grevé, et qui n'ont pas été déclarées lors de la vente. Si ces droits ou servitudes sont de telle importance qu'il y ait lieu de présumer que l'acquéreur n'eût pas acheté s'il les avoit connus, il peut demander la résiliation; sinon, il est tenu de se contenter d'une indemnité. 1638.

Dans tous les cas où l'acheteur évincé en partie peut demander la résiliation de la vente, il a, contre son vendeur, les mêmes droits que s'il avoit été évincé en totalité.

Il est, au surplus, de la prudence de l'acquéreur de ne point attendre qu'il ait été évincé pour agir contre son vendeur, et de l'appeler en garantie, du moment qu'il est troublé dans sa possession; autrement, il seroit exposé à n'avoir aucun recours contre lui, si ce dernier prouvoit qu'il avoit de bonnes raisons pour faire rejeter la demande (1). 1640.

De la Garantie pour raison des défauts de la chose vendue.

Les défauts de la chose vendue qui peuvent

---

(1) Pour les formalités des demandes en garantie, voyez le Code de Procédure, art. 175 à 185.

donner lieu à la garantie, sont ceux qui la rendent impropre à l'usage auquel on la destine, ou qui diminuent tellement cet usage, que l'acheteur ne l'auroit pas acquise, ou n'en eût donné qu'un moindre prix, s'il les avoit connus. Ces vices se nomment, en général, *vices redhibitoires,* et l'action qui en résulte a le même nom.

1641.
1648.

Quelle que soit la nature des vices qui donnent lieu à l'action en garantie, l'acheteur a toujours le choix, ou de faire résilier la vente, ou de se faire rendre une partie du prix à dire d'experts. Mais, dans tous les cas, il n'a d'action qu'autant que ces vices lui ont été cachés. Si donc il lui en a été fait déclaration lors de la vente, ou s'ils étoient tellement apparens qu'il ait dû les apercevoir facilement, il n'y a pas lieu à la garantie.

1644.
1642.

Quant au vendeur, il faut également, pour déterminer ses obligations, distinguer si ces vices lui étoient connus, ou non, au moment de la vente.

Dans le premier cas, c'est-à-dire, s'il connoissoit les vices, et qu'il ne les ait pas déclarés, il est tenu non-seulement de la restitution du prix, mais encore de tous les dommages-intérêts de l'acheteur, même quand il y auroit clause de non garantie.

1645.
1643.

Si, au contraire, les vices ne lui étoient

pas connus, il n'est tenu qu'autant qu'il n'y a pas de clause de non garantie; et, alors même, il ne doit restituer que le prix, et les frais occasionnés par la vente (1). 1643.

1646.

Si la chose vicieuse a péri depuis la vente par cas fortuit, la perte est pour l'acheteur, qui ne peut alors exercer aucun recours. Mais si elle a péri par suite du vice dont elle étoit infectée, il est évident que le vendeur doit être tenu, comme si elle existoit, et suivant qu'il étoit de bonne ou de mauvaise foi. 1647.

Il n'a point d'ailleurs été dérogé aux usages locaux, relativement au délai dans lequel doit être intentée l'action redhibitoire. Ce délai varie suivant la nature des vices et celle de la chose vendue. 1648.

L'action redhibitoire n'a pas lieu dans les ventes faites par autorité de justice. 1649.

---

(1) Il peut être tenu des dommages-intérêts, même quand il a ignoré les vices, toutes les fois qu'il a dû les connoître; par exemple, si c'est un ouvrier qui ait vendu des objets dépendans de sa profession.

Section II.

Des Obligations de l'Acheteur.

1650. La principale (1) obligation de l'acheteur est celle de payer le prix convenu.

Ibid. 1651. Si l'époque et le lieu du paiement ont été réglés par le contrat, les parties doivent s'y conformer; sinon, il doit être fait au lieu et à l'époque de la délivrance. Si, cependant, l'acquéreur est troublé, ou qu'il ait juste sujet de craindre de l'être, soit par une action hypothécaire, soit par toute autre action réelle, il peut, à moins qu'il n'en ait été autrement convenu, suspendre le paiement, jusqu'à ce que le vendeur ait fait cesser le trouble, ou 1653. lui ait donné caution suffisante. Ce cas excepté, si l'acquéreur ne paie pas le prix aux lieu et termes déterminés par la convention, ou par la loi à défaut de convention, la vente peut être résolue, ainsi que nous le verrons 1654. dans le chapitre suivant.

Quant aux intérêts du prix, il faut voir si

---

(1) *La principale :* Parce que l'acheteur contracte encore d'autres obligations, telle que celle d'enlever la chose vendue, de payer les frais faits pour sa conservation, etc.

la chose vendue est, ou non, susceptible de produire des fruits naturels ou civils.

Dans le premier cas, les intérêts sont dus à compter du jour que l'acquéreur est entré en jouissance.

Dans le second cas, l'acquéreur ne doit les intérêts qu'autant qu'ils ont été stipulés lors de la vente, ou qu'il a été mis en demeure de payer : et, dans ce dernier cas, les intérêts ne courent que du jour de la sommation.   1652.

CHAPITRE V.

De la Résolution de la Vente.

Les causes de résolution de la vente sont d'abord les mêmes que pour les autres conventions. Ainsi, entre autres causes, l'inexécution des engagemens respectifs, comme le défaut de translation de propriété de la part du vendeur, ou de paiement du prix de la part de l'acheteur, peuvent donner lieu à cette résolution. Nous avons traité du premier cas ci-dessus, Section *de la Garantie ;* nous traiterons du second dans la section suivante.

La vente peut encore être résolue pour d'autres causes qui lui sont particulières, et qui sont la faculté du rachat, et la vilité du prix. 1658.

Section première.

De la Résolution de la Vente pour cause de non paiement du prix, et du Pacte commissoire.

1654. La clause de résolution en cas de non paiement du prix, doit toujours, d'après les principes établis au Titre des *Contrats en général*, être sous-entendue dans la vente qui est un contrat synallagmatique parfait.

Cette clause peut aussi être exprimée, et alors elle prend le nom de *Pacte commissoire*.

1656. Lors même qu'il a été stipulé que la résolution auroit lieu de plein droit, à défaut de paiement du prix au terme convenu, l'acquéreur d'un immeuble peut encore payer, même après l'échéance du terme, tant qu'il n'a pas été mis en demeure par une sommation; mais la sommation une fois faite, le juge ne peut lui accorder de délai.

Si la clause n'est que tacite, le juge, même après la sommation, peut encore accorder à l'acquéreur un délai plus ou moins long, suivant les circonstances : mais ce délai passé, il ne peut en être accordé un nouveau, et la résolution de la vente doit être prononcée. Si même il y a danger pour le vendeur de perdre la chose et le prix, la résolution doit être prononcée sans aucun délai. 1655.

Ces différentes distinctions ne s'appliquent pas aux ventes de denrées ou autres effets mobiliers, dont la résolution a lieu de plein droit, et sans sommation, au profit du vendeur, après l'expiration du terme convenu pour le retirement. 1657.

Section II.

De la Clause de Rachat.

La clause de rachat ou de *réméré* est un pacte par lequel le vendeur se réserve la faculté de reprendre la chose vendue, en indemnisant l'acquéreur de tout ce qu'il lui en a coûté à cause de la vente. 1659.

L'on stipule ordinairement un terme dans lequel la faculté de rachat sera exercée. Ce terme ne peut excéder cinq années : s'il est plus long, ou indéfini, il doit être réduit à ce temps. Dans tous les cas, le terme, soit 1660. légal, soit conventionnel, est de rigueur. 1661. Cette disposition étant d'ordre public (1), il en résulte :

---

(1) Elle est fondée sur la nécessité de ne pas laisser trop longtemps les propriétés incertaines.

1661.
1662.

1663.

1665.

1673.

1666.

1°. Qu'il ne peut être prolongé par le juge;

2°. Que, faute par le vendeur d'avoir exercé le réméré dans le délai prescrit, l'acquéreur demeure propriétaire incommutable;

3°. Que le délai court contre toutes sortes de personnes, même mineures ou interdites, sauf leur recours, s'il y a lieu, contre qui de droit.

La clause de rachat étant du nombre des conditions dites *résolutoires*, qui conséquemment ne suspendent point l'effet de l'acte, il s'ensuit que l'acquéreur est propriétaire du moment de la vente, quoique sa propriété soit résoluble.

Il est propriétaire : En conséquence, il prescrit contre tout autre que le vendeur : les baux faits par lui sans fraude doivent être exécutés par le vendeur, après l'exercice de l'action, etc. Enfin, il peut opposer le bénéfice de discussion aux créanciers de son vendeur (1).

Mais sa propriété est résoluble : Il ne peut donc transmettre plus de droit qu'il n'en a lui-même. En conséquence, cette action peut être intentée contre un second et un troisième

---

(1) Voyez l'art. 2170.

acquéreur, quand même la clause n'auroit pas été rappelée dans leurs contrats; et le vendeur reprend, dans tous les cas, son héritage libre de toutes les charges et hypothèques dont il a pu être grevé par les différens acquéreurs. 1664. 1673.

Le vendeur qui use de la faculté de réméré, ne peut réclamer la possession de la chose, qu'il n'ait remboursé au détenteur :

1°. Le prix principal porté au contrat;

2°. Les frais et loyaux coûts de la vente;

3°. Les réparations nécessaires;

4°. Celles qui, sans être nécessaires, ont cependant augmenté la valeur du fonds, mais seulement jusqu'à concurrence de la plus-value. *Ibid.*

L'exercice de l'action en réméré présente peu de difficulté, lorsque la chose a été vendue en totalité par un seul vendeur à un seul acquéreur, et qu'ils sont tous deux vivans au moment où l'action est exercée. Mais son effet se complique davantage dans les cas suivans :

1°. Si la vente n'a eu lieu que pour une partie indivise de la chose; et que, sur une licitation provoquée contre l'acquéreur, il se soit rendu adjudicataire du total. Dans ce cas, si le vendeur veut exercer l'action, l'acquéreur peut l'obliger de retirer le tout. 1667.

2º. S'il y a eu plusieurs vendeurs, alors il faut distinguer : si la vente n'a pas été faite conjointement, mais que chaque propriétaire ait vendu séparément sa part, avec faculté de réméré, chacun peut exercer l'action pour la portion qui lui appartient, et l'acquéreur est obligé de souffrir le réméré partiel. Si, au contraire, la vente a été faite conjointement, et par un seul contrat, chacun ne peut, à la vérité, exercer l'action en réméré que pour la part qu'il avoit dans l'héritage; mais l'acquéreur peut exiger que tous les co-vendeurs soient mis en cause, à l'effet de s'entendre sur la reprise de l'héritage en entier; et, faute par eux de se concilier, le réméré n'a lieu pour aucune partie. Il en est de même, lorsque le vendeur qui étoit seul dans le principe, a laissé plusieurs héritiers.

3º. Enfin, si c'est l'acquéreur qui soit mort, laissant plusieurs héritiers, l'action en réméré ne peut être exercée contre chacun d'eux que pour sa part héréditaire, si la chose est encore indivise; mais si le partage a été fait, chacun d'eux peut être poursuivi pour la part qu'il possède effectivement.

Tit. II. *De la Vente.*

Section III.

De la Rescision de la Vente pour cause de vilité du prix.

La vente étant un contrat commutatif, il a été admis en principe que la vilité du prix pouvoit donner lieu à la rescision de la vente. Cependant la circulation rapide des effets mobiliers, et la variation de leurs prix, n'ont pas permis d'admettre, à leur égard, cette espèce de rescision. Elle est donc bornée exclusivement aux ventes d'immeubles; et, en ce cas, il faut que la vilité du prix soit telle, qu'il y ait lieu de présumer que le vendeur a été forcé, par l'embarras de sa situation, de consentir à la vente.

Comme la discussion de cette question, si elle eût été abandonnée à l'arbitraire, pouvoit occasionner des procès sans nombre, la loi a fixé elle-même le point où le prix ne peut plus être regardé comme l'équivalent de la chose vendue; c'est quand il n'égale pas les cinq douzièmes de la valeur réelle de l'objet. Dans ce cas donc, le vendeur peut demander la rescision du contrat, quand même il y auroit renoncé expressément, et qu'il auroit déclaré donner la plus-value (1).

1674.

C'est au vendeur, en sa qualité de demandeur, à prouver la lésion: Mais plusieurs conditions sont exigées, pour qu'il puisse même être admis à la preuve. Il faut d'abord que l'action soit intentée dans le délai de deux années, à compter du jour de la vente. Ce délai est de rigueur, même à l'égard des femmes mariées, des absens, des interdits (2), et des mineurs venant du chef d'un majeur qui a vendu; et, si la vente a été faite à réméré, le délai pour l'action en rescision court pendant la durée du temps fixé pour l'exercice de l'action en réméré.

1676.

Secondement, pour qu'il y ait lieu à l'action en rescision, il faut que la vente ne soit pas du nombre de celles qui, d'après la loi, ne peuvent être faites qu'en justice.

1684.

Troisièmement enfin, il faut que les faits allégués par le vendeur soient vraisemblables, et de nature à faire présumer la lésion.

1677.

Si toutes ces conditions existent, un pre-

---

(1) Autrement, les clauses de renonciation, ou de donation de la plus-value, seroient devenues de style dans tous les contrats de vente.

(2) Bien entendu, s'il s'agit de ventes faites par eux avant l'interdiction, ou par celui auquel ils ont succédé.

Tit. II. *De la Vente.* 135

mier jugement admet le demandeur à la preuve, qui ne peut se faire que par un rapport de trois experts, nommés d'office, à moins que les parties ne s'accordent sur le choix de tous les trois.

1678.

1680.

Les experts procèdent à l'estimation de l'immeuble, d'après son état et sa valeur au moment de la vente. Ils sont tenus de ne dresser qu'un seul procès-verbal, et de ne former qu'un seul avis, quand même il n'y auroit que simple majorité; mais alors le procès-verbal doit contenir les motifs de chaque avis, sans pouvoir néanmoins indiquer quelle a été l'opinion personnelle de chaque expert (1).

1675.

1678.

1679.

S'il est jugé qu'il y a lieu à l'action en rescision, l'acquéreur est tenu de rendre la chose, avec les fruits à compter du jour de la demande, si mieux il n'aime la conserver, en offrant ce qui manque pour completter les neuf dixièmes du juste prix, avec les intérêts du supplément à compter du même jour.

$\begin{cases} 1681. \\ 1682. \end{cases}$

S'il préfère rendre la chose, il retire le prix qu'il a payé, avec les intérêts à compter du jour de la demande, et même du jour du paiement, s'il n'a perçu aucuns fruits.

Ibid.

---

(1) Pour le surplus des formalités relatives aux rapports d'experts, voir les art. 302 et suivans du Code de Procédure.

L'action en rescision est réelle. Elle peut donc être intentée contre les tiers détenteurs, qui sont assujettis aux mêmes obligations, et jouissent des mêmes droits que le premier 1681. acquéreur, sauf leur recours.

Les règles établies dans la précédente section, relativement à l'exercice de la faculté de rachat, lorsqu'il y a plusieurs vendeurs ou plusieurs acquéreurs, ou plusieurs héritiers d'un vendeur ou d'un acquéreur unique, s'appliquent également à l'exercice de l'action en 1685. rescision.

La présomption qui sert de fondement à cette action, ne pouvant avoir lieu à l'égard de l'acheteur, il ne peut l'intenter dans aucun 1683. cas.

CHAPITRE VI.

De quelques espèces particulières de Contrats de Vente.

Il y a des ventes qui sont susceptibles de règles particulières, soit en raison de la nature de la chose qui en est l'objet, soit sous le rapport du mode d'après lequel elles doivent être faites.

Les ventes de la première espèce sont celles des droits ou choses incorporelles.

Celles de la seconde espèce sont les ventes faites par licitation, et celles dites *forcées*.

Section première.

De la Vente des Droits ou Choses incorporelles.

Les droits sont, ou personnels, comme une créance; ou réels, comme un usufruit; ou mixtes, comme une hérédité.

§. Ier.

De la Vente des Droits personnels.

Dans la vente ou transport des droits personnels, la délivrance s'opère par la remise du titre. Mais alors la vente n'a d'effet qu'à l'égard du cédant et du cessionnaire. Pour qu'elle soit valable à l'égard des tiers, et même du débiteur, il faut, en outre, que la vente ait été signifiée à ce dernier, ou qu'il ait accepté la cession. Jusques-là le débiteur peut payer valablement au cédant ou à ses ayant-droit. 1689. 1690. 1691.

L'acceptation même du débiteur ne vaut délivrance à l'égard des tiers, qu'autant qu'elle se fait par acte authentique. 1690.

La vente d'une créance, comme celle des

138   Liv. IV. *Des Contrats et Engag.*, &c.

choses corporelles, comprend tous les accessoires de la créance, tels que caution, privilége, hypothèque.

1692.

Quant à la garantie, on en distingue deux espèces : celle de droit, et celle de fait.

La garantie de droit est ainsi appelée, parce qu'elle est de la nature du contrat, et qu'elle a lieu, même sans stipulation. Elle consiste à assurer que la créance vendue est véritablement due au vendeur. Mais de même que l'on peut, ainsi que nous l'avons vu, vendre une simple espérance, quand elle est vendue comme telle, de même l'on peut vendre un droit litigieux. L'on appelle ainsi tout droit sur le fond duquel il y a procès.

1693.

1700.

Cependant ces ventes sont en général regardées d'une manière défavorable ; le rôle odieux que jouent dans la société les acheteurs de procès, a donné lieu à une disposition spéciale introduite par les lois Romaines, et adoptée par l'ancienne Législation Française ainsi que par la nouvelle : c'est celle par laquelle celui contre lequel doit être exercé le droit litigieux cédé, peut s'en faire décharger, en remboursant au cessionnaire ce qu'il a payé pour le prix réel de la cession, avec les frais et loyaux-coûts, et les intérêts à compter du jour du paiement fait au cédant.

1699.

Cette disposition n'ayant pour but que de

TIT. II. *De la Vente.* 139

réprimer la cupidité de ceux qui font métier d'acheter des procès, elle cesse d'avoir lieu, lorsque la cession a pu avoir un autre motif, comme dans les trois cas suivans :

1°. Si elle est faite par un co-propriétaire du droit cédé, à un autre co-propriétaire du même droit ;

2°. Si elle est faite à un créancier en paiement de ce qui lui est dû ;

3°. Lorsque le possesseur d'un héritage achète un droit litigieux qui peut lui être nécessaire pour conserver sa propriété. 1701.

La garantie de fait est celle qui est relative à la solvabilité du débiteur ; elle est ainsi nommée, parce que le vendeur n'en est tenu qu'autant qu'il s'y est engagé expressément, et seulement jusqu'à concurrence du prix qu'il a retiré de la vente. 1694.

Dans tous les cas, la simple garantie de la solvabilité du débiteur ne s'entend que de la solvabilité actuelle, et ne s'étend pas à celle future, à moins de stipulation expresse. 1695.

§. II.

De la Vente des Droits réels.

Dans la vente des droits réels, la délivrance s'opère par la remise des titres, ou par l'usage que l'acquéreur fait du droit cédé, du consentement du vendeur.

1607.

Quant à la garantie, elle doit être réglée par les principes généraux que nous avons établis ci-dessus, chap. IV, sect. 1re, §. 2.

§. III.

De la Vente d'une hérédité.

On entend ici par hérédité, non pas les objets qui composent une succession, mais le droit même de succéder. Il suffit donc que ce droit existe pour que la vente soit valable, quand même, par événement, il n'en résulteroit aucun profit pour l'acquéreur.

En conséquence, celui qui vend en général une hérédité, sans spécifier en détail les objets qui la composent, est tenu seulement de garantir qu'il est héritier. Mais comme la vente d'un droit comprend tout ce qui appartient au vendeur en vertu de ce droit, il en résulte que, si ce dernier a perçu les fruits de quelque fonds, reçu le montant de quelque créance ou le prix de quelques objets dépendans de la succession, il est tenu de restituer la valeur du tout à l'acquéreur, à moins qu'il n'en ait fait la réserve à son profit lors de la vente.

1696.

1697.

De son côté, l'acquéreur qui perçoit tout le profit résultant du droit d'hérédité, doit, par la même raison, indemniser le vendeur de tout le préjudice que l'hérédité a pu lui occasionner. En conséquence, il est tenu, à moins de stipulation contraire, de lui tenir compte de tous les droits réels ou personnels que lui vendeur pouvoit avoir contre la succession, et qui ont été confondus dans sa personne; lui rembourser ce qu'il a pu payer en l'acquit de la succession; le garantir de toutes poursuites ultérieures de la part des créanciers, etc. 1698.

Section II.

Des Ventes par licitation, et de celles dites forcées.

§. Ier.

Des Ventes par licitation.

La vente par licitation a lieu, lorsqu'une chose commune à plusieurs est mise aux enchères entre les divers co-propriétaires, et adjugée à celui d'entre eux qui en offre davantage. 1686.

Cette forme est celle de la licitation proprement dite. Il en est une autre beaucoup plus usitée, que l'on nomme aussi *licitation*, et qui a lieu quand les étrangers sont admis à enchérir. Cette admission est de rigueur, comme nous l'avons vu aux Titres de la *Minorité* et *des Successions*, lorsqu'un des copropriétaires est absent, mineur, ou interdit. S'ils sont tous présens, majeurs, et usant de leurs droits, l'admission des étrangers n'a lieu qu'autant qu'elle est requise par l'un des copropriétaires.

1687.

Le mode et les formalités à observer pour les licitations ont été expliqués sous les titres précédemment cités.

1688.

§. II.

Des Ventes forcées.

Nous ne parlerons point ici des ventes forcées proprement dites, qui ont lieu quand le Gouvernement, pour des motifs d'intérêt général, oblige un individu, moyennant une juste et préalable indemnité, de céder sa propriété, devenue nécessaire pour le service public. Les ventes dont il est question dans le présent paragraphe, sont celles des biens d'un débiteur faites en justice à la requête de ses créanciers.

545.

En effet, quiconque est obligé personnellement, est tenu de remplir ses engagemens sur tous ses biens présens et à venir. Les biens du débiteur sont donc, en général, le gage de ses créanciers; et faute par lui de satisfaire

2092.

à ses obligations, ils ont le droit de les faire vendre, pour s'en distribuer le prix. On appelle donc ces ventes *forcées*, parce qu'elles se font sans le consentement exprès et actuel (1) du débiteur.

2093.

Ces ventes sont mobilières ou immobilières, suivant que les biens qui en sont l'objet, sont meubles ou immeubles. Le Code Napoléon ne s'étant point occupé des ventes mobilières forcées, nous n'en parlerons ici que très-succinctement, et en indiquant seulement les articles du Code de Procédure, contenant les règles d'après lesquelles elles doivent être opérées.

La vente ou saisie mobilière peut avoir pour objet :

1°. Les sommes ou effets appartenans au débiteur, et qui se trouvent entre les mains d'un tiers. Dans ce cas, elle se nomme *saisie-arrêt* ou *opposition* (2);

2°. Les meubles et effets étant en la possession du débiteur. Elle prend alors le nom de *saisie-exécution* (3);

3°. Les fruits pendans par racines. Elle se nomme *saisie-brandon* (4);

---

(1) *Exprès et actuel :* Parce qu'il existe toujours, dans ce cas, un consentement tacite et présumé. Le débiteur, en contractant l'obligation, est censé avoir dès-lors autorisé son créancier à faire vendre ses biens en cas d'inexécution.

(2) Voyez les art. 557 à 582 du Code de Procédure.
(3) *Ibid.* art. 583 à 625.
(4) *Ibid.* art. 626 à 635.

4°. Enfin, les rentes constituées sur particuliers au profit du débiteur (1).

Quant aux ventes immobilières, appelées *expropriations forcées*, le Code Napoléon se contente d'exposer les principes généraux relatifs

Aux choses qui peuvent en être l'objet;

Aux personnes qui peuvent provoquer la vente;

A celles contre lesquelles elle peut être provoquée;

Enfin, aux titres en vertu desquels la poursuite peut avoir lieu.

Aux choses qui peuvent en être l'objet: Ce sont 1°. tous les biens immobiliers du débiteur, et leurs accessoires réputés immeubles; et 2°. l'usufruit appartenant au débiteur sur les biens de même nature; le tout sauf les exceptions suivantes :

2204.

D'abord, le créancier qui a une hypothèque spéciale, ne peut poursuivre la vente des biens qui ne lui sont pas hypothéqués, qu'en cas d'insuffisance de ceux soumis à son hypothèque. Si cependant ceux hypothéqués font partie d'une seule et même exploitation avec d'autres non hypothéqués, le débiteur peut requérir que la vente des uns et des autres soit poursuivie ensemble, sauf à faire venti-

2209.

---

(1) Voyez les art. 636 à 655 du Code de Procédure.

lation, s'il y a lieu, du prix de l'adjudication. 2211.

En second lieu, la vente des immeubles situés dans l'arrondissement de divers tribunaux, quoiqu'hypothéqués à la même dette, ne peut être provoquée que successivement(1). Néanmoins, s'ils font partie d'une seule et même exploitation, ils peuvent être vendus ensemble; et alors l'expropriation est poursuivie devant le tribunal dans le ressort duquel se trouve le chef-lieu de l'exploitation, ou, à défaut de chef-lieu, la partie des biens qui

---

(1) Cette disposition a été modifiée par la loi du 14 novembre 1808, qui permet de faire simultanément la saisie immobiliaire des biens d'un débiteur, situés dans plusieurs arrondissemens, toutes les fois que la valeur totale desdits biens est inférieure au montant réuni des sommes dues, tant au saisissant qu'aux autres créanciers inscrits. (Art. 1er.)

Cette valeur est établie d'après les derniers baux authentiques, sur le pied du denier vingt-cinq; à défaut de baux authentiques, elle est calculée d'après le rôle des contributions foncières, sur le pied du denier trente. (Art. 2.)

La saisie simultanée ne peut avoir lieu qu'en vertu d'une autorisation accordée par le président du tribunal du domicile du débiteur, sur les conclusions du ministère public.

Cette autorisation est mise au bas d'une requête, à laquelle sont joints:

1°. Copie en forme du rôle de la contribution foncière;

2°. Extrait des inscriptions prises sur les débiteurs, dans les divers arrondissemens où les biens sont situés, ou le certificat qu'il n'en existe aucune. (Art. 3.)

Quant à la procédure relative à l'expropriation, et à la distribution du prix, elle doit être portée devant les tribunaux respectifs de la situation des biens. (Art. 4.)

présente le plus grand revenu d'après la matrice du rôle.

Aux personnes qui peuvent provoquer l'expropriation : Ce droit appartient à tout créancier, à défaut de paiement. Si cependant le débiteur justifie, par baux authentiques, que le revenu net et libre de ses immeubles, pendant une année, suffit pour le paiement de la créance du saisissant, en capital, intérêts et frais, et qu'il lui en offre la délégation, la poursuite peut être suspendue par le juge, sauf à la reprendre, s'il survient quelque opposition, ou obstacle quelconque au paiement.

Si la créance a été cédée, le cessionnaire ne peut, même quand le titre seroit exécutoire, poursuivre l'expropriation, qu'après que la cession a été signifiée au débiteur (1).

Aux personnes contre lesquelles l'expropriation peut être poursuivie : Elle peut l'être, en général, contre tout débiteur, sauf les exceptions suivantes :

Premièrement, ainsi que nous l'avons vu au Titre *de la Minorité*, etc., la vente forcée des immeubles d'un mineur, même émancipé, ou d'un interdit, ne peut avoir lieu avant la discussion de leur mobilier. Si cependant la poursuite a été commencée contre un majeur, du chef duquel vient le mineur ou l'interdit,

---

(1) Art. 1690.

ou contre l'interdit lui-même majeur, avant son interdiction, la discussion du mobilier n'est pas nécessaire. Il en est de même si la dette est commune à un majeur, et à un mineur ou interdit, et que les immeubles soient possédés par eux indivisément.   2207.

Secondement, si c'est une femme mariée qui soit débitrice, il faut distinguer : si la dette est à la charge de la communauté, et que les immeubles saisis fassent partie de cette même communauté, l'expropriation se poursuit contre le mari seul, quand même la femme seroit obligée à la dette. Mais si la saisie frappe sur des immeubles propres à la femme, soit pour une dette qui lui soit personnelle, soit même pour une dette de communauté, mais à laquelle elle s'est obligée en son propre nom, alors l'expropriation se poursuit contre le mari et la femme, laquelle, en cas de refus ou de minorité du mari, doit, si elle est majeure, être seulement autorisée par justice. Si elle est mineure, et que son mari majeur refuse de procéder avec elle, ou s'ils sont tous deux mineurs, la poursuite est exercée contre la femme assistée d'un curateur nommé *ad hoc*.   2208.

Troisièmement, la part indivise d'un cohéritier dans les immeubles de la succession, ne peut être saisie par ses créanciers personnels avant le partage, qu'ils peuvent d'ailleurs provoquer, s'ils le jugent convenable, ou dans

148   Liv. IV. *Des Contrats et Engag.*, &c.
lequel ils ont le droit d'intervenir, ainsi que nous l'avons vu au Titre *des Successions*. Ils peuvent également provoquer la licitation du chef de leur débiteur.

2205.

Enfin, *aux titres en vertu desquels la poursuite doit avoir lieu*. Ce titre doit être exécutoire, pour une dette certaine et liquide. Cependant si la dette est certaine, mais non liquide, il peut être procédé à la saisie seulement ; et il est sursis à toutes poursuites ultérieures, jusqu'après la liquidation, ou l'appréciation si la dette n'est pas en espèces.

2213.

Pr. 551.

Si le titre est un jugement, il faut distinguer : s'il s'agit d'un jugement de première instance, provisoire ou définitif, mais dont l'exécution provisoire ait été ordonnée, nonobstant appel, l'expropriation peut être poursuivie ; mais l'adjudication ne peut avoir lieu qu'après que ce jugement est passé en force de chose jugée.

Si le jugement est par défaut, la poursuite même ne peut être exercée qu'après le délai de l'opposition.

2215.

La poursuite est valable, quoiqu'elle ait été commencée pour une somme plus forte que celle réellement due, sauf la demande en réduction de la part du débiteur (1).

2216.

---

(1) Pour les formalités à remplir pour parvenir à l'expropriation, ainsi qu'à l'ordre et à la distribution entre les créanciers du prix des immeubles vendus, voyez les art. 673 à 777 du Code de Procédure.

TITRE III.

De l'Échange.

L'ÉCHANGE est un contrat par lequel les parties s'obligent à se donner respectivement une chose pour une autre.   1702.

Un contrat, non solennel, commutatif, et synallagmatique parfait.

Nous disons *s'obligent à se donner*, et non pas, *se donnent*, parce que l'échange, comme la vente, s'opère par le seul consentement.   1703.

Une chose, autre que de l'argent monnoyé : car alors ce seroit une vente.

Ce contrat a, d'ailleurs, une très-grande ressemblance avec celui de vente; ce qui fait que toutes les règles prescrites pour ce dernier contrat s'appliquent en général à l'échange, sauf les modifications suivantes, résultant de ce que, dans l'échange, chacun des contractans est tout-à-la-fois acheteur et vendeur.   1707.

Ils sont tous deux acheteurs : En conséquence ils ne peuvent invoquer, ni l'un ni l'autre, la rescision pour cause de lésion.   1706.

Ils sont tous deux vendeurs : Ils sont en conséquence tenus chacun de l'éviction. Si donc l'un d'eux est évincé de la chose qu'il a reçue, il a le choix ou de répéter la sienne, ou de demander des dommages-intérêts; il a le même droit quand même il ne seroit pas encore évincé, s'il peut prouver que son co-permutant n'est pas propriétaire de la chose qui lui a été livrée : mais, dans ce cas, il est obligé d'en offrir la restitution.

TITRE IV.

Du Louage (1).

Il y a deux sortes de contrats de louage : celui des choses, et celui d'ouvrages ou de services. 1708.

PARTIE PREMIÈRE.

Du Louage des Choses.

Le louage des choses est un contrat par lequel une partie s'oblige de faire jouir l'autre d'une chose, pendant un certain temps, et moyennant un prix que l'autre s'oblige de lui payer (2). 1709.

Un contrat : Non solennel, commutatif, et synallagmatique parfait.

Une partie : Celle qui donne la chose à loyer s'appelle ordinairement le *bailleur*, et celle qui la reçoit se nomme *le preneur*.

---

(1) Voyez dans POTHIER, le Traité *du Contrat de Louage.*

(2) Ainsi, dans le louage comme dans la vente, trois choses sont de l'essence du contrat : une chose, un loyer, et le consentement.

1714. *S'oblige :* Par écrit, ou verbalement, sauf les différences mentionnées ci-après.

De faire jouir : Parce que ce n'est pas proprement la chose louée qui est l'objet du contrat, mais bien la jouissance successive de cette même chose pendant le temps convenu.

D'une chose : Dont le bailleur soit propriétaire ou usufruitier, ou dont il ait au moins l'administration. On peut louer d'ailleurs toutes sortes de biens (1), corporels ou incorporels,

1713. meubles ou immeubles (2): Les animaux même peuvent être l'objet du contrat de louage sous deux rapports : en effet, ou la jouissance consiste seulement dans l'usage de l'animal, comme dans le louage d'un cheval ; et le contrat rentre alors dans la classe du bail à loyer : ou cette jouissance comprend en outre le droit de percevoir tout ou partie des profits provenans de l'animal ; et, dans ce cas, le contrat prend le nom de *cheptel,* et sera l'objet d'un chapitre particulier.

Pendant un certain temps : Ce temps peut être aussi long qu'il plaît aux parties de le

---

(1) Excepté les choses fongibles, à l'égard desquelles la jouissance n'est pas distinguée de la propriété.

(2) Les biens de l'Etat, des communes et des établissemens publics, sont soumis à des réglemens particuliers. (Art. 1712.)

déterminer, sauf les cas d'exception prévus par la loi (1).

Moyennant un prix : Ce prix, qui se nomme *loyer*, doit être, comme dans la vente, sérieux, certain, et déterminé, ou au moins déterminable d'après la convention. Il peut consister en argent, ou bien en une partie des fruits de la chose louée, soit que cette partie soit déterminée (2), ou proportionnée à la récolte (3).

Le bail à loyer conserve ce nom, lorsque la chose louée est un objet mobilier ou une maison : mais si c'est un fonds rural, le contrat prend le nom de *bail à ferme* (4). 1711.

Ces principes généraux établis, nous diviserons cette première partie en deux chapitres, dont le premier comprendra les baux *à loyer* ou *à ferme*, et le second, les baux *à cheptel.*

---

(1) Par exemple, à l'égard des tuteurs, des mineurs émancipés, etc.

(2) Comme cent septiers de bled.

(3) Comme le tiers, la moitié de ce qui sera récolté.

(4) La dénomination de *Bail à ferme* s'applique également au bail des choses incorporelles, telles qu'un droit de chasse, de pêche, etc.

CHAPITRE PREMIER.

Des Baux à loyer ou à ferme.

Ces deux espèces de baux ont des règles qui leur sont communes, et d'autres qui sont particulières à chaque espèce.

Section première.

Des Règles communes aux Baux à loyer et à ferme.

Ces règles sont relatives à la forme du contrat ;

Aux obligations du bailleur ;

A celles du preneur ;

Enfin, à la résolution du contrat.

§. Ier.

De la forme du Contrat.

1714. Le contrat de louage, comme celui de vente, n'exige aucune espèce de formalité ; il peut, comme nous l'avons dit, être fait par écrit ou verbalement. Seulement, lorsqu'il n'est que verbal, et qu'il y a contestation sur l'existence du bail non encore commencé, la preuve ne peut en être reçue par témoins, quelque modique que soit le prix, et quand même on allégueroit qu'il y a eu des arrhes données. Dans ce cas, celui qui soutient l'existence du bail, n'a d'autre ressource que de déférer le serment au défendeur. 1715.

Si l'existence du bail est certaine, soit parce qu'il est avoué, soit parce que l'exécution en est commencée, et que la contestation soit sur le montant du prix, on s'en rapporte aux quittances précédentes, s'il en existe : à défaut de quittances, le preneur a le choix, ou de déférer le serment au bailleur, ou de demander l'estimation par experts, sauf à payer les frais de l'expertise, si l'estimation excède le prix qu'il a déclaré dans le principe. 1716.

§. II.

Des Obligations du bailleur.

Le bailleur est obligé par la nature du contrat, et par conséquent sans qu'il soit besoin de stipulation particulière,

1°. De délivrer au preneur la chose louée ;

2°. De l'entretenir en état de servir à l'usage pour lequel elle a été louée ;

3°. D'en faire jouir paisiblement le preneur pendant toute la durée du bail. 1719.

De la Délivrance de la Chose louée.

1720. La chose doit être délivrée dans un état tel, qu'elle puisse être employée utilement à l'usage auquel elle est destinée.

Si le bailleur s'est mis par son fait dans l'impossibilité de délivrer la chose, le preneur a le droit de faire résilier le bail, de se faire restituer ce qu'il a pu payer d'avance sur le prix, et, en outre, de faire condamner le bailleur aux dommages-intérêts. Les mêmes condamnations peuvent avoir lieu, suivant les circonstances, contre le bailleur, pour cause de retard dans la délivrance seulement.

De l'Entretien de la Chose louée.

Ibid. L'obligation d'entretenir la chose louée consiste à y faire, pendant la durée du bail, toutes les réparations nécessaires, autres toutefois que celles dites locatives, qui sont ordinairement à la charge du preneur, et que nous ferons connoître lorsque nous parlerons des règles particulières aux baux de maison.

De l'Obligation de faire jouir.

L'obligation de faire jouir a deux effets:

Le premier, de garantir le preneur des troubles ou empêchemens qui pourroient être apportés à sa jouissance, soit par le bailleur lui-même, soit par des tiers.

Par le bailleur lui-même : En conséquence il ne peut, pendant la durée du bail, changer la forme de la chose louée, y faire, sans le consentement du preneur, aucuns travaux, aucunes constructions qui puissent gêner la jouissance. Si cependant il s'agit de réparations tellement urgentes, qu'elles ne puissent, sans inconvénient notable, être différées jusqu'à la fin du bail, le preneur est obligé de les souffrir, quelqu'incommodité qu'elles lui causent, et quand même il seroit privé, pendant qu'elles se font, de partie de la chose louée : et il ne peut même demander de diminution sur le prix du loyer, qu'autant que ces réparations durent plus de quarante jours ; auquel cas, le prix du bail est réduit à proportion du temps de jouissance, et de la partie de la chose louée dont le preneur a été privé.

1723.

Nous disons *de la partie :* Car, si les réparations frappent sur la totalité ou la presque totalité de la chose, de manière qu'il ne reste pas au preneur ce qui est nécessaire pour son logement et celui de sa famille, il peut faire résilier le bail.

1724.

Quant au fait des tiers, il faut distinguer

si le trouble provient de voies de fait, ou résulte d'un acte judiciaire.

Dans le premier cas, lorsque les voies de fait ont été exercées par des tiers qui ne prétendent d'ailleurs aucun droit sur la chose, le bailleur n'en doit pas garantie ; c'est au preneur à poursuivre, en son nom personnel, 1725. ceux qui le troublent. Mais si les voies de fait résultent d'un droit prétendu sur la chose louée, le preneur peut exiger une diminution proportionnée sur le prix du bail, pourvu toutefois qu'il ait dénoncé le trouble au bail- 1726. leur en temps opportun.

Si le trouble provient d'une action judiciaire dirigée contre le preneur, et ayant pour but de le priver de tout ou partie de sa jouissance, il a le choix, ou d'appeler le bailleur en garantie, ou d'obtenir d'être mis hors de 1727. cause en le nommant.

Le second effet de l'obligation de faire jouir, est de garantir le preneur des vices de la chose qui peuvent empêcher sa jouissance. Le bailleur est tenu de cette garantie, quand même il n'auroit pas connu les vices lors du 1721. bail ; en effet, le prix du loyer n'est dû que pour la jouissance, puisque cette jouissance seule est l'objet du contrat. Si donc cette jouissance n'a pas lieu pour quelque cause que ce soit, sauf le fait du preneur, il n'y a pas de contrat, et conséquemment le loyer n'est pas dû. C'est par suite de ce principe que si la chose louée est, pendant la durée du bail, détruite en totalité, même par cas fortuit, le bail est résilié de plein droit, et le preneur est déchargé pour l'avenir de l'obligation de payer le loyer. Si elle n'est détruite qu'en partie, le juge estime, suivant les circonstances, si la résiliation doit avoir lieu, ou si le preneur doit se contenter d'une diminution dans le prix. Dans l'un ou l'autre cas, il ne lui est dû aucun autre dédommagement. Si 1722. cependant le vice de la chose existoit au moment du bail, et qu'il en soit résulté quelque perte pour le preneur, le bailleur est tenu de l'indemniser. 1721.

§. III.

Des Obligations du preneur.

Le preneur est tenu de deux obligations principales :

La première, d'user de la chose louée en bon père de famille ;

Et la seconde, de payer le prix convenu par le bail. 1728.

De l'Obligation d'user en bon père de famille.

Quand nous disons que le preneur est tenu

d'user de la chose louée en bon père de famille, il ne faut pas entendre pour cela qu'il soit assujetti à user par lui-même : il peut en effet sous-louer, et même céder en totalité son bail à un autre, quand cette faculté ne lui a pas été interdite, mais toujours à la charge par lui de rester garant des faits du cessionnaire ou sous-locataire. Quand l'interdiction de sous-louer existe, elle est de rigueur ; elle peut avoir lieu pour tout ou partie de la chose louée.

<small>1717.</small>

<small>1735.</small>

<small>1717.</small>

L'obligation principale d'user en bon père de famille en contient trois autres :

La première, est celle de ne faire servir la chose qu'aux usages convenus dans le bail ; ou, à défaut de convention, à ceux présumés d'après les circonstances, ou à ceux auxquels elle est naturellement destinée.

<small>1728.
1766.</small>

La seconde, c'est d'apporter à la conservation de la chose le même soin qu'un bon père de famille a de la sienne propre. En conséquence, il est tenu de prouver que les dégradations ou pertes qui arrivent pendant sa jouissance, n'ont eu lieu, ni par sa faute, ni par celles des personnes de sa maison, ou de ses sous-locataires.

<small>1728.</small>

<small>1732.
1735.</small>

Faute par le preneur de se conformer à ces deux obligations, non seulement il est tenu des dommages-intérêts du bailleur, mais en-

Tit. IV. *Du Louage.* 161

core le bail peut, suivant les circonstances, être résilié. {1729. 1766.

Il faut observer en général que, toutes les fois que le bail est résilié pour une cause provenant du fait du preneur, il est tenu de payer le prix convenu, pendant le temps nécessaire à la relocation, sans préjudice des dommages-intérêts résultans de l'abus. {1760. 1766.

La bonne-foi, qui est de l'essence de ce contrat, comme de tous les autres, oblige en outre le preneur, sous peine de tous dépens, dommages et intérêts, d'avertir le bailleur des usurpations qui peuvent être commises sur le fonds. Cet avertissement doit être donné dans le même délai que celui réglé pour l'ajournement, suivant la distance des lieux (1). 1768.

La troisième obligation du preneur est de rendre la chose à la fin du bail, telle qu'il l'a reçue, d'après l'état fait entre lui et le bailleur. S'il n'a pas été fait d'état, il est présumé 1730. avoir reçu la chose en bon état de réparations locatives, et il doit la rendre telle, sauf toutefois la preuve contraire. Il n'est tenu, dans 1731. aucun cas, des dégradations ou pertes provenant de vétusté ou de force majeure. 1733.

---

(1) Voyez les articles 72 et 73 du Code de Procédure.

III. 11

De l'Obligation de payer le prix du Bail.

1728.
2102.
2062.
Le prix du bail doit être payé aux termes convenus, ou réglés par l'usage, à défaut de convention. Le bailleur a, pour sûreté de sa créance à cet égard, sur les fruits de la chose, ainsi que sur le prix de tous les objets qui garnissent la maison ou la ferme, un privilége dont nous traiterons au Titre *des Priviléges et Hypothèques;* et même, s'il s'agit d'un bail à ferme, la contrainte par corps peut être stipulée.

Nous avons déjà fait connoître les cas généraux dans lesquels le preneur a droit de demander une remise totale ou partielle sur le prix du bail. Nous ferons connoître plus bas ceux particuliers aux baux à ferme.

§. IV.

De la Résolution du Bail.

Le bail est résolu :

Par l'expiration du temps convenu pour la durée de la jouissance ;

Par la résolution du droit du bailleur, mais dans certains cas seulement ;

Par la perte de la chose louée ;

Par l'inexécution des engagemens de la part du bailleur ou du preneur ; 1741.

Par l'expiration du temps convenu, etc. : lorsqu'il n'y a pas de convention à cet égard, le bail finit à la volonté de chacune des parties, sauf ce qui sera dit pour les baux à ferme, et à 1774. la charge d'observer les délais fixés par l'usage des lieux pour la signification du congé. 1736.

On appelle *congé* la déclaration faite par l'une des parties, à l'autre, qu'elle entend que le bail cesse d'avoir son effet.

Lorsqu'il y a un temps convenu pour la durée du bail, il cesse de plein droit à l'expiration du terme, sans qu'il soit nécessaire de signifier de congé ; mais si le preneur continue 1737. à jouir, au su du bailleur et sans opposition de sa part, postérieurement au terme fixé, il en résulte un nouveau bail, qui est censé fait aux mêmes conditions que le premier, sauf la du- 1759. rée, qui est déterminée dans ce cas d'après les règles relatives aux baux non écrits. Ce bail se 1738. nomme *tacite réconduction*. 1739.

La tacite réconduction est fondée sur le consentement présumé du bailleur. Si donc il a manifesté une volonté contraire, par exemple, s'il a fait signifier un congé, ou une sommation de vider les lieux, le preneur, quoique ayant continué de jouir, ne peut invoquer la tacite réconduction. *Ibid.*

La résolution du droit du bailleur n'opère la résolution du bail, qu'autant que le bailleur est lui-même locataire, ou que le bail est à longues années (1). Nous avons déjà vu quel étoit à cet égard le droit du tuteur, de l'usufruitier et du mari (2). Quant à l'acquéreur, il est tenu également d'entretenir le bail qui a une date certaine antérieure à la vente, à moins qu'il n'ait été expressément stipulé dans le principe, entre le bailleur et le preneur, que la résiliation pourroit avoir lieu en cas de vente.

1743.

Lors même que cette stipulation existe, le preneur ne peut être expulsé de suite; mais il doit être averti au temps d'avance réglé par l'usage des lieux pour les congés. Ce temps doit être au moins d'un an, s'il s'agit de biens ruraux. Il peut, en outre, exiger des dommages-intérêts, qui, s'il n'y a rien eu de stipulé à ce sujet, sont déterminés de la manière suivante :

1748.

1744.

S'il s'agit de fonds urbains, les dommages-intérêts sont fixés à une somme égale au montant du loyer pendant le temps accordé par

---

(1) *A longues années* : On entend ordinairement par cette expression un bail fait pour plus de neuf ans.

(2) Voyez les articles 595, 1429, 1430 et 1718.

l'usage des lieux entre le congé et la sortie (1). 1745.

Si le bail est de biens ruraux, l'indemnité est du tiers de la valeur des loyers qui restent à courir jusqu'à la fin du bail. 1746.

Enfin, s'il s'agit de manufactures, usines ou autres établissemens qui exigent de grandes avances, l'indemnité est réglée par experts. 1747.

Dans tous les cas, le preneur ne peut être contraint de vider les lieux, qu'il n'ait reçu, soit du bailleur, soit de l'acquéreur, l'indemnité à laquelle il a droit. 1749.

Si le bail n'a pas de date certaine, l'acquéreur peut expulser le preneur sans indemnité, sauf le recours de celui-ci contre le bailleur. 1750.

Si la vente a été faite à pacte de rachat, le bail ne peut être résilié dans aucun cas, jusqu'à ce que, par l'expiration du délai fixé pour le réméré, l'acquéreur soit devenu propriétaire incommutable. 1751.

Nous avons vu, au §. 2 ci-dessus, que *la perte de la chose louée* opéroit la résiliation du bail. 1741.

Par l'inexécution des engagemens, etc. : cette cause diffère des précédentes, en ce que,

---

(1) Si le congé doit être donné trois mois ou six mois avant la sortie du locataire, l'indemnité sera de trois ou six mois de loyer.

dans celles-ci, la résolution a lieu de plein droit, au lieu que pour cause d'inexécution des engagemens, elle doit être demandée et pro-
1184. noncée en justice. Nous avons vu précédemment, et nous verrons par la suite, quels sont les engagemens dont l'inexécution donne lieu à la résiliation du bail.

Conformément au principe établi au Titre *des Contrats en général*, que nous stipulons non seulement pour nous, mais encore pour nos héritiers, le bail n'est résolu ni par la
1742. mort du bailleur, ni par celle du preneur.

Section II.

Des Règles particulières aux Baux à loyer ou à ferme.

Ces règles sont, comme les précédentes, relatives :

Aux obligations du bailleur ;

A celles du preneur ;

A la résolution du bail.

Baux à loyer.

§. Ier.

Des Obligations particulières du bailleur.

Dans le droit actuel, le bailleur est strictement tenu de faire jouir le preneur pendant le temps fixé par le bail. La loi *Æde* (1) est formellement abrogée par l'art. 1761 du Code, quant à la disposition qui autorisoit le bailleur propriétaire à résilier le bail, quand il déclaroit vouloir occuper par lui-même. Maintenant le bailleur, propriétaire ou non, ne peut exercer ce droit qu'autant qu'il se l'est réservé par le bail ; et alors il est tenu de signifier un congé au temps d'avance, et aux époques déterminés par l'usage des lieux. 1762.

Le bailleur est tenu des réparations, même de celles dites locatives, quand elles sont occasionnées par vétusté ou force majeure. Il est 1755. tenu spécialement du curement des puits, et de celui des fosses d'aisances, s'il n'y a convention contraire. 1756.

---

(1) C'est la loi 3. Cod. *de Locato Conducto*.

§. II.

Des Obligations particulières du preneur.

1752. Dans le bail à loyer, le preneur est tenu de garnir la maison de meubles suffisans pour répondre du loyer, ou de donner des sûretés équivalentes; sinon il peut être expulsé, et le bail résilié.

1755. Il est tenu des réparations locatives, quand elles ne sont occasionnées, ni par vétusté, ni par force majeure. Ces réparations sont celles désignées comme telles par l'usage des lieux, et, entr'autres, celles à faire :

Aux âtres, contre-cœurs, chambranles et tablettes de cheminée;

Au recrépiment du bas des murailles des appartemens et autres lieux d'habitation, à la hauteur d'un mètre;

Aux pavés et carreaux des chambres, s'il y en a seulement quelques-uns de cassés (1);

Aux vitres, à moins qu'elles ne soient cassées par la grêle ou autres accidens extraordinaires.

---

(1) Si tous, ou presque tous étoient cassés, on présumeroit qu'il y a vétusté, sauf la preuve contraire.

Aux portes, croisées, planches de cloisons, fermetures de boutique, gonds, targettes et serrures, etc. 1754.

D'après les règles posées dans la section précédente, le preneur est responsable de l'incendie, à moins qu'il ne prouve qu'il est arrivé par cas fortuit ou par vice de construction, ou qu'il a été communiqué par une maison voisine. S'il y a plusieurs locataires, ils sont tous 1733. solidairement responsables, excepté dans deux cas :

Le premier, s'il est prouvé que l'incendie a commencé dans l'habitation de l'un d'eux : celui-là seul est tenu ;

Le second, si quelques-uns prouvent que l'incendie n'a pu commencer chez eux : ils n'en sont pas tenus. 1734.

Les sous-locataires sont assujettis aux mêmes obligations que les locataires principaux. 1753.

§. III.

Des Règles particulières relatives à la résolution du Bail à loyer.

S'il s'agit du bail d'un appartement meublé, il est censé fait à l'année, au mois, ou au jour, suivant que le prix a été fixé à raison de tant par an, par mois, ou par jour. S'il n'y a rien de stipulé à cet égard, la location est censée faite suivant l'usage des lieux.

1758.

Si des meubles ont été loués à l'effet de garnir une maison, corps-de-logis, boutique, ou autres appartemens, le bail, à moins de stipulation contraire, est toujours censé fait pour une durée égale à celle ordinaire du bail des lieux qu'ils doivent garnir, d'après l'usage des lieux.

1757.

Baux à ferme.

§. Ier.

Des Obligations spéciales du bailleur.

Le bailleur est tenu de délivrer la contenance portée dans le contrat. Cependant, en cas de différence, il n'y a lieu à augmentation ou diminution du prix de fermage, que dans les cas et suivant les règles exprimés au Titre de la *Vente* (1).

1765.

§. I I.

Des Obligations spéciales du preneur.

Ces obligations sont relatives au mode

---

(1) Voyez les art. 1617, 1618 et 1619, et ci-dessus, pag. 117 et 118.

d'user de la chose, ou au paiement du prix.

Au mode d'user de la chose : Le preneur d'un héritage rural doit cultiver le fonds en bon père de famille ; en conséquence, ne point abandonner la culture ; il doit le garnir des bestiaux et ustensiles nécessaires à son exploitation, et engranger dans les lieux à ce destinés d'après le bail ou l'usage (1). Faute par lui de se conformer à toutes ces obligations, le bail peut, suivant les circonstances, être résilié, sans préjudice, dans tous les cas, des dommages-intérêts du bailleur. 1766. 1767. 1766.

Il doit laisser, en sortant, les pailles et engrais de l'année, gratuitement, s'il les a reçus ainsi lors de son entrée en jouissance ; sinon, le bailleur peut toujours les retenir, mais sur estimation. Il doit également laisser à celui qui lui succède, les logemens convenables, et autres facilités déterminées par l'usage des lieux : et réciproquement, il a droit d'exiger de celui qui entre, les mêmes facilités pour la consommation des fourrages et les récoltes restant à faire. 1778. 1777.

Si le preneur est colon partiaire, il ne peut ni céder son bail, ni sous-louer, à moins que

―――――――――――――――――――

(1) Les fruits étant le gage des loyers tant qu'ils sont dans la ferme, il est essentiel qu'ils n'en sortent que pour être vendus.

la faculté ne lui en ait été expressément accordée; sinon le bail est résilié, avec dommages et intérêts (1).

Au paiement du prix : La jouissance de la chose étant la cause pour laquelle est dû le loyer, et cette jouissance, dans le bail à ferme, consistant dans la perception des fruits, s'il arrive par cas fortuit que le preneur soit privé de tout, ou au moins de moitié d'une récolte, il peut demander une remise proportionnelle sur le prix de fermage, à moins cependant qu'il ne se trouve indemnisé de la perte par l'excédent de récolte des autres années.

Nous disons *par cas fortuit*, pour deux raisons : la première, parce qu'il est de la nature du contrat de louage que les cas fortuits soient à la charge du bailleur : la seconde, parce que, si la cause du dommage étoit existante et connue à l'époque où le bail a été passé, il n'y a plus, à proprement parler, de cas fortuit, et le preneur ne peut demander de remise.

La disposition qui met les cas fortuits à la charge du bailleur étant seulement de la nature, et non de l'essence du contrat, les parties

---

(1) Le propriétaire ayant droit à une portion des fruits, a intérêt que la culture ne soit point abandonnée à toutes sortes de personnes.

Tit. IV. *Du Louage.* 173

peuvent y déroger par une stipulation expresse, en observant toutefois que si la stipulation est faite simplement pour les cas fortuits, sans rien ajouter, elle ne comprend que ceux ordinaires, tels que grêle, feu du ciel, gelée, ou coulure, et non point ceux extraordinaires, comme les ravages de la guerre, ou une inondation à laquelle le pays n'est pas ordinairement sujet. Il en seroit autrement, si le preneur s'étoit expressément chargé de tous les cas fortuits, *prévus ou imprévus.* 1772.

1773.

Nous ajoutons, *à moins qu'il ne se trouve indemnisé, etc.*, parce que si le bail est de plusieurs années, la perte de la totalité même d'une récolte ne donne lieu à la remise, qu'autant que le fermier ne trouve pas sur toutes les récoltes faites, soit avant, soit après l'accident, de quoi s'indemniser de la perte. En conséquence, si le cas fortuit arrive dans les premières années, le juge peut bien dispenser provisoirement le preneur de payer une partie du prix, en raison de la perte soufferte ; mais le montant de la remise définitive ne peut être fixé qu'à la fin du bail, par un calcul fait sur toutes les années de jouissance (1).

1769.

---

(1) Une ferme a été louée pour neuf ans, elle doit produire, année commune, une récolte de valeur de 8,000 fr. La moitié d'une des récoltes a été perdue par cas fortuit ; mais deux des

Dans tous les cas, le preneur ne peut prétendre à la remise, qu'autant que la perte des fruits arrive tant qu'ils sont encore pendans par les racines; car, du moment qu'ils sont perçus, il en est devenu propriétaire : *Res autem Domino perit*. Par le même principe, si le preneur est colon partiaire, comme il s'établit une espèce de société entre lui et le bailleur, celui-ci doit supporter une part proportionnée dans la perte, même lorsque l'accident est arrivé après la récolte, à moins cependant que le preneur ne fût en demeure de lui délivrer sa portion.

1771.

Nous avons déjà dit que la contrainte par corps pouvoit être stipulée dans les baux de biens ruraux, pour le paiement des fermages. Nous ajouterons qu'elle peut être ordonnée, même sans stipulation, contre les fermiers et colons partiaires, pour défaut de représentation, à la fin du bail, du cheptel, des semences et instrumens aratoires qui leur ont été confiés, à moins qu'ils ne justifient que le déficit ne procède pas de leur fait.

2062.

---

huit autres ont été tellement abondantes, qu'elles ont rapporté 10,000 fr. chacune. Il est clair que la perte imprévue se trouvant compensée par le bénéfice également imprévu, le fermier ne peut demander de remise.

§. III.

De la Résolution du Bail à ferme.

Le bail à ferme a cela de particulier, que, même quand il est verbal, il est censé fait pour tout le temps qui est nécessaire au preneur pour recueillir tous les fruits de l'héritage affermé, et qu'il cesse de plein droit (1) 1774. à l'expiration dudit temps.   1775.

Ce temps est subordonné à la nature du fonds et des fruits qu'il produit : si donc c'est un fonds dont les fruits se recueillent en entier dans le cours d'une année, comme un pré, une vigne, le bail est censé fait pour un an. Si c'est au contraire une terre labourable divisée par soles ou saisons (2), le bail est censé fait pour autant d'années qu'il y a de soles. 1774.

---

(1) *De plein droit :* Sans qu'il soit besoin de congé.

(2) Soit une ferme de cent vingt arpens. La première année, quarante arpens sont semés en blé, quarante en avoine ou menus grains, appelés *mars*, et quarante restent en jachères, c'est-à-dire en repos et sans semences. L'année d'après les jachères se sèment en blé ; ce qui étoit en blé est semé en avoine ; et ce qui étoit en avoine reste en jachère, et ainsi de suite. Voilà ce qu'on appelle diviser par soles. Il est clair que, dans cette espèce, il faut trois ans pour que chaque partie des cent vingt arpens ait eu les trois soles.

CHAPITRE II.

Du Bail à cheptel (1).

1800. Le bail à cheptel est un contrat par lequel une des parties donne à l'autre tout ou partie d'un fonds de bétail, pour le garder, le nourrir et le soigner, sous la condition de partager les profits et les pertes, suivant les conventions respectives.

1802. *Un fonds de bétail :* On entend par ces mots toute espèce d'animaux, susceptible de croît, ou de profit pour l'agriculture ou le commerce.

Suivant les conventions respectives : La nature de ces conventions constitue les différentes espèces de cheptel. On en distingue trois sortes :

Le cheptel simple ou ordinaire ;

Le cheptel à moitié ;

1801. Et le cheptel donné par le propriétaire à son fermier, dit cheptel *de fer*.

Il est encore une espèce de contrat que l'on nomme improprement cheptel, et qui a lieu lorsqu'une ou plusieurs vaches sont données à

---

(1) Il y a dans les OEuvres de Pothier un traité particulier sur les *Baux à cheptel*.

quelqu'un qui se charge de les loger et de les nourrir, sous la condition d'en avoir tous les profits, excepté les veaux, qui appartiennent au bailleur; lequel conserve également la propriété des vaches. 1831.

Ce contrat n'exigeant point plus ample explication, nous allons exposer de suite les règles relatives aux différentes sortes de cheptel, en observant que, s'il existe des conventions particulières, les parties sont tenues de 1803. s'y conformer dans tous les points qui ne sont pas contraires aux dispositions prohibitives dont il va être question ci-après.

Section première.

Du Cheptel simple.

Le cheptel simple peut être fait, soit avec le colon partiaire du bailleur, soit avec toute autre personne. Les règles étant différentes dans les deux cas, nous en traiterons séparément.

§. Ier.

Du Bail à cheptel simple, avec toute personne autre que le Colon partiaire du bailleur.

Dans ce bail, la tonte et le croît se divisent par moitié entre le bailleur et le preneur, qui sont tenus également de supporter chacun la moitié de la perte.

Nous disons la tonte et le croît : parce que le laitage, le fumier, et le travail des animaux appartiennent en entier au preneur.

Qui sont tous également, etc. Cette clause est de l'essence du chéptel. Toute convention qui tendroit à donner au bailleur une part plus considérable dans les profits que dans les pertes, est nulle et de nul effet.

Il se fait ordinairement une prisée du bétail au commencement du bail, quand elle n'est pas faite dans le bail même. Mais cette prisée n'a d'autre objet que de fixer la perte ou le profit qui pourra se trouver à l'expiration du bail ; et elle ne transfère aucun droit au preneur sur le fonds du cheptel, dont le bailleur reste toujours propriétaire.

C'est pour cette raison que le preneur n'est pas tenu des cas fortuits. Cependant, comme il doit à la conservation du cheptel les soins d'un bon père de famille, il est tenu du cas fortuit, quand il a été précédé d'une faute de sa part, qui y a donné lieu. S'il y a contestation sur l'existence du cas fortuit, c'est au preneur à le prouver ; cette preuve faite, si le bailleur prétend qu'il y a eu faute de la part du preneur, c'est au bailleur à le prouver à son tour.

Dans tous les cas, le preneur déchargé par cas fortuit, est tenu de rendre compte des peaux.   1809.

Mais il faut observer qu'en disant que le preneur n'est pas tenu des cas fortuits arrivés sans sa faute, il faut entendre qu'il n'en est pas tenu à lui seul et totalement, mais que ces cas fortuits font partie de la perte qui doit être supportée en commun par lui et le bailleur, d'après le prix de l'estimation originaire, et celui de l'estimation qui doit être faite à l'expiration du cheptel, ainsi que nous l'allons voir.   1810.

Si cependant l'accident étoit tel que le cheptel eût péri totalement, la perte seroit en entier pour le bailleur. Cette disposition est de l'essence du cheptel, tellement qu'il n'est pas au pouvoir des parties d'y déroger.   {1810. 1811.

Quoique le bailleur soit toujours propriétaire, il doit néanmoins, si le preneur est fermier d'une autre personne, notifier le cheptel au propriétaire de la ferme, qui, sans cette formalité, pourroit le faire saisir et vendre, en paiement de ses loyers.   {1813. 2102.

Le fonds du cheptel appartenant au bailleur pour la propriété, et au preneur pour la jouissance, il est évident que l'un ne peut disposer d'aucune bête du troupeau sans le consentement de l'autre. Il en est de même du croît, dont la propriété est indivise jusqu'au moment du partage.

1812.

Quant à la tonte, il est naturel qu'elle se divise à chaque fois; c'est pour cette raison que le preneur est tenu de prévenir le bailleur du moment où elle doit être faite.

1814.

Le cheptel se partage à la fin du bail, qui lui-même finit au temps fixé par la convention. S'il n'y a rien de stipulé à ce sujet, la durée légale est de trois ans, sauf au bailleur à demander la résolution avant ce temps, si le preneur ne remplit pas ses obligations.

1815.

1816.

De quelque manière que le bail cesse, il est procédé à une nouvelle estimation du cheptel. Si elle est inférieure à celle faite dans le principe, le bailleur prend tout ce qui existe, et la perte se partage entre lui et le preneur.

Si elle est égale, le bailleur prend également tout, et n'a rien à répéter.

Si elle est supérieure, le bailleur prélève des bêtes de chaque espèce jusqu'à concurrence de la première estimation, et le surplus se partage.

1817.

Tout autre prélèvement est rigoureusement interdit au bailleur, et toute stipulation contraire est nulle.

1811.

Tit. IV. *Du Louage.*

§. II.

Du Bail à cheptel avec le Colon partiaire du bailleur.

Ce bail est soumis en général aux règles, clauses et prohibitions établies dans le paragraphe précédent, sauf les exceptions suivantes : 1830.

On peut y stipuler : 1°. que le bailleur aura une partie des laitages ;

2°. Qu'il aura une plus grande part que le preneur dans les autres profits ;

3°. Qu'il aura droit de prendre la part du colon dans la tonte, à un prix inférieur à la valeur ordinaire (1) ; 1828.

4°. Enfin, ce bail ne finit qu'avec celui de la métairie. 1829.

Section II.

Du Cheptel à moitié.

Le cheptel à moitié est une véritable société dans laquelle chacun des contractans

---

(1) Pourquoi ces différences ? C'est qu'on peut présumer que la part des fruits à rendre au bailleur a été fixée en conséquence de ces différentes stipulations.

fournit la moitié des bestiaux, qui demeurent en commun pour la perte et pour certains profits.

1818.

Nous disons *pour certains profits*, parce que dans ce cheptel, comme dans le cheptel simple, le preneur est chargé seul de la nourriture, de la garde et du gouvernement des bestiaux ; et comme il fournit en conséquence davantage à la société, il doit en être récompensé. Il retient donc à lui seul le profit du fumier, du laitage et du labour des bestiaux, et il partage par moitié la laine et le croît. Toute convention qui donneroit au bailleur dans ces deux derniers profits une part plus forte que celle qu'il a dans le fonds du cheptel, est nulle et de nul effet, sauf le cas où le bailleur seroit propriétaire de la ferme occupée par le preneur.

1819.

Toutes les autres règles du cheptel simple s'appliquent au cheptel à moitié (1).

1820.

Section III.

Du Cheptel donné par le Propriétaire à son Fermier.

Ce cheptel a lieu lorsque le propriétaire

---

(1) Sauf celles relatives au partage, dans lequel, bien entendu, il n'y a aucun prélèvement.

Tit. IV. *Du Louage.* 183

d'une métairie la donne à ferme avec les bestiaux dont elle est garnie.

Les règles de ce cheptel sont : 1°. que tous les profits des bestiaux, sans exception, appartiennent au fermier pendant toute la durée du bail, sauf néanmoins l'obligation d'employer exclusivement les fumiers à l'exploitation et à l'amélioration de la métairie;

2°. Que le fermier recueillant tous les profits, est tenu de toute la perte, même de celle totale, et par cas fortuit;

Les parties peuvent au surplus déroger à ces deux dispositions par des stipulations particulières.

3°. Que la résolution du bail à cheptel ne peut avoir lieu qu'avec celle du bail même de la métairie;

4°. Que, lors de cette résolution, le fermier est tenu de laisser des bestiaux d'une valeur égale à celle qu'il a reçue. Il doit en conséquence être fait estimation du cheptel au commencement et à la fin du bail. Mais cette estimation, faite uniquement pour constater la valeur comparative du cheptel aux deux époques, n'en transfère pas la propriété au fermier, quoiqu'elle le mette à ses risques. Il n'a donc pas le droit de retenir le cheptel à la fin du bail, même en en payant l'estimation originaire. Il garde seulement l'excédent de la

1821.

1823.

1824.

1825.

{1823.
{1825.

1821.

Ibid.

1822.

seconde estimation sur la première, comme il est tenu de suppléer au déficit, s'il en existe. C'est ce qui a fait donner à ce contrat le nom de *Cheptel de fer* (1).

PARTIE II.

Du Louage d'ouvrages ou de services.

Le louage d'ouvrages ou de services est un contrat par lequel l'une des parties promet à l'autre ses services pour un temps ou un ouvrage quelconque, et moyennant un prix convenu.

Pour un temps: Ce qui comprend le louage des domestiques et des ouvriers.

Pour un ouvrage : Ce qui comprend les marchés faits avec les entrepreneurs.

CHAPITRE PREMIER.

Du Louage des Domestiques et des Ouvriers.

Ce louage peut avoir lieu pour un temps soit déterminé, soit indéfini; non pas cependant que l'on puisse stipuler que le bail durera pen-

---

(1) Parce que le fonds du cheptel reste toujours le même, et attaché à la métairie.

dant toute la vie du domestique ou de l'ouvrier; une pareille stipulation seroit nulle, comme contraire à la liberté naturelle; mais parce que la convention peut être telle, qu'il soit au pouvoir de chacune des parties de résilier le bail à sa volonté, sauf toutefois l'exécution des usages locaux, relatifs à l'obligation de se prévenir respectivement. 1780.

S'il y a contestation sur la quotité des gages convenus, ou de ceux encore dus, le maître, comme débiteur, en est cru sur son affirmation. 1781.

CHAPITRE II.

Des Marchés faits avec des Entrepreneurs.

Ces marchés peuvent avoir pour objet, ou simplement un transport d'effets, ou la confection d'un ouvrage.

SECTION PREMIÈRE.

Des Marchés pour transports.

Les marchés pour transports sont des contrats mixtes qui participent de la nature du louage, et de celle du dépôt nécessaire.

Du louage, pour les engagemens du propriétaire des effets.

Du dépôt, pour les obligations du voiturier. C'est pour cela que les voituriers, tant par terre que par eau, sont soumis, pour ce qui concerne la garde et la conservation des objets, à la même responsabilité que les aubergistes ; ils sont en conséquence tenus de la perte et des avaries des choses qui leur sont confiées, à moins qu'ils ne prouvent que ces pertes ou avaries sont arrivées par cas fortuit, force majeure, ou par le vice de la chose ; et ils sont responsables, à cet égard, non seulement de leur propre fait, mais encore de celui de leurs domestiques et préposés, et même des étrangers reçus par eux dans la voiture ou le bâtiment.

1782.

1784.
Com. 103

1953.

Leur responsabilité commence du moment où la chose à transporter a été remise à eux ou à leurs préposés, soit sur le port, soit dans l'entrepôt.

1783.

Les entrepreneurs et directeurs des voitures et roulages publics, par terre et par eau, doivent tenir registre de l'argent, des effets et des paquets dont ils se chargent ; et ils sont en outre assujettis à des réglemens particuliers qui font la loi entr'eux et les autres citoyens (1).

1785.

1786.

---

(1) Voyez le décret impérial du 14 fructidor an 12 (*Bulletin*, n°. 217), et les articles 96 à 108 du Code de Commerce.

Outre l'action personnelle du voiturier contre le propriétaire des effets, pour le paiement du transport, il a en outre, sur la chose voiturée dont il est saisi, un privilége dont nous parlerons au Titre *des Priviléges et Hypothèques.* 2102.

Section II.

Des Marchés pour confection d'ouvrages.

Dans ces sortes de marchés, il faut bien distinguer le cas où l'ouvrier fournit la matière et l'industrie, et celui où la matière est fournie par la personne qui commande l'ouvrage. 1787.

Dans le premier cas, c'est un véritable contrat de vente, de la nature de ceux mentionnés dans l'article 1585. En conséquence, la chose est aux risques de l'ouvrier jusqu'à la livraison, à moins que le maître ne soit en demeure de la recevoir : mais, dans le second cas, c'est un louage ; en conséquence, la perte de la matière tombe sur le maître qui en est propriétaire ; l'ouvrier n'en est tenu qu'autant qu'elle est arrivée par sa faute, ou par celle des personnes qu'il emploie. 1788. 1789. 1797.

Lors même que la perte n'est arrivée ni par son fait ni par celui de ses préposés, il ne peut réclamer de salaire, excepté dans les trois cas suivans :

Si l'ouvrage a été reçu ou vérifié ;

Si le maître a été mis en demeure de le vérifier ;

Ou enfin si la chose a péri par le vice de la matière.

1790.

La vérification peut se faire partiellement, quand l'ouvrage est à la mesure ou de plusieurs pièces ; et si le maître a payé l'ouvrier à proportion de l'ouvrage fait, la vérification est censée faite pour toutes les parties payées.

1791.

En général, les marchés doivent être bien et fidèlement exécutés par les contractans ; et il y a lieu à des dommages et intérêts, en cas d'inexécution ou de retard dans l'exécution, le tout d'après les règles établies au Titre *des Contrats en général*. En conséquence, le maître de l'ouvrage, même donné à forfait (1), peut toujours résilier le marché par sa seule volonté, quoique les travaux soient déjà commencés, en dédommageant l'entrepreneur de toutes ses dépenses, et de tout ce qu'il auroit pu gagner dans l'entreprise. Les marchés

1794.

---

(1) On dit qu'un ouvrage est donné à forfait, quand il n'y a qu'un prix pour tout l'ouvrage, à la différence de celui donné à la pièce ou à la mesure, dont le prix est fixé à tant la pièce, tant la mesure.

TIT. IV. *Du Louage.*

pour construction de bâtimens sont soumis en outre aux règles particulières suivantes :

Premièrement, lorsque le marché est à forfait, d'après un plan arrêté et convenu, l'entrepreneur ne peut demander aucune augmentation de prix, sous prétexte de renchérissement de la main-d'œuvre ou des matériaux, ni même de changemens ou d'augmentations faits sur le plan primitif, à moins, dans ce dernier cas, que les changemens, etc. n'aient été convenus par écrit, et que le prix n'en ait été particulièrement fixé avec le propriétaire. 1793.

2°. Si l'édifice construit à forfait périt, en tout ou en partie, dans les dix années de la livraison, par le vice de la construction, ou même par celui du sol (1), l'entrepreneur en est responsable. $\begin{cases}1792.\\2270.\end{cases}$

Quant aux ouvriers employés à la construction d'un bâtiment ou autres ouvrages, chacun pour une partie, comme maçons, charpentiers et autres, il faut distinguer s'ils ont traité pour leur partie, directement avec le maître de l'ouvrage, ou avec un entrepreneur en chef.

Dans le premier cas, ils sont censés entrepreneurs, chacun dans sa partie, et sont en conséquence soumis aux règles qui viennent d'être exposées. 1799.

---

(1) L'entrepreneur a dû connoître le vice du sol, et en prévenir le propriétaire.

Dans le second, c'est l'entrepreneur qui répond de leur fait, et ils n'ont d'action que contre lui. Si cependant le propriétaire du sol se trouve redevable envers l'entrepreneur, ils peuvent agir directement contre lui, mais seulement jusqu'à concurrence de ce dont il est débiteur.

1798.

Pour le privilége des entrepreneurs et architectes, voyez le Titre *des Priviléges et Hypothèques.*

2103.}
2110.}

En général, tous les marchés pour confection d'ouvrages sont dissous par la mort de l'ouvrier ou de l'entrepreneur ; mais s'il y a des ouvrages faits, ou des matériaux préparés, qui puissent être utiles au propriétaire, il est tenu de les prendre et d'en payer la valeur à la succession, dans la proportion du prix porté par la convention.

1795.

1796.

TITRE V.

De la Société (1).

La société est un contrat par lequel deux ou plusieurs personnes conviennent de mettre quelque chose en commun, dans la vue de partager le bénéfice honnête qui pourra en résulter. 1832.

Un contrat : Commutatif, synallagmatique parfait, et non solennel. En conséquence, il n'exige aucune formalité particulière, et il n'est assujetti qu'à la loi commune à toutes les conventions, d'après laquelle la preuve testimoniale n'est pas reçue au-dessus de 150 fr. 1834.

De mettre quelque chose en commun : Parce qu'il est de l'essence de la société que chacune des parties y apporte quelque chose. Cet apport peut consister, soit dans des objets réels et effectifs, soit dans la simple industrie de l'associé. 1833.

Dans la vue de partager : Parce qu'il est

---

(1) Voyez dans les OEuvres de Pothier son Traité sur le *Contrat de Société*.

également de l'essence de la société qu'elle soit contractée pour l'intérêt commun des parties. En conséquence, toute convention qui donneroit à l'un des associés la totalité des bénéfices, est nulle.

1833.
1855.

Le bénéfice honnête : Parce que, si l'affaire pour laquelle les parties s'associent est illicite, le contrat est nul.

1833.

Cette définition établie, nous traiterons en premier lieu des différentes espèces de sociétés ;

2°. Des clauses principales du contrat de société ;

3°. Des droits et des obligations respectives des associés ;

4°. Enfin, de la dissolution de la société.

CHAPITRE PREMIER.

Des différentes espèces de Sociétés.

1835.   La société est universelle ou particulière.

SECTION PREMIÈRE.

De la Société universelle.

La société peut être universelle sous deux rapports : en tant qu'elle embrasse la propriété

Tit. V. *De la Société.*

même des biens que les associés possédoient au moment du contrat, ou seulement les bénéfices qu'ils pourront faire postérieurement sur ces mêmes biens : de-là deux espèces de société universelle, celle de tous biens, et celle de gains. 1836.

Ces deux sociétés sont assez rares, mais celle de tous biens l'étant encore davantage, toutes les fois que les parties ont déclaré contracter une société universelle, sans autre explication, cela doit s'entendre de la société universelle de gains seulement. 1839.

Ces deux sociétés peuvent exister entre des personnes d'une fortune inégale, et alors elles participent réellement de la nature de la donation ; c'est même parce qu'en général les sociétés universelles pourroient servir de moyen facile pour éluder les lois portées contre les avantages indirects, que l'on a décidé que ces espèces de sociétés ne pourroient avoir lieu entre personnes incapables de se donner ou de recevoir l'une de l'autre (1), ou entre celles auxquelles il est défendu de s'avantager au préjudice d'autres personnes (2). 1840.

---

(1) Tels que l'enfant naturel reconnu, à l'égard de ses père et mère.

(2) Ainsi les bénéfices résultans de ces sociétés sont réductibles pour fournir la légitime.

§. Ier.

De la Société de tous biens.

1837.
La société de tous biens est, comme nous l'avons dit, celle par laquelle les parties mettent en commun tous leurs biens présens, meubles ou immeubles, et tous les profits qu'elles pourront en tirer.

Ibid.
Nous disons *tous les profits, etc.*, parce que cette société ne comprend pas la propriété des biens que les associés pourroient acquérir par la suite par succession, legs, ou donation. Ces biens n'y tombent que pour la jouissance; et toute stipulation tendant à les y faire entrer pour la propriété, est prohibée, sauf ce qui a été réglé pour les époux au Titre *du Contrat de Mariage.*

§. II.

De la Société universelle de gains.

La société universelle de gains renferme tout ce que les parties acquièrent par leur industrie, à quelque titre que ce soit, pendant le cours de la société. En conséquence, les immeubles qu'elles possèdent au moment du contrat n'y entrent que pour la jouissance. Quant aux meubles, la nécessité de prévenir les discussions a fait décider que tous ceux possédés par les associés, à la même époque, y seroient compris, même pour la propriété (1). 1838.

Section II.

De la Société particulière.

La société particulière est celle qui a pour objet ou certaines choses déterminées, ou l'exercice de quelque métier ou profession, 1841. ou un commerce ou entreprise quelconque; 1842. en observant toutefois que les règles établies dans ce titre ne s'appliquent à ces dernières espèces de sociétés, dites *Sociétés de Commerce*, que dans les points qui ne sont pas contraires aux dispositions relatives à cette partie (2). 1873.

---

(1) Autrement il eût fallu obliger les associés de faire un inventaire de leurs biens lors de leur entrée en société; ce qui eût été fort gênant, et en même temps fort illusoire.

(2) Voyez les art. 18 à 64 du Code de Commerce.

CHAPITRE II.

Des Clauses principales du Contrat de Société.

Ces clauses peuvent concerner :

1°. Le commencement et la durée de la société ;

2°. La fixation de la part de chaque associé dans le bénéfice ou la perte ;

3°. L'administration de la société.

SECTION PREMIÈRE.

Du Commencement et de la Durée de la Société.

1843. Les parties peuvent convenir que la société commencera au bout d'un certain temps, ou après l'événement d'une certaine condition. S'il n'y a rien de stipulé à cet égard, elle commence à l'instant même du contrat.

Elles peuvent également déterminer que la société finira après un certain temps, ou après un certain événement. A défaut de convention, la société finit de plusieurs manières, qui seront indiquées ci-après, chap. IV.

Section II.

De la Fixation des parts.

Les contractans peuvent attribuer à chacun d'eux telle part qu'ils jugent convenable dans les bénéfices et les pertes.   1853.

Nous disons *telle part* : Parce qu'il faut que chaque associé ait une part dans les bénéfices et dans les pertes. En conséquence, comme nous l'avons vu, toute convention qui donneroit à l'un ou à plusieurs des associés la totalité des bénéfices, est nulle. Il en est de même de celle qui affranchiroit de toute contribution aux pertes, les sommes ou effets (1) mis dans le fonds de la société par un ou plusieurs d'entr'eux.   1855.

Les associés peuvent convenir que les parts seront réglées par l'un d'eux ou par un tiers ; et alors le règlement fait conformément à la convention ne peut être attaqué qu'autant qu'il seroit évidemment contraire à l'équité ; et dans ce cas même, la réclamation ne peut être admise, s'il s'est écoulé trois mois depuis

---

(1) *Les sommes ou effets* : Par conséquent cette prohibition ne concerne pas celui qui n'a apporté que son industrie.

que le réclamant a eu connoissance du réglement, ou s'il a commencé à l'exécuter, même avant l'expiration des trois mois.

1854.

S'il n'est rien déterminé dans l'acte de société sur la contribution aux bénéfices ou aux pertes, la part de chaque associé est en proportion de sa mise de fonds. Si l'un d'eux n'a apporté que son industrie, il est assimilé, pour la contribution, à l'associé qui a le moins apporté.

1853.

Section III.

De l'Administration de la Société.

L'administration de la société peut être confiée à l'un des associés, soit par l'acte même de société, soit par un acte postérieur. Mais il y a cette différence entre les deux cas, que le pouvoir donné par l'acte même, est censé faire partie des conditions de la société; en conséquence, il ne peut être révoqué sans cause légitime; et l'associé administrateur peut faire, tant que dure la société, et nonobstant toute opposition de la part de ses co-associés, tous les actes qui dépendent de son administration. Mais si le pouvoir a été donné par un acte postérieur, c'est alors un simple mandat, qui peut être révoqué par la volonté contraire des co-associés.

1856.

Tit. V. *De la Société.*

Si l'administration a été confiée à plusieurs, sans autre explication, ils peuvent faire, chacun séparément, tous les actes de cette administration. 1857.

Nous disons *sans autre explication*, parce que si les fonctions de chacun d'eux ont été déterminées, ils doivent se renfermer rigoureusement dans les bornes de celles qui leur sont attribuées. De même, s'il a été stipulé que l'un des administrateurs ne pourra agir sans l'autre, la convention doit être strictement exécutée, quand même l'un d'eux seroit dans l'impossibilité actuelle de concourir aux actes d'administration. *Ibid.* 1858.

Si l'acte de société ne contient aucune stipulation sur le mode d'administration, alors tous les associés sont censés administrateurs : ils peuvent, en conséquence, et d'après la règle établie ci-dessus, faire chacun séparément tous les actes d'administration; et ce que chacun fait est valable, même pour la part de ses co-associés, et sans qu'ils y consentent; il suffit qu'ils ne s'opposent pas à l'opération, avant qu'elle ne soit conclue. 1859.

Il faut cependant excepter le cas où l'un des associés auroit contracté une obligation à l'égard d'un tiers, même pour les affaires de la société. Cet engagement n'oblige que celui qui l'a contracté, à moins qu'il n'ait reçu

1862. à cet effet un pouvoir spécial. Il en seroit de même, quand l'associé auroit contracté pour le compte de la société, à moins, dans ce cas, que la chose n'ait tourné au profit de la société, qui alors en seroit tenue jusqu'à due
1864. concurrence.

   Dans tous les cas où la société est tenue, s'il ne s'agit point d'affaire de commerce, il n'y a pas de solidarité entre les associés, et cha-
1862. cun d'eux n'est tenu que pour sa part. Mais aussi ils sont tenus chacun pour une part égale, quand même leurs parts dans la société seroient inégales, à moins que l'acte passé avec le tiers ne contienne à cet égard une stipula-
1863. tion expresse.

CHAPITRE III.

Des Droits et des Obligations des Associés.

   Les dispositions contenues dans ce chapitre sont relatives :
   1°. A l'apport de chacun des associés ;
   2°. Aux choses qui composent le fonds commun.

Tit. V. *De la Société.*

Section première.

Des Obligations respectives des Associés, relativement à leur apport.

Chaque associé est débiteur envers la société de tout ce qu'il a promis d'y apporter. En conséquence, d'après le nouveau principe adopté dans l'art. 1138, quand l'apport est de la propriété de la chose, la société en est propriétaire ; la chose est à ses risques du moment de la convention (1) ; et elle a droit aux fruits à compter de l'époque à laquelle la livraison à dû en être faite. 1845.

1846.

Nous avons dit *quand l'apport est de la propriété :* Car, s'il ne consiste que dans la jouissance de la chose, il est évident que l'associé reste toujours propriétaire, et que, conséquemment, la chose est à ses risques. Il faut cependant excepter les cas suivans, où quoique l'apport ne consiste que dans la jouissance, la chose périt cependant pour la société : 1851.

1°. S'il s'agit de choses fongibles, ou même

---

(1) On oppose à ce principe l'art. 1867 ; mais il est clair qu'il faut entendre cet article du cas où l'associé n'étoit pas, au moment de la convention, propriétaire de l'objet qu'il a promis d'y apporter.

simplement de choses qui se détériorent en les gardant;

2°. Si les choses, quoique non fongibles, sont destinées à être vendues, ou ont été mises dans la société sur une estimation portée dans un inventaire. Mais, dans ce dernier cas, si la chose périt, l'associé propriétaire ne peut répéter que le montant de l'estimation.

1851.

Dans tous les cas, si la société vient à être évincée de l'objet apporté, elle a, contre l'associé, le même recours en garantie que l'acheteur a contre son vendeur.

1845.

Si l'apport est d'une somme d'argent, les intérêts en sont également dus de plein droit, et sans demande, à compter du jour où le paiement devoit être fait, sans préjudice de plus amples dommages et intérêts, s'il y a lieu.

1846.

L'associé qui apporte son industrie, doit compte à la société de tous les gains qu'il fait par l'espèce d'industrie qui est l'objet de la société.

1847.

Section II.

Des Droits et Obligations des Associés, relativement au fonds commun.

Chaque associé peut, à moins de stipulation contraire, se servir des choses appartenant à la société, pourvu qu'il les emploie à leur

Tit. V. *De la Société.* 203

usage ordinaire, qu'il ne s'en serve pas contre l'intérêt de la société, et qu'il n'empêche pas ses co-associés d'en user selon leur droit. 1859.

Il a droit également de se faire indemniser par la société, non seulement des sommes qu'il a déboursées et des obligations qu'il a contractées de bonne foi pour les affaires de la société, mais encore des risques inséparables de sa gestion. 1852.

Tels sont, en général, les droits de chaque associé; voici maintenant quelles sont ses obligations:

Il doit concourir aux dépenses nécessaires pour la conservation du fonds commun; chaque associé a le droit d'y contraindre tous les autres.

Il ne peut, sans le consentement de ses co-associés, faire d'innovations sur les immeubles faisant partie de ce fonds, quand même il prétendroit qu'elles sont, et quand même elles seroient effectivement avantageuses à la société. 1859.

Il ne peut aliéner ni engager les choses même mobilières qui dépendent de la société. 1860.

Il est bien entendu que ces différentes dispositions ne s'appliquent qu'à l'associé qui n'est pas administrateur; autrement ses pouvoirs sont déterminés par l'acte qui le nomme;

1988.
1989.

et, à défaut, par les règles établies au Titre *du Mandat.*

L'associé, même administrateur, ne peut associer un tiers à la société, sans le consentement de ses co-associés; mais il peut, sans ce même consentement, se l'associer à lui-même; et il se forme alors, entre lui et ce tiers, une société particulière, relative seulement à la part qu'il a dans la première société.

1861.

La bonne foi qui doit régner principalement dans ce contrat, exige que chaque associé ait, pour les affaires de la société, le même soin que pour les siennes propres. En conséquence, s'il se trouve créancier d'une personne qui soit en même temps débitrice de la société, et que les deux créances soient exigibles, les sommes qu'il peut recevoir sont, de droit et malgré lui, imputées proportionnément sur lesdites deux créances, quand même il auroit, dans sa quittance, fait l'imputation en entier sur sa créance particulière; mais s'il l'avoit faite en entier sur la créance de la société, la convention seroit exécutée (1).

1848.

Par la même raison, s'il a reçu un à-compte d'un débiteur de la société, qui soit depuis devenu insolvable, il est censé avoir reçu pour

---

(1) Il peut faire la condition de la société meilleure que la sienne : il ne peut laf aire pire.

le compte de la société entière; il est, en conséquence, tenu de rapporter le tout à la masse, quand même ce qu'il a reçu n'excéderoit pas sa part personnelle dans la créance, et qu'il auroit donné quittance spécialement pour sa part. 1849.

Enfin, tout associé doit indemniser la société des dommages qu'il lui a causés par sa faute, sans pouvoir opposer en compensation les profits que son industrie auroit procurés à la société dans d'autres affaires (1); et s'il a 1850. pris quelque somme sur le fonds commun, pour son profit particulier, non seulement il est tenu de rembourser le capital, mais encore il doit les intérêts, de plein droit et sans demande, du jour qu'il a tiré les fonds de la caisse commune, sans préjudice de plus amples dommages-intérêts, s'il y a lieu. 1846.

CHAPITRE IV.

De la Dissolution de la Société.

La société se dissout :
1°. Comme nous l'avons dit, par l'expiration du temps pour lequel elle a été contractée; 1865. elle peut cependant être prorogée du commun

---

(1) En faisant profiter la société, il n'a fait que payer sa dette.

consentement des associés, exprimé dans les mêmes formes que le contrat primitif;

2°. Par la consommation de la négociation qui en a été l'objet;

3°. Par l'extinction de la chose formant le fonds commun. Quant à celles composant la mise de fonds de chaque associé, il faut distinguer : si c'est la jouissance qui a été mise en commun, la société est dissoute par la perte de la chose, à quelque époque qu'elle arrive; mais si c'est la propriété, la société n'est dissoute (1) qu'autant que la perte est arrivée avant que la chose ait été mise en commun;

4°. Par la mort naturelle ou civile de l'un des associés, sans préjudice du droit qu'ont les parties, de convenir, dans l'acte de société, qu'en cas de mort de l'une d'elles, la société continuera avec ses héritiers. Elles peuvent également stipuler que, dans le même cas, la société continuera, mais entre les associés survivans seulement; et alors, les héritiers du décédé ne peuvent réclamer que ce qui revient à leur auteur, d'après le partage fait dans l'état où se trouvoit la société lors du décès; et ils ne participent aux droits ultérieurs,

---

(1) Ou plutôt, dans ce cas, il faut dire que la société est ce̟ ̱e n'avoir jamais existé.

Tit. V. *De la Société.*

qu'autant qu'ils sont une suite nécessaire de
ce qui s'est fait avant la mort de leur auteur ;   1868.

5°. Par l'interdiction, la faillite, ou la déconfiture de l'un des associés;

6°. Enfin, par la simple volonté d'un ou de
plusieurs d'entr'eux. Cependant ce mode de   1865.
dissolution ne s'applique qu'aux sociétés dont
la durée est illimitée. Quant à celles à terme,   1869.
la dissolution ne peut en être demandée avant
le terme convenu, à moins qu'il n'y ait de justes
motifs, tels que le manque à ses engagemens
de la part de l'un des associés, une infirmité
habituelle qui le rende inhabile aux affaires
de la société, ou autres cas semblables, dont
la légitimité et la gravité sont laissées à l'arbitrage des juges.   1871.

La renonciation de l'un des associés n'opère
la dissolution des sociétés, même illimitées,
qu'autant qu'elle est faite de bonne foi, et non
à contre-temps.   1869.

Elle n'est pas de bonne foi, quand l'associé
renonce pour s'approprier à lui seul un profit
qui devoit tomber dans la masse (1).

Elle est faite à contre-temps, lorsque, les

---

(1) Si, par exemple, dans une société dans laquelle l'un des
associés a mis les fonds et l'autre son industrie, il se présente
un marché qui exige une avance de fonds considérable, et que
celui qui a mis les fonds renonce pour faire le marché à lui
seul.

choses n'étant plus entières, la société a intérêt
1870. que la dissolution soit différée (1).

Lorsque la société est dissoute, il est procédé au partage des objets qui en composent le fonds; les règles concernant le partage des successions, et les obligations qui en résultent entre co-héritiers, s'appliquent également aux
1872. partages entre associés.

---

(1) Si, par exemple, les marchandises sont de nature à n'être vendues qu'à une certaine époque, une certaine foire, etc.

TITRE VI.

Du Mandat (1).

Le mandat est un contrat par lequel une personne confie la gestion d'une ou plusieurs affaires honnêtes, à une personne qui l'accepte gratuitement. 1984.

Un contrat : ordinairement de bienfaisance, synallagmatique imparfait, et non solennel. En conséquence le mandat peut être donné par acte public, sous seing-privé, et même verbalement; sauf que, dans ce dernier cas, la preuve ne peut en être faite que suivant les règles prescrites au Titre *des Contrats en général.* Il peut être 1985. donné purement et simplement, à terme, ou sous condition.

Par lequel une personne : ou plusieurs, pour une affaire commune. 2002.

D'une ou de plusieurs affaires : lorsqu'il n'y a qu'une affaire, ou même plusieurs, mais déterminées, le mandat est nommé spécial. Il

---

(1) Voyez dans Pothier son Traité *sur le Mandat.*

est général, quand il est donné pour toutes les affaires du mandant.

1987.

Honnêtes : autrement, non seulement le mandat n'est pas obligatoire entre les parties, mais encore le mandataire qui l'a exécuté peut être puni comme complice du mandant.

A une personne : ou même à plusieurs, s'il plaît au mandant. On peut, au surplus, constituer pour mandataires des femmes mariées, ou des mineurs émancipés. Dans ce cas, le mandat a bien pour effet de valider, à l'égard des tiers, les actes faits avec le mandataire, et de les rendre obligatoires à l'égard du mandant ; mais quant aux obligations qui naissent du mandat entre le mandant et le mandataire, elles ne peuvent avoir lieu que suivant les règles relatives aux obligations des mineurs et des femmes mariées.

1990.

Qui l'accepte : le mandat étant un contrat, exige le concours des deux parties ; mais il n'est pas nécessaire que l'acceptation soit expresse. Elle peut n'être que tacite, et résulter de la simple exécution du mandat par le mandataire.

1985.

Gratuitement : il est de la nature du mandat d'être gratuit ; mais comme, dans notre Droit, cela n'est pas de son essence, les parties peuvent convenir d'un salaire.

1986.

Cette définition posée, nous aurons à voir :

Tit. VI. *Du Mandat.*

1°. Quelles sont les obligations du mandataire;

2°. Quelles sont celles du mandant;

3°. Comment finit le mandat.

CHAPITRE PREMIER.

Des Obligations du Mandataire.

Le mandataire, en acceptant le mandat, contracte trois obligations :

La première, de gérer l'affaire dont il est chargé;

La seconde, d'y apporter tout le soin qu'elle exige;

Et la troisième, de rendre compte de sa gestion.

Premièrement, *de gérer l'affaire, etc.* Il est tenu d'accomplir le mandat, tant qu'il en demeure chargé, et il répond des dommages-intérêts qui pourroient résulter de son inexécution. Il n'est cependant pas tenu de l'accomplir par lui-même; il peut, à moins que cela ne lui ait été formellement interdit, déléguer ses pouvoirs à une autre personne, du fait de laquelle il répond comme du sien propre. 1991.

La même responsabilité a lieu, même lorsqu'il a reçu le pouvoir de déléguer, si per-

sonne ne lui a été désigné, et si celui dont il a fait choix, étoit notoirement incapable ou insolvable; le tout, sans préjudice du droit qu'a, dans tous les cas, le mandant, d'agir directe-
1994. ment contre le délégué.

Le mandataire doit se renfermer rigoureusement dans les termes du pouvoir qui lui a
1989. été donné, en observant que le mandat, même conçu en termes généraux, n'est toujours présumé contenir, à moins de stipulation expresse au contraire, que le pouvoir de faire les actes d'administration. Ainsi, toutes les fois qu'il s'agit d'aliéner, d'hypothéquer, ou de tout
1988. autre acte semblable, le mandat doit être exprès. Par la même raison, le pouvoir de transiger ne renferme pas celui de compro-
1989. mettre.

Il faut bien remarquer que la responsabilité du mandataire qui a excédé les bornes de son mandat, n'a lieu qu'à l'égard du mandant. Quant à la partie avec laquelle il a traité comme mandataire, elle n'a de recours contre lui que dans deux cas:

S'il ne lui a pas donné connoissance suffisante de ses pouvoirs;

Ou s'il s'est soumis personnellement à la
1997. garantie.

La seconde obligation du mandataire est

d'apporter à l'affaire tout le soin qu'elle exige. En conséquence, il répond de toutes les fautes qu'il commet dans sa gestion, sauf néanmoins aux tribunaux à appliquer cette responsabilité moins rigoureusement à celui qui a accepté gratuitement le mandat. 1992.

Enfin, la troisième obligation est *de rendre compte de sa gestion*. Il doit, dans ce compte, faire raison au mandant de tout ce qu'il a reçu en vertu du mandat, quand même cela n'auroit point été dû au mandant. Il doit également 1993. compte des intérêts des sommes qu'il a employées à son propre usage, et ce, à dater du jour de l'emploi. Quant à celles dont il est reliquataire par l'événement du compte, il n'en doit les intérêts qu'à compter du jour où il a été mis en demeure. 1996.

Il faut observer que s'il y a plusieurs mandataires constitués par le même acte, chacun n'est tenu que de ce qu'il a géré, à moins qu'il n'y ait convention expresse de solidarité. 1995.

CHAPITRE II.

Des Obligations du Mandant.

Le mandant peut, par suite du mandat, se trouver obligé, soit envers le mandataire, soit envers des tiers.

A l'égard du mandataire, le mandant est tenu :

1°. De lui rembourser les frais occasionnés par l'exécution du mandat, et de lui payer le salaire, s'il en a été convenu ;

1999.
2001.
2°. De lui rembourser les avances faites pour le même objet, avec les intérêts, à compter du jour des avances constatées ;

2000.
3°. De l'indemniser des pertes qu'il a essuyées à l'occasion de la gestion.

1999.
Lorsqu'il n'y a aucune faute imputable au mandataire, le mandant ne peut, sous aucun prétexte, se dispenser de ces différentes obligations, soit en alléguant que l'affaire n'a pas réussi, soit en prétendant qu'elle pouvoit être faite à moins de frais.

2002.
Si le mandat a été donné par plusieurs personnes pour une affaire commune, elles sont solidairement responsables envers le mandataire de tous les effets du mandat.

Quant aux obligations du mandant à l'égard des tiers qui ont traité avec le mandataire, le principe général est bien qu'il est tenu d'exécuter les engagemens contractés envers eux, et en son nom, par le mandataire ; mais néanmoins, dans l'application, il faut distinguer trois cas :

Si le mandataire a fait une autre affaire que celle portée par le mandat, il est évident que le mandant n'est obligé en aucune manière, à moins qu'il n'ait ratifié l'engagement expressément ou tacitement.

Si le mandataire a fait l'affaire dont il étoit chargé, mais qu'il ait excédé les bornes de son pouvoir, le mandant n'est pas tenu de l'excédant, sauf le cas de ratification comme dessus.

Enfin, si le mandataire, en faisant l'affaire convenue, s'est renfermé dans les bornes du mandat, le mandant est tenu d'exécuter dans toute leur étendue les engagemens contractés par lui. Il en est de même, à plus forte raison, 1998. si l'affaire a été faite à des conditions plus avantageuses que celles portées au mandat.

CHAPITRE III.

Des manières dont finit le Mandat.

Le mandat finit :
1°. Par l'expiration du terme, ou l'événement de la condition, s'il a été ainsi contracté dans le principe ;
2°. Par la révocation du mandataire. Cette 2003. révocation peut avoir lieu tacitement, par la constitution d'un nouveau mandataire pour la même affaire. 2006.

Le mandant peut révoquer le mandat, quand bon lui semble ; et la révocation, soit tacite, 2004.

soit expresse, a son effet entre lui et le mandataire, du jour qu'elle a été notifiée à ce dernier; mais elle ne peut préjudicier aux tiers qui ont traité avec le mandataire dans l'ignorance de cette révocation, et qui ont en conséquence le mandant pour obligé, sauf son recours contre le mandataire.

2005. C'est même pour éviter l'abus que celui-ci pourroit, en ce cas, faire du mandat, que le mandant qui a révoqué, a droit de contraindre le mandataire à lui remettre, soit l'original de la procuration, si elle est sous seing-privé ou en brevet, soit l'expédition, si elle a été passée avec minute.

2004. Le mandat finit, en troisième lieu, par la renonciation du mandataire; mais cette renonciation n'est valable qu'autant que la chose est encore entière; c'est-à-dire, si le mandant est encore à portée de faire par lui-même l'affaire dont il s'agit, ou d'en charger une autre personne; autrement le mandataire qui renonce est assimilé à celui qui n'accomplit pas le mandat; et il est tenu envers le mandant des dommages-intérêts résultant de l'inexécution.

2003. Si cependant, les choses n'étant plus entières, le mandataire se trouvoit dans l'impossibilité de continuer la gestion sans éprouver lui-même un préjudice considérable, d'après le principe que *nemini suum officium debet esse damnosum*, il pourroit renoncer, sans être tenu d'aucuns dommages. 2007.

4°. Le mandat finit par la mort du mandant. Le mandat est un office d'amitié d'un côté, et de confiance de l'autre : il est donc entièrement personnel. Cependant, s'il y a péril en la demeure, le mandataire est tenu d'achever la chose commencée ; 2003.

1991.

5°. Par la mort du mandataire, et ce par la même raison, sauf l'obligation imposée à ses héritiers de donner avis du décès au mandant, et, en attendant, de faire pour son intérêt ce que les circonstances exigent ; 2003.

2010.

6°. Par la faillite ou déconfiture, soit du mandant, soit du mandataire ; 2003.

7°. Par le changement d'état de l'un ou de l'autre, si toutefois ce changement influe sur leur capacité (1) ; *Ibid.*

8°. Enfin, par la cessation des fonctions du mandant, lorsqu'il a donné le mandat en une qualité qui vient à cesser. Ainsi, le mandat donné par le tuteur, et en cette qualité, finit avec la tutelle.

---

(1) Par exemple, l'interdiction de l'un ou de l'autre, le mariage de la femme mandant ou mandataire, etc.

2008.

2009.

En général, toutes les fois que le mandat finit par une cause qui peut être probablement ignorée du mandataire, tout ce qui est fait dans cette ignorance est valide. Il en est de même à l'égard des tiers, pour les engagemens contractés par eux de bonne foi avec le mandataire.

TITRE VII.

De la Transaction.

La transaction est un contrat par lequel les parties terminent une contestation née, ou préviennent une contestation à naître.   2044.

Un contrat, non solennel : Il doit cependant être rédigé par écrit, mais pour la preuve seulement, et non comme solennité de rigueur.   *Ibid.*

Il est synallagmatique parfait, et commutatif; cependant il participe aussi de la nature du contrat aléatoire, puisqu'il est vrai de dire que dans tout procès il y a chance incertaine pour le gain ou la perte. C'est même pour cette raison qu'il ne peut jamais être rescindé pour cause de lésion.   2052.

Les parties : La transaction supposant toujours le désistement d'une prétention quelconque, et le plus souvent de sacrifices mutuels, il est clair que, pour pouvoir transiger, il faut avoir la capacité de disposer des objets compris dans la transaction. Nous avons vu au Titre *de la Minorité*, etc., les conditions nécessaires pour la validité de la transaction faite par le tuteur, soit au nom du mineur avec un tiers, soit avec le mineur lui-même devenu majeur. Par la même raison, les communes et établissemens publics ne peuvent transiger qu'avec l'autorisation expresse du Gouvernement.

2045.

Au surplus, la transaction, comme toutes les autres conventions, n'a d'effet qu'entre les parties contractantes, tellement que s'il y a plusieurs principaux intéressés dans la même affaire, la transaction faite par l'un d'eux ne lie point les autres, et ne peut être opposée par eux.

2051.

Terminent une contestation née, ou, etc.: Ainsi, pour qu'il puisse y avoir transaction valable, il faut qu'il y ait contestation, ou matière à contestation. De-là il résulte :

1°. Que s'il ne pouvoit pas y avoir, dans le droit, de contestation, quoiqu'il en existât une par le fait, comme si par exemple il étoit constaté par titres que l'une des parties n'avoit aucun droit à l'objet sur lequel on a transigé, la transaction seroit nulle, si ces titres étoient inconnus aux parties au moment où elles ont traité. Mais cependant cette disposition n'a lieu, qu'autant que la transaction est relative seulement à cet objet ; car, si elle étoit générale, et sur toutes les affaires que les par-

Tit. VII. De la Transaction.

ties peuvent avoir ensemble, la découverte postérieure de titres inconnus ne seroit une cause de rescision, qu'autant qu'ils auroient été retenus par le fait de l'une des parties; 2057.

2°. Que la transaction est également nulle, si, au moment où elle a eu lieu, le procès étoit terminé par un jugement passé en force de chose jugée, dont les parties, ou au moins celle qui a gagné n'avoit pas connoissance. Mais si le jugement, quoique ignoré, étoit susceptible d'appel, la transaction est valable; 2056.

3°. Enfin, qu'il y a lieu à rescision contre une transaction, quand elle est faite en exécution d'un titre nul, à moins que les parties n'aient expressément traité sur la nullité. 2054. Il en est de même quand elle a été faite sur des pièces qui depuis ont été reconnues fausses. Dans ce cas, elle est nulle, même quant aux chefs auxquels les pièces fausses ne sont point relatives. 2055.

On peut d'ailleurs transiger sur toute contestation, de quelque nature qu'elle soit, même sur un délit; mais alors la transaction ne peut avoir pour objet que l'intérêt civil qui en résulte, sans pouvoir empêcher en aucune manière l'action du ministère public. 2046.

La transaction a entre les parties l'autorité de la chose jugée, sauf les modifications ré- 2052.

sultant des différences qui existent naturellement entre un contrat et un jugement. Ainsi l'on peut ajouter à une transaction la stipulation d'une peine contre celui qui manquera de l'exécuter. Elle peut être rescindée pour dol, violence, ou erreur, soit sur les personnes, soit sur l'objet de la contestation. Quant à l'erreur de droit, elle ne donne point lieu à la rescision, non plus que celle de calcul, qui doit seulement être rectifiée.

2047.
2053.
2052.
2058.

L'effet de la transaction ne peut s'étendre au-delà de l'objet qui y est traité ; de-là il suit : 1°. que si une transaction sur un seul différend, ou même sur plusieurs, mais spécialement déterminés, renferme une renonciation à tous droits, actions et prétentions, cette renonciation ne s'entend que des droits, etc., relatifs aux différends sur lesquels on a transigé, quelle que soit d'ailleurs la généralité des expressions que les parties ont employées ;

2048.
2049.

2°. Que si l'une des parties a transigé sur un droit qu'elle avoit de son chef, et qu'elle acquière ensuite un droit semblable du chef d'une autre personne, elle n'est point liée par la transaction, relativement à l'exercice du droit nouvellement acquis.

2050.

DEUXIÈME DISTINCTION.

Contrats consensuels accessoires.

TITRE VIII.

Du Cautionnement (1).

Le cautionnement est un contrat par lequel une ou plusieurs personnes promettent d'acquitter l'obligation d'un tiers, dans le cas où ce tiers ne l'acquitteroit pas lui-même. 2011.

Un contrat, non solennel : En conséquence il n'est assujetti à aucune formalité particulière ; il est, de plus, unilatéral et à titre onéreux, entre le créancier et la caution ; mais entre la caution et le débiteur il peut être regardé comme un contrat de bienfaisance.

Par lequel une ou plusieurs personnes : Parce que la même obligation peut être cau-

---

(1) POTHIER, dans son Traité *des Obligations en général,* s'étend fort au long sur les obligations accessoires, et notamment sur *le Cautionnement,* part. II, chap. VI.

2033. tionnée par plusieurs personnes, ensemble ou séparément. Dans ce cas, les cautions se nomment cofidéjusseurs. Nous verrons plus bas quels sont, dans ce cas, leurs droits et leurs obligations respectives. Nous verrons également quelles sont les personnes qui peuvent être admises à cautionner.

Promettent : Il faut que cette promesse ou obligation soit expresse ; elle ne se présume pas, et ne peut s'étendre au-delà des limites
2015. dans lesquelles elle a été contractée (1) ; mais si le cautionnement est indéfini, il s'étend à tous les accessoires de la dette, et même aux frais ; savoir : à ceux de la première demande formée contre le débiteur principal, à ceux de la dénonciation de cette demande à la caution, et à tous ceux postérieurs à cette
2016. dénonciation. Ces obligations passent d'ailleurs, comme toutes les autres, aux héritiers de la caution, sauf la contrainte par corps, si
2017. la caution y étoit obligée.

D'acquitter l'obligation : De-là trois conséquences ; la première, que, pour qu'il puisse exister un cautionnement, il doit nécessairement exister une obligation principale, au moins naturelle.

---

(1) Ainsi le cautionnement donné par le bail ne s'étend pas aux obligations résultant de la tacite réconduction. (Art. 1740.)

La seconde, que si l'obligation principale n'est pas valable, celle de la caution ne l'est pas davantage. Cependant, si la nullité est purement personnelle à l'obligé (1), par exemple en cas de minorité, le cautionnement est valable, quoique l'obligation principale puisse être rescindée. 2012.

La troisième, que le cautionnement ne peut excéder ce qui est dû par le débiteur, ni être contracté sous des conditions plus onéreuses (2); cependant il ne seroit pas nul pour cela, mais seulement réductible à la mesure de l'obligation principale. 2013.

D'un tiers : Il n'est pas nécessaire que ce tiers y consente. On peut cautionner une personne à son insu ; on peut d'ailleurs cautionner non seulement le débiteur principal, mais encore sa caution (3). 2014.

Dans le cas où ce tiers, etc. Il faut donc, pour que le créancier puisse agir contre la caution, que le débiteur principal soit mis en demeure d'acquitter l'obligation. Nous verrons

---

(1) Il en seroit autrement si la nullité étoit réelle, c'est-à-dire inhérente à l'obligation.

(2) Mais il peut être contracté pour une partie de la dette seulement, ou à des conditions moins onéreuses.

(3) La caution de la caution se nomme ordinairement *Certificateur de caution*.

ci-après comment et jusqu'à quel point le créancier peut être forcé d'agir contre lui.

Cela posé, nous aurons à voir :

1°. Combien l'on distingue de sortes de cautions ;

2°. Quelles personnes peuvent être admises à cautionner ;

3°. Quel est l'effet du cautionnement ;

4°. Comment il s'éteint.

CHAPITRE PREMIER.

Des diverses espèces de Cautions.

On distingue trois espèces de cautions : la conventionnelle, la légale, et la judiciaire.

La caution conventionnelle est celle qui intervient en vertu de la seule convention des parties.

La caution légale est celle dont la prestation est ordonnée par la loi (1).

La caution judiciaire est celle qui est ordonnée par le juge (2).

Ces deux dernières cautions ont cela de

---

(1) Voyez aux Titres *des Absens*, *de l'Usufruit*.

(2) Si, par exemple, il est dit par jugement qu'une personne touchera une somme par provision, en donnant caution de la rapporter s'il y a lieu.

particulier, que celui qui ne peut en trouver une, est reçu à donner en place un nantissement suffisant. 2041.

CHAPITRE II.

Des Personnes qui peuvent être admises à cautionner.

Lorsqu'une personne, en général, est obligée de fournir une caution, elle doit en présenter une qui ait la capacité de contracter, qui possède des immeubles suffisans pour répondre de l'objet de l'obligation, et qui soit domiciliée dans le ressort de la Cour d'appel où elle doit être donnée; et s'il s'agit d'un cau- 2018. tionnement judiciaire, la caution doit être, en outre, susceptible de la contrainte par corps. 2040.

Nous disons, *qui ait des immeubles, etc.,* parce que, excepté en matière de commerce, et le cas où la dette principale est modique, la solvabilité de la caution ne s'estime qu'eu égard à ses propriétés foncières, non litigieuses, et situées dans une distance assez rapprochée pour que la discussion n'en soit pas trop difficile. 2019.

En général, lorsque la caution qui avoit dans le principe les qualités requises, est depuis devenue insolvable, le débiteur doit en fournir une autre. Il n'y a d'exception à cette règle, que pour le cas où la personne qui doit cautionner, a été spécialement désignée dans la convention.

2040.

CHAPITRE III.

De l'effet du Cautionnement.

Pour déterminer l'effet du cautionnement, il faut le considérer sous trois rapports :

1°. Entre le créancier et la caution ;
2°. Entre la caution et le débiteur ;
3°. Entre une des cautions, et les autres co-fidéjusseurs, s'il en existe.

Section première.

De l'effet du Cautionnement entre le Créancier et la caution.

Nous avons dit que le cautionnement étoit l'obligation d'acquitter la dette d'un tiers, quand ce tiers ne l'acquitte pas lui-même. La caution ne peut donc être poursuivie qu'à défaut de paiement de la part du débiteur principal.

2021.

D'un autre côté, quand il y a plusieurs cautions pour un même débiteur, et pour une même dette, chacune d'elles est, à la vérité, obligée à toute la dette ; mais cependant l'équité paroît exiger que, si elles sont toutes solvables, le créancier soit tenu de diviser entr'elles son action.

De-là sont résultés deux bénéfices ou exceptions accordés à la caution : le bénéfice de discussion et celui de division. Nous allons en traiter séparément.

§. Ier.

Du Bénéfice de discussion.

Le bénéfice de discussion est une exception par l'effet de laquelle la caution légale ou conventionnelle, assignée en paiement par le créancier, peut, en remplissant certaines conditions, l'obliger de discuter préalablement les biens du débiteur principal.   2021.

Une exception : En conséquence, ce bénéfice n'a lieu que quand il est requis expressément par la caution, et il doit l'être sur les premières poursuites dirigées contre elle.   2022.

La caution légale ou conventionnelle : Ce bénéfice n'est point accordé à la caution judiciaire, ni même à son certificateur, qui ne   2042.

peut en conséquence demander la discussion, ni du débiteur principal, ni de la caution.

Peut : Ce bénéfice, comme le mot l'indique lui-même, est de pure faculté dans la personne de la caution ; elle peut donc y renoncer, soit expressément dans l'acte de cautionnement, soit tacitement en ne le requérant pas.

En remplissant certaines conditions : Ces conditions sont : 1°. d'indiquer au créancier des biens du débiteur principal qui ne soient pas de difficile discussion. Sont réputés de difficile discussion les biens litigieux ; ceux situés hors de l'arrondissement de la cour d'appel où le paiement doit être fait ; et enfin ceux qui, quoiqu'hypothéqués à la dette, ne seroient cependant plus en la possession du débiteur.

La deuxième condition est d'avancer les deniers suffisans pour la discussion.

La caution qui s'est conformée à ces deux dispositions, cesse d'être garante envers le créancier, et ce jusqu'à concurrence des biens indiqués, de l'insolvabilité du débiteur principal, lorsque cette insolvabilité est survenue par défaut de poursuites de la part du créancier.

Il faut bien remarquer d'ailleurs que, si la caution s'est engagée solidairement avec le

Tɪᴛ. VIII. *Du Cautionnement.* 231

débiteur, elle ne peut plus invoquer le bénéfice de discussion. L'effet de son engagement se règle alors par les principes établis pour les dettes solidaires.   2021.

§. II.

Du Bénéfice de division.

Le bénéfice de division est une exception (1) par l'effet de laquelle un co-fidéjusseur assigné en paiement de toute la dette, peut demander que le créancier dirige son action en même temps contre les autres co-fidéjusseurs, chacun pour leurs part et portion.   2026.

La division peut être demandée, quand il y auroit des cautions insolvables ; mais alors la part de ces derniers se répartit également sur tous les autres ; il en seroit autrement si l'insolvabilité n'étoit survenue que depuis la division. Dans ce cas, elle est entièrement à la charge du créancier. Il ne peut même exciper de l'insolvabilité antérieure à la division, lorsque c'est lui qui l'a volontairement consentie.   *Ibid.* 2027.

---

(1) *Une exception :* Péremptoire. Elle peut donc être proposée jusqu'au jugement.

Section II.

De l'effet du Cautionnement entre la Caution et le Débiteur.

1251. Nous avons vu au Titre *des Contrats en général*, que la subrogation légale avoit lieu au profit de celui qui paye une dette à laquelle il est obligé pour un autre, ou avec un autre. Cette disposition s'applique évidemment à la caution, qui est, en conséquence, subrogée à tous les droits du créancier contre le débiteur principal.

2029.

2030. Si donc il y a plusieurs débiteurs principaux, et qu'ils soient solidaires, la caution peut, si elle les a tous cautionnés, demander à chacun d'eux le total de ce qu'elle a payé (1).

2028. Outre la subrogation, la caution a encore de son chef une action en recours ou indemnité contre le débiteur principal. Cette action a cela de commun avec la subrogation, qu'elles ont lieu toutes deux, soit que le cautionnement ait été connu ou ignoré du débiteur; mais elle en diffère en ce que:

1°. La caution ne peut recouvrer par la su-

---

(1) Mais, bien entendu, le paiement fait par un seul libère tous les autres à l'égard de la caution.

TIT. VIII. *Du Cautionnement.*

brogation que ce qu'elle a été obligée de payer au créancier en principal, intérêts et frais; par l'action en recours, elle peut en outre répéter les intérêts de ces sommes réunies, et les frais faits par elle depuis qu'elle a dénoncé les poursuites du créancier au débiteur principal; elle peut même demander des dommages et intérêts s'il y a lieu;

2028.

2°. La subrogation ne peut avoir lieu, qu'autant que la caution a payé; l'action en recours ou indemnité peut avoir lieu avant le paiement, dans les cas suivans :

Lorsque la caution est poursuivie;

Si le débiteur est en faillite ou en déconfiture;

S'il s'est obligé de rapporter à la caution sa décharge, au bout d'un certain temps;

Lorsque le terme accordé dans le principe pour le paiement de la dette est arrivé, quand même le créancier auroit accordé un nouveau délai;

Enfin, au bout de dix années, lorsque l'obligation principale n'a aucun terme d'échéance (1). Il en seroit autrement, si elle étoit de nature à s'éteindre, à une époque quelconque, soit déterminée comme une tutelle, soit indéterminée comme une rente

---

(1) Telle seroit une rente perpétuelle.

viagère, quand même cette époque se prolongeroit au-delà de dix années.

2032.

Il peut arriver que la caution, même après avoir payé, ne puisse exercer aucun recours contre le débiteur principal, ce qui a lieu lorsqu'elle ne l'a point averti du paiement, et qu'il a payé une seconde fois, ou qu'il avoit des moyens pour faire déclarer la dette éteinte; dans ces deux cas, elle n'a que l'action en répétition contre le créancier.

2031.

SECTION III.

De l'effet du Cautionnement entre les Co-Fidéjusseurs.

Nous avons vu, section première, que la caution assignée au paiement pour le total, pouvoit, quand il y avoit d'autres cautions pour la même dette, exiger que le créancier divisât son action. Mais si elle a renoncé à ce bénéfice, si elle en est exclue, ou si elle a payé sans le demander, elle a toujours un recours contre les autres cautions, mais seulement pour la part et portion de chacune.

Ce recours ne peut même avoir lieu, qu'autant que la caution a payé à l'échéance de la dette.

2033.

CHAPITRE IV.

De l'Extinction du Cautionnement.

Le cautionnement s'éteint directement ou indirectement.

Il s'éteint *directement*, lorsque l'obligation principale subsistant, celle de la caution vient à cesser, ce qui peut avoir lieu de toutes les manières dont s'éteignent les autres obligations. Cependant il est à observer, quant à la confusion, qu'elle peut s'opérer d'une manière particulière à l'égard du cautionnement, lorsque, par exemple, le débiteur principal devient héritier de la caution, *et vice versâ*. Dans ces deux cas, l'obligation accessoire de la caution est bien éteinte; mais néanmoins cela ne préjudicie en rien à l'action du créancier contre le certificateur de la caution. 2034.

Le cautionnement s'éteint encore *directement*, lorsque, par le fait du créancier (1), la subrogation légale ne peut plus s'opérer en faveur de la caution. 2035.

Le cautionnement s'éteint *indirectement*, comme toutes les obligations accessoires, par 2037.

---

(1) *Putà*, s'il a laissé périr les hypothèques.

l'extinction de la dette principale. C'est d'après ce principe que la caution peut opposer toutes les exceptions réelles qui appartiennent au débiteur (1). Quant à celles personnelles à ce dernier, nous avons vu au commencement de ce Titre qu'elles ne profitent pas à la caution.

Il suffit que la dette principale soit une fois éteinte, pour que l'obligation accessoire de la caution soit irrévocablement anéantie, quand même la première viendroit à revivre par l'effet de quelque circonstance, dans le cas, par exemple, où le créancier auroit reçu en paiement un objet dont il se trouveroit par la suite évincé; mais la simple prorogation de terme accordée par le créancier, ne décharge point la caution, qui peut seulement alors poursuivre le débiteur pour le forcer au paiement.

---

(1) Telles que celles d'erreur, de dol, de violence, etc.

TITRE IX.

Des Priviléges et Hypothèques.

En général, toute obligation personnelle donne au créancier le droit d'en poursuivre l'acquittement sur tous les biens meubles et immeubles, présens et à venir, du débiteur. 2092.

Ces biens sont donc le gage commun des créanciers, qui ont le droit de les faire vendre, et de se payer sur le prix, s'il est suffisant, sinon, de se le partager au marc le franc, lorsqu'ils ont tous un droit égal. 2093.

Nous disons *lorsqu'ils ont tous un droit égal,* parce qu'il peut exister entre eux des causes légitimes de préférence. Le présent Titre sera donc employé à faire connoître quelles sont ces causes, et les droits qui en résultent en faveur des créanciers qui peuvent les invoquer.

Les causes de préférence établies par la loi, sont le privilége et l'hypothèque ; ce 2094. qui divise le présent Titre en deux parties.

Ces deux causes diffèrent principalement, en ce que l'hypothèque tenant à la convention expresse ou présumée des parties, n'a d'effet et de rang que du jour où l'obligation a été contractée, et même dans les cas les plus ordinaires, du jour de l'inscription prise au bureau des hypothèques; tandis que le privilége tenant uniquement à la nature de la créance, sans aucun égard à l'époque où elle a été contractée, donne au créancier qui l'invoque, le droit d'être préféré aux créanciers même hypothécaires qui lui sont antérieurs, sauf la nécessité de l'inscription dans certains cas.

PARTIE PREMIÈRE.

Des Priviléges.

2095. Le privilége est, comme nous venons de le dire, le droit que la qualité de la créance donne au créancier d'être préféré aux créanciers antérieurs, même hypothécaires.

2112. Nous disons *la qualité de la créance* (1): On ne reconnoît point en France de privilége personnel; ils sont tous réels, c'est-à-dire, inhérens à la créance, et passent avec elle à tous ceux à qui elle est acquise légalement, par cession, subrogation, ou autrement.

---

(1) Il faut cependant excepter le privilége résultant du *gage* ou *nantissement*, qui ne provient pas de la qualité de la créance, mais du droit réel acquis au créancier par la tradition de la chose. Voyez ci-après au Titre *du Nantissement.*

Il y a des créances plus ou moins privilégiées. En conséquence, entre créanciers tous privilégiés, les uns peuvent être préférés aux autres, en raison de la nature du privilége ; 2096. s'ils sont de même nature, les créanciers sont payés par contribution. 2097.

Les priviléges du trésor public et de celui de la couronne, ainsi que l'ordre dans lequel ils s'exercent, sont réglés par des lois particulières. Ils ne peuvent d'ailleurs, en général, préjudicier aux droits acquis antérieurement à des tiers. Nous ferons connoître, au 2098. surplus, dans un chapitre particulier, à la fin du présent Titre, la nature et l'étendue des droits du trésor public, dans les cas les plus importans.

Quant aux priviléges particuliers, nous aurons à voir :

1°. Sur quels objets ils peuvent s'exercer ;
2°. Dans quel ordre ils s'exercent.

Les modes d'extinction étant les mêmes pour les priviléges que pour les hypothèques, nous en traiterons dans la seconde partie.

CHAPITRE PREMIER.

Des Choses qui peuvent être l'objet des Priviléges.

2099.} 2100.} Les priviléges peuvent frapper sur tous les biens, ou seulement sur les meubles, ou seulement sur les immeubles.

SECTION PREMIÈRE.

Des Priviléges qui s'exercent sur tous les biens.

Les créances privilégiées sur la totalité des biens sont :

2101. 1°. Les frais de justice ; cependant ceux de poursuite en contribution ne viennent qu'après Pr. 662. le paiement des loyers dus au propriétaire ;

2°. Les frais funéraires ;

3°. Ceux de dernière maladie ;

4°. Les gages de gens de service, pour une année et celle courante ;

5°. Les fournitures de subsistances faites au débiteur et à sa famille ; savoir, celles des six derniers mois pour les marchands détaillans, tels que boulangers, bouchers et autres, et celles de la dernière année pour les maîtres de pension et les marchands en gros.

Ces priviléges s'exercent dans l'ordre où ils sont placés ci-dessus. Quoiqu'il soit vrai de dire qu'ils s'étendent également sur les meubles et sur les immeubles, cependant il paroît résulter de l'art. 2105, qu'ils frappent d'abord sur le mobilier, et que ce n'est qu'en cas d'insuffisance qu'ils peuvent comprendre les immeubles; auquel cas, ils sont préférés aux créances même privilégiées sur lesdits immeubles, et ce, nonobstant le défaut d'inscription, dont ces sortes de priviléges sont dispensées. 2101.
2104.
2107.

Section II.

Des Priviléges sur les meubles seulement.

Ces priviléges ne frappent point sur tous les meubles du débiteur, mais seulement sur quelques-uns d'entr'eux; ce sont:

1°. Celui du bailleur à ferme ou à loyer sur les fruits de la récolte de l'année, ainsi que sur le prix de tout ce qui garnit la maison ou la ferme, et de tout ce qui sert à l'exploitation; quant à la quotité de la somme jusqu'à concurrence de laquelle ce privilége peut être exercé, il faut distinguer si le bail a une date certaine, ou non.

Si le bail a une date certaine, le privilége a lieu pour tous les loyers échus et à échoir jusqu'à la fin du bail, sauf aux autres créanciers à relouer à leur profit la maison ou la ferme pour le restant du bail ; mais, dans ce cas, si le locateur ne se trouve pas entièrement payé des loyers échus et à échoir par l'effet de son privilége, ils sont personnellement responsables envers lui de tout ce qui peut lui rester dû.

Si le bail n'a pas de date certaine, le privilége n'a lieu que pour l'année courante et une année en sus.

Dans les deux cas, le privilége s'étend aux réparations locatives, et à tout ce qui concerne d'ailleurs l'exécution du bail.

Ce privilége subsiste sur les effets qui en sont l'objet, même lorsqu'ils ont été déplacés de la maison ou de la ferme ; mais il faut pour cela que le locateur n'ait pas consenti au déplacement, et, en outre, qu'il ait fait la revendication dans le délai de quarante jours, s'il s'agit du mobilier d'une ferme, et de quinzaine seulement s'il s'agit de celui d'une

2102. maison (1).

Le privilége du locataire s'exerce également sur les meubles des sous-locataires, mais seulement jusqu'à concurrence de ce

---

(1) Pour les formalités de cette revendication, voyez les articles 826 à 831 du Code de Procédure.

dont ils sont débiteurs envers le locataire principal, à raison des lieux qu'ils occupent, sans qu'ils puissent néanmoins opposer les paiemens faits d'avance, à moins qu'ils n'aient été faits en vertu d'une stipulation portée dans leur bail, ou conformément à l'usage des lieux. — 1753.

Par suite du même privilége, le locateur a encore le droit, même quand il n'existeroit qu'un bail verbal, de faire saisir-gager, un jour après le commandement et sans permission du juge, les objets soumis à son privilége ; il peut même, mais avec la permission du juge, les faire saisir-gager à l'instant (1). — $Pr.\begin{cases}819.\\620.\end{cases}$

Le second privilége sur certains meubles est celui du créancier saisi d'un gage, sur le prix de la chose engagée (2).

Troisième privilége : Celui des frais faits pour la conservation d'une chose, sur la chose conservée.

Quatrième privilége : Celui du vendeur d'effets mobiliers non payés, sur le prix desdits effets, tant qu'ils sont en la possession du débiteur, et quand même il auroit été donné

---

(1) Pour les formalités de la saisie-gagerie, voyez l'art. 821 du Code de Procédure.

(2) Voyez ci-après au Titre *du Nantissement*, comment s'établit et se conserve ce privilége.

terme et délai pour le paiement. Si la vente a été faite sans terme, outre ce privilége, le vendeur a encore le droit de revendiquer les objets, et d'en empêcher la revente ; mais il faut pour cela, d'abord, que les objets soient encore dans la main du débiteur, qu'ils se trouvent dans le même état que lors de la livraison, et enfin, que la revendication ait été faite dans la huitaine de ladite livraison.

Dans tous les cas, le privilége du vendeur ne s'exerce qu'après celui du locateur, à moins qu'il ne soit prouvé que ce dernier avoit connoissance que les objets n'appartenoient pas au locataire. Néanmoins, les sommes dues pour semences ou pour frais de la récolte de l'année sont payées sur le prix de cette récolte, et celles dues pour ustensiles aratoires, sur le prix de ces ustensiles, de préférence même au locateur (1).

Cinquième privilége : Celui de l'aubergiste, sur les effets apportés dans son auberge, pour les dépenses du voyageur auquel ils appartiennent.

Sixième privilége : Celui du voiturier, sur

---

(1) Toutes ces dispositions ne dérogent en rien aux lois et usages de commerce sur la revendication. (*Code de Commerce*, art. 576 et suiv.)

le prix de la chose voiturée, pour les frais de voiture et dépenses accessoires.

Septième privilége : Celui résultant des condamnations obtenues contre des fonctionnaires publics, pour abus et prévarications commis par eux dans l'exercice de leurs fonctions. Ce privilége s'exerce sur les fonds de leurs cautionnemens, et sur les intérêts qui peuvent en être dus.

2102.

Huitième privilége : Celui du bailleur de fonds, pour tout ou partie des mêmes cautionnemens. Ce privilége ne s'exerce toutefois qu'après le précédent (1).

Section III.

Des Priviléges sur les immeubles seulement.

Ces priviléges ne frappent également que sur certains immeubles ; ils sont au nombre de quatre :

Celui du vendeur sur l'immeuble vendu ;

Celui des architectes, entrepreneurs, etc., sur les immeubles bâtis ou réparés ;

Celui des créanciers et légataires d'une

---

(1) Loi du 25 nivose an 13. (*Bulletin*, n°. 468.) Voir le décret additionnel du 28 août 1808. (*Bulletin*, n°. 3727.)

succession, sur les immeubles qui en proviennent;

Enfin, celui de chaque co-héritier, sur les immeubles échus en partage à ses co-héritiers.

2106. Ces priviléges ont cela de commun, qu'ils ne produisent d'effet, qu'autant qu'ils sont rendus publics par l'inscription (1) au bureau des hypothèques, et en remplissant d'ailleurs les formalités particulières prescrites pour chacun d'eux; cependant le défaut de ces formalités n'empêcheroit pas la créance d'être hypothécaire; mais ce ne seroit plus qu'une hypothèque simple et non privilégiée, qui n'auroit de date, à l'égard des tiers, que du 2113. jour de l'inscription.

Nous avons vu aux Titres *des Successions* et *des Donations* (2), comment s'exercent et se conservent les priviléges des co-héritiers, des légataires, et des créanciers d'une succession. Il reste à parler ici de celui du vendeur et de celui de l'entrepreneur.

---

(1) Pour le mode d'inscription des priviléges, voyez ci-après partie II, chap. II, sect. Iere.

(2) Voyez tom. II, pag. 90, 105 et 163.

§. Ier.

Du Privilége du Vendeur.

Le vendeur d'un immeuble a un privilége, pour le paiement du prix, sur l'objet qu'il a vendu. S'il y a eu plusieurs ventes successives, les vendeurs viennent entre eux par ordre de priorité de vente.

Celui qui a fourni les deniers pour l'acquisition, jouit du même privilége que le vendeur qui a été payé avec ses deniers, lorsque toutes les conditions requises pour acquérir la subrogation ont été remplies (1).

2103.

L'inscription n'est pas absolument nécessaire pour la conservation du privilége du vendeur. Il suffit pour cela de la simple transcription (2) de l'acte de vente, lorsque cet acte constate que la totalité ou partie du prix est encore due. Cette transcription vaut inscription pour le vendeur, et pour le prêteur qui lui est subrogé, quand la subrogation a lieu par le même contrat. Elle peut être faite à la dili-

---

(1) Voyez tom. II, pag. 298.
(2) Il y a cette différence entre la transcription et l'inscription, que la première se fait de l'acte entier, et l'inscription seulement par extrait. On transcrit les actes de mutation de propriété; on inscrit seulement les actes emportant privilége ou hypothèque.

248   Liv. IV. *Des Contrats et Engag.*, &c.

2108.}
2155.} gence du vendeur, du prêteur, ou de l'acquéreur, mais, dans tous les cas, aux frais de ce dernier.

Quoique cette transcription, comme nous venons de le dire, vaille inscription pour le vendeur, etc., néanmoins, pour éviter le préjudice qui pourroit résulter, pour les tiers, du défaut d'inscription, le conservateur, en faisant la transcription, est tenu, sous peine de tous dépens, dommages et intérêts, de faire d'office l'inscription sur son registre, des créances résultant de l'acte d'acquisition, tant en faveur du vendeur, qu'en faveur du prê-
2108. teur.

§. II.

Du Privilége des Architectes et Entrepreneurs.

Les architectes, entrepreneurs, maçons, et autres ouvriers employés pour bâtir, reconstruire, ou réparer des bâtimens, canaux, ou autres ouvrages quelconques, ont un privilége sur l'objet qu'ils ont bâti ou réparé, en remplissant les formalités suivantes :

Il faut : 1°. qu'avant tout il ait été dressé, par un expert nommé d'office par le tribunal de la situation des immeubles, procès-verbal de l'état des lieux, relativement aux

Tit. IX. *Des Priviléges et Hypothèq.* 249
ouvrages que le propriétaire a l'intention de faire ;

Et 2°. que, dans les six mois au plus de leur perfection, les ouvrages ayent été reçus par un expert aussi nommé d'office, et qu'il en ait été dressé également procès-verbal.

Le montant de ce privilége ne peut jamais excéder la valeur constatée par le second procès-verbal ; et, dans le cas où cette valeur seroit supérieure à la plus-value de l'immeuble au moment de l'estimation, et résultant des travaux faits, le privilége ne peut jamais excéder cette plus-value.

Ceux qui ont prêté les deniers pour payer les entrepreneurs, etc., jouissent du même privilége, en remplissant les conditions requises pour acquérir la subrogation. 2103.

Le privilége se conserve par l'inscription successive des deux procès-verbaux sus-mentionnés ; et, dans ce cas, le privilége date de l'inscription du premier procès-verbal. 2110.

CHAPITRE II.

De l'Ordre dans lequel s'exercent les Priviléges.

Le Code n'ayant déterminé qu'à l'égard de certains priviléges l'ordre dans lequel ils doivent être exercés, nous allons tâcher d'y suppléer pour tous les autres, en présentant cet ordre, tel qu'il nous a paru devoir être établi.

Il faut d'abord observer qu'il est plusieurs priviléges qui ne peuvent concourir avec aucun autre (1); tels sont ceux du créancier engagiste, de l'aubergiste, du voiturier; tels sont aussi ceux sur les fonds du cautionnement des fonctionnaires publics.

En second lieu, s'exercent de préférence à tous autres, les priviléges sur tous les biens, et, comme nous l'avons dit, dans l'ordre où ils sont rapportés.

Quant aux autres, ceux sur les meubles s'exercent dans l'ordre suivant :

1°. Celui des frais faits pour la conservation de la chose;

---

(1) Sauf peut-être avec celui des frais faits pour la conservation de la chose, qui doit toujours, et dans tous les cas, avoir la préférence.

2°. Celui du locateur ;

3°. Celui du vendeur.

Le tout sauf les exceptions que nous avons fait remarquer.

Les priviléges sur les immeubles doivent êtres colloqués ainsi qu'il suit :

1°. Celui des frais faits pour la conservation de l'immeuble ;

2°. Celui des entrepreneurs et ouvriers, pour et sur la plus-value seulement ;

3°. Celui du vendeur ;

4°. Celui des créanciers et légataires de la succession dont l'immeuble provient ;

5°. Celui des co-héritiers dans la même succession.

PARTIE II.

De l'Hypothèque.

L'hypothèque est en général l'affectation formelle et indivisible d'un ou plusieurs immeubles à l'acquittement d'une obligation.

Nous disons *l'affectation formelle*, parce que, comme nous l'avons déjà observé, tous les biens du débiteur sont à la vérité affectés généralement au paiement de ses dettes ; mais lorsqu'il y a affectation formelle, c'est-à-dire hypothèque d'un ou plusieurs immeubles à l'acquittement d'une créance en particulier, le créancier acquiert par-là, d'abord le droit d'être payé sur lesdits immeubles, de préférence à tous autres, et en second lieu, celui de suivre l'objet hypothéqué, dans quelque main qu'il

2114. passe.

Indivisible : parce qu'il est de la nature de l'hypothèque d'être indivisible : en conséquence, elle subsiste en entier et pour le total de la dette, sur tous et chacun des immeubles affectés, et sur chaque portion desdits im-

Ibid. meubles; et en outre elle subsiste de la même manière, même après le paiement partiel de la dette, et jusqu'à ce quelle soit totalement

2083. acquittée.

D'un ou de plusieurs immeubles : parce que, dans le droit actuel, les immeubles sont les seuls biens susceptibles d'hypothèques ; ce qui comprend les immeubles réels, leurs accessoires réputés immeubles, et l'usufruit des

2118. mêmes biens pendant sa durée.

Quant aux simples meubles, ils ne peuvent être hypothéqués par eux-mêmes ; et quand ils le sont avec l'immeuble dont ils sont l'ac-

2119. cessoire, ils n'ont pas de suite par hypothèque, le tout sauf l'exécution des lois maritimes

2120. concernant les bâtimens de mer (1).

---

(1) *Code de Commerce*, art. 190 et suiv.

Tit. IX. *Des Priviléges et Hypothèq.* 253

Pour traiter avec ordre la matière des hypothèques, nous verrons,

1°. Combien il y a de sortes d'hypothèques, et de quelle manière chacune d'elles peut être établie ;

2°. S'il y a plusieurs hypothèques, quel est l'ordre à suivre entr'elles ;

3°. Quel est en général l'effet des hypothèques ;

4°. Comment elles s'éteignent ;

5°. Enfin nous verrons, comme nous l'avons annoncé, dans un chapitre particulier, quels sont les droits particuliers du Trésor public sur les biens des comptables, et pour le recouvrement des frais de condamnation en matière criminelle, correctionnelle, etc., ainsi que pour le recouvrement des contributions directes.

CHAPITRE PREMIER.

Des diverses sortes d'Hypothèques.

L'hypothèque est légale, judiciaire, ou conventionnelle. 2116.

Section première.

De l'Hypothèque légale.

L'hypothèque légale est celle qui résulte de

la loi seule, sans aucune stipulation particulière.

Elle a lieu, 1°. au profit de l'état, du trésor de la couronne, et des établissemens publics, sur les biens des receveurs et administrateurs comptables ;

2°. Au profit des mineurs et interdits, sur les biens de leurs tuteurs ;

3°. Au profit des femmes mariées, sur les biens de leurs maris (1).

L'hypothèque de l'état, etc. diffère des deux autres en ce qu'elle n'a de rang que du jour de l'inscription prise sur les biens du comptable, tandis que cette inscription n'est pas nécessaire pour assurer le rang de l'hypothèque du mineur, de l'interdit, ou de la femme mariée, ainsi que nous le verrons au chapitre II.

Section II.

De l'Hypothèque judiciaire.

L'hypothèque judiciaire est celle qui résulte des jugemens rendus par les tribunaux français.

---

(1) Il a encore une espèce d'hypothèque légale établie par l'art. 500 du Code de Commerce, sur les immeubles du failli, au profit de la masse de ses créanciers.

TIT. IX. *Des Priviléges et Hypothèq.* 255

Des jugemens : Cette hypothèque résulte non seulement des jugemens de condamnation, contradictoires ou par défaut, définitifs ou provisoires, mais encore des simples reconnoissances ou vérifications, faites en jugement, des signatures apposées à un acte obligatoire sous seing privé. Cependant si les jugemens de reconnoissance ont été rendus avant l'échéance ou l'exigibilité de la dette, il ne peut, à moins de stipulation contraire, être pris aucune inscription hypothécaire en vertu desdits jugemens, qu'autant que la dette ne seroit pas acquittée au moment de son échéance ou de son exigibilité (1).

Rendus par les tribunaux : parce que, pour donner lieu à l'hypothèque, il faut qu'il y ait prononciation du juge ; en conséquence, les jugemens arbitraux n'emportent hypothèque, qu'autant qu'ils ont été revêtus de l'ordonnance judiciaire d'exécution.

Par les tribunaux français : parce que les jugemens rendus en pays étrangers ne produisent également hypothèque, qu'autant qu'ils ont été déclarés exécutoires par un tribunal français, sauf les dispositions contraires qui peuvent résulter des lois politiques ou des traités. 2123.

---

(1) Art. 1er. de la loi du 3 septembre 1807. (*Bulletin*, n°. 2741.)

Section III.

De l'Hypothèque conventionnelle.

L'hypothèque conventionnelle est celle qui résulte de la convention des parties. Elle peut être définie. Un contrat accessoire et solennel, par lequel une personne, ayant capacité d'aliéner, affecte un ou plusieurs immeubles, spécialement désignés, à l'acquittement d'une obligation.

Un contrat accessoire : il ne peut y avoir d'hypothèque, qu'autant qu'il existe une obligation principale, pour sûreté de laquelle elle est établie.

Solennel : parce que l'hypothèque ne peut être consentie que par acte passé en France,
2127. devant notaires, et en forme authentique. Les contrats passés en pays étranger ne donnent point d'hypothèque sur les biens situés en France, sauf les dispositions contraires des lois
2128. politiques ou des traités.

2124. *Une personne ayant capacité d'aliéner :* parce que l'hypothèque est une espèce d'aliénation ; en conséquence, les biens des mineurs et des interdits ne peuvent être hypothéqués (1)

---

(1) *Conventionnellement :* L'hypothèque judiciaire peut avoir lieu à l'égard de ces biens, comme à l'égard de ceux possédés par toute autre personne. (Art. 2126.)

pour les causes et dans les formes établies par la loi; il en est de même à l'égard des biens des absens, tant que l'envoi définitif n'a pas eu lieu. 2126.

Par suite de ce principe, ceux qui n'ont sur un immeuble qu'un droit conditionnel, résoluble, ou sujet à rescision, ne peuvent consentir d'hypothèque que sous les mêmes conditions (1). 2125.

Spécialement désignés: parce que l'on ne peut, ainsi que nous le verrons ci-après, donner, par une simple convention, d'hypothèque générale sur ses biens.

CHAPITRE II.

Du Rang des Hypothèques entr'elles.

L'ordre des hypothèques est indifférent quant au débiteur; son obligation est la même pour toutes ses dettes, et il doit les payer 2092. toutes également. Ce n'est donc qu'entre les divers créanciers qu'il importe de déterminer le rang que chaque hypothèque doit avoir.

Le principe général à cet égard est que

---

(1) Il faut excepter les cas dans lesquels la loi a voulu que la résolution ou la rescision ne préjudiciassent point aux tiers; comme dans le cas de révocation des donations pour cause d'ingratitude, de retour d'un absent après l'envoi définitif, etc.

258 Liv. IV. *Des Contrats et Engag., &c.*

l'hypothèque n'a de rang que du jour de l'inscription prise sur les registres du conservateur, dans la forme et de la manière prescrites par la loi.

<small>2134.</small>

Nous disons *du jour*, et non pas *du moment de l'inscription*, parce que les créanciers inscrits le même jour exercent concurremment leurs hypothèques à la même date, sans distinction entre l'inscription prise le matin et celle prise le soir, quand même cette distinction auroit été indiquée par le conservateur.

<small>2147.</small>

Le principe de la nécessité de l'inscription souffre néanmoins une exception à l'égard des hypothèques légales qui ont lieu au profit des mineurs, des interdits et des femmes mariées; ces hypothèques ont leur effet, indépendamment de toute inscription, savoir:

Celle des mineurs et interdits sur les immeubles de leurs tuteurs, du jour de l'acceptation de la tutelle, si elle est dative ou testamentaire; et, si elle est légitime, du jour où le tuteur a dû commencer à gérer.

<small>2135.
2194.</small>

Quant à celle des femmes sur les immeubles de leurs maris, il faut distinguer:

S'il s'agit de la dot constituée par contrat de mariage, l'hypothèque remonte au jour de la célébration;

S'il s'agit de sommes dotales provenant de successions échues à la femme, ou de donations à elle faites, le tout pendant le mariage, elle n'a hypothèque que du jour de l'ouverture des successions, ou du jour que les donations ont été parfaites;

S'il s'agit d'un remploi de propres, du jour de la vente du propre aliéné;

Enfin, s'il s'agit de l'indemnité due à la femme pour raison des dettes contractées par elle pendant le mariage, du jour qu'elle a contracté l'obligation (1).

2135.

Mais quoique ces hypothèques, comme nous venons de le dire, aient leur effet, même à l'égard des tiers, indépendamment de toute inscription, cependant, comme il est de l'intérêt général que les tiers soient informés de leur existence, on a dû prendre des mesures spéciales pour qu'elles fussent rendues publiques; en conséquence, et pour présenter sous un même point de vue toutes les dispositions relatives à l'inscription et à la publicité des hypothèques, nous traiterons dans ce chapitre:

1°. Du mode d'inscription des priviléges et hypothèques en général;

2°. Des mesures particulières prescrites pour la publicité des hypothèques légales qui

---

(1) Observez que cette disposition ne préjudicie en rien aux droits acquis à des tiers avant la promulgation du présent Titre, qui a eu lieu le 8 germinal an 12.

260 Liv. IV. *Des Contrats et Engag.*, &c. ne sont point assujetties à la formalité de l'inscription ;

3°. Enfin, des obligations et de la responsabilité du conservateur des hypothèques.

Section première.

Du Mode d'Inscription des Priviléges et Hypothèques.

2146. L'inscription du privilège ou de l'hypothèque se fait au bureau de la conservation des hypothèques, dans l'arrondissement duquel sont situés les biens qui y sont soumis.

Pour la forme de cette inscription, il faut distinguer : si l'hypothèque est judiciaire ou conventionnelle, l'inscription a lieu de la manière suivante :

Le créancier présente, soit par lui-même, soit par un tiers, au conservateur des hypothèques, l'original ou une expédition authentique du jugement ou de l'acte qui donne naissance au privilége ou à l'hypothèque. Il y joint deux bordereaux écrits sur papier timbré ; l'un des bordereaux peut être porté sur l'expédition du titre ; ils contiennent :

1°. Les nom, prénoms et domicile du créancier, sa profession s'il en a une, et, s'il est domicilié hors de l'arrondissement du bu-

Tit. IX. *Des Priviléges et Hypothèq.* 261

reau, l'élection d'un domicile pour lui dans un lieu quelconque dudit arrondissement;

2°. Les nom, prénoms et domicile du débiteur, sa profession s'il en a une connue, ou une désignation individuelle spéciale, telle que le conservateur puisse toujours le reconnoître et le distinguer;

3°. La date et la nature du titre;

4°. Le montant du capital des créances exprimées dans le titre. S'il s'agit de rentes, prestations, ou de droits indéterminés, l'inscrivant doit en faire l'évaluation dans le bordereau, sauf au débiteur à faire ordonner la réduction, si l'évaluation est jugée excessive, ainsi que nous le verrons dans le chapitre suivant;

5°. Le montant des accessoires de ces capitaux, et l'époque de l'exigibilité (1): s'il s'agit d'un capital produisant intérêts, le créancier a droit de se faire colloquer pour deux années d'arrérages seulement, sauf à prendre pour le surplus de ceux qui pourroient lui être dus par la suite, des inscriptions particulières, mais qui n'auront d'effet qu'à compter de leur date; 2151.

2148.

6°. L'indication de l'espèce et de la situation des biens sur lesquels l'inscription doit frapper;

---

(1) Voyez à ce sujet la loi du 4 septembre 1807. (*Bulletin*, n°. 2742.).

cette disposition ne s'applique point à l'hypothèque judiciaire : comme elle frappe sur tous les immeubles du débiteur indistinctement, une seule inscription, sans indication des objets, frappe tous ceux situés dans l'arrondissement du bureau.

2148.

Si l'hypothèque est légale, il suffit de présenter deux bordereaux (1) contenant :

1°. Les nom, prénoms, profession, et domicile réel du créancier, ainsi que celui d'élection, s'il y a lieu ;

2°. Les nom, prénoms, profession, domicile, ou désignation précise du débiteur ;

3°. La nature des droits à conserver, et le montant de leur valeur quant aux objets déterminés, sans qu'il soit besoin d'évaluer ceux indéterminés.

2153.

L'hypothèque légale étant générale comme celle judiciaire, il n'est pas nécessaire de désigner les immeubles qui y sont affectés ; et l'inscription frappe également sur tous ceux appartenant au débiteur, et qui sont situés dans l'arrondissement du bureau.

2148.

En cas de prédécès du débiteur, et quelle que soit la nature de l'hypothèque, l'inscription, en faisant mention de sa mort, doit con-

---

(1) Ainsi il n'est pas nécessaire de présenter de titre.

tenir, à son égard, les mêmes désignations que s'il étoit vivant. 2149.

Après la remise des pièces au conservateur, il fait mention sur son registre du contenu aux bordereaux, et remet au requérant inscription, le titre ou l'expédition du titre, s'il lui en a été représenté, et, en outre, l'un des bordereaux, au pied duquel il certifie avoir fait l'inscription. 2150.

Le créancier, ses représentans, ou cessionnaires par acte authentique, peuvent, à leur volonté, changer sur le registre du conservateur le domicile élu en premier lieu, à la charge d'en choisir un autre dans l'arrondissement; et toutes les actions auxquelles les inscriptions peuvent donner lieu contr'eux, sont valablement intentées par exploit fait, soit à leur personne, soit au dernier domicile élu sur le registre; et ce, nonobstant le décès, soit du créancier ou de ses ayans-cause, soit de ceux chez lesquels il a été fait élection de domicile. 2152. 2156.

Les frais de l'inscription sont à la charge du débiteur, s'il n'y a stipulation contraire; mais l'avance en est faite par l'inscrivant, sauf en ce qui concerne les hypothèques légales, pour l'inscription desquelles le conservateur a son recours contre le débiteur. 2155.

L'inscription prise d'après les modes ci-dessus indiqués, conserve l'hypothèque ou le privilége pendant dix années, à compter du jour de sa date: son effet cesse (1), si elle n'a été 2154. renouvelée avant l'expiration de ce délai.

Il est cependant deux cas dans lesquels l'hypothèque, quoiqu'inscrite, n'a aucun effet; le premier, c'est quand l'inscription a été prise dans les dix jours qui ont précédé la faillite du débiteur; et le second, lorsqu'elle a été prise par les créanciers d'une succession bénéficiaire, depuis l'ouverture de ladite succession; mais, dans ce dernier cas, l'inscription n'est inutile qu'à l'égard des autres 2146. créanciers de la même succession (2).

Section II.

De la Publicité des Hypothèques légales.

Nous avons déjà observé que l'hypothèque légale du mineur, de l'interdit, et de la femme mariée, avoit son effet indépendamment de toute inscription. La publicité de cette hypothèque n'est donc exigée que dans l'intérêt

---

(1) Il est évident que cette disposition ne s'applique pas aux hypothèques qui n'ont pas besoin de l'inscription.

(2) Donc elle vaut à l'égard des acquéreurs et des créanciers de l'héritier.

des tiers, et afin de les prévenir de son existence. En conséquence, les dispositions de la présente section ne concernent point l'hypothèque légale de l'état, etc., qui est assujettie, comme la judiciaire et la conventionnelle, à la formalité de l'inscription, et qui n'a d'effet que du jour où cette inscription a été effectuée. 2134.

L'obligation de rendre publique l'hypothèque légale du mineur, etc., est imposée,

1°. Aux maris et tuteurs eux-mêmes, qui sont tenus de requérir inscription sur leurs propres immeubles, et sur ceux qu'ils peuvent acquérir par la suite, au fur et mesure des acquisitions. Tout mari ou tuteur qui ne s'est pas conformé à cette disposition, et qui consent ou laisse prendre des hypothèques sur ses immeubles, sans déclarer expressément qu'ils sont affectés à une hypothèque légale de mineurs, etc., est réputé stellionataire (1), et comme tel contraignable par corps; 2136.

2°. Aux subrogés-tuteurs, qui sont tenus, sous leur responsabilité personnelle, et sous peine de tous dommages et intérêts, de veiller à ce que lesdites inscriptions soient prises sur

---

(1) *Stellionataire :* Voyez au Titre suivant l'explication de ce mot.

266 Liv. IV. *Des Contrats et Engag.*, &c.

2137. les biens du tuteur, et même de les prendre, si le tuteur néglige d'y procéder ;

2138. 3°. Au procureur-impérial près le tribunal civil du domicile des maris et tuteurs, ou du lieu de la situation des biens ;

2139. 4°. Enfin, la femme même non autorisée, le mineur lui-même, leurs parens, ou les amis du mineur à défaut de parens, peuvent requérir lesdites inscriptions.

Section III.

Des Obligations et de la Responsabilité du Conservateur des Hypothèques.

2201. Tous les registres du conservateur des hypothèques doivent être en papier timbré, cotés et paraphés à chaque page, par première et dernière, par l'un des juges du tribunal dans le ressort duquel le bureau est établi; ils doivent être arrêtés chaque jour, comme ceux d'enregistrement des actes.

2196. Par suite du système de publicité des hypothèques, les conservateurs sont tenus de délivrer à tous ceux qui le requièrent, copie des actes transcrits sur leurs registres, et celle des inscriptions existantes, ou certificat qu'il n'en existe aucune.

Ils ne peuvent, dans aucun cas, refuser ni

Tit. IX. *Des Priviléges et Hypothèq.* 267

retarder la transcription des actes de mutation, l'inscription des hypothèques ou priviléges, ni la délivrance des certificats requis, sous peine des dommages et intérêts des parties; à l'effet de quoi, procès-verbaux des refus ou retardemens peuvent être dressés sur-le-champ à la diligence des requérans, soit par un juge de paix, soit par un huissier audiencier du tribunal, soit par tout autre huissier, ou un notaire, assisté de deux témoins. 2199.

Les conservateurs ne sont cependant pas obligés de porter, au moment de la remise, sur leurs registres ordinaires, les actes de mutation, ou bordereaux qui leur sont remis; cela eût été impossible. C'est pour cette raison qu'il leur est enjoint d'avoir un registre particulier, sur lequel ils doivent inscrire, jour par jour, et par ordre de numéros, les remises qui leur sont faites, d'actes de mutation ou de bordereaux; ils doivent donner au requérant une reconnoissance sur papier timbré, qui rappelle le numéro du registre-journal, et ils ne peuvent transcrire les actes de mutation, ni inscrire les bordereaux sur les registres à ce destinés en définitif, qu'à la date, et en suivant l'ordre numérique des remises qui leur ont été faites. 2200.

Ils sont responsables, envers qui de droit,

de l'omission sur leurs registres, des transcriptions d'actes de mutation, et des inscriptions requises en leurs bureaux. Ils le sont également du défaut de mention dans leurs certificats, d'une ou de plusieurs inscriptions existantes, à moins que l'erreur ne provienne de l'insuffisance des désignations contenues

2197. dans les bordereaux, sans cependant que le défaut de mention des inscriptions puisse préjudicier au tiers acquéreur, dans les mains duquel l'héritage demeure affranchi de toutes les charges omises dans le certificat, pourvu toutefois qu'il ait requis ledit certificat quinze

2198.)
Pr. 834.) jours après la transcription de son titre.

Cependant, si le prix n'est pas encore payé, ni l'ordre homologué, les créanciers dont les inscriptions ont été omises, conservent toujours le droit de se faire colloquer suivant
2198. l'ordre qui leur appartient.

Les dispositions ci-dessus sont toutes de rigueur à l'égard des conservateurs, qui sont tenus de s'y conformer dans l'exercice de leurs fonctions, à peine d'une amende de deux cents à mille francs pour la première contravention, et de destitution pour la seconde, sans préjudice des dommages et intérêts des parties, qui doivent être payés avant l'a-
2202. mende.

En outre, toutes mentions de dépôts, inscriptions et transcriptions qui ont lieu sur les registres du conservateur, doivent être faites de suite, sans aucun blanc ni interligne, à peine de mille à deux mille francs d'amende, et des dommages et intérêts des parties, payables aussi de préférence à l'amende.

2203.

CHAPITRE III.

De l'Effet des Hypothèques.

Ce chapitre sera divisé en deux sections. Nous considérerons dans la première les effets de l'hypothèque, relativement aux biens qui peuvent y être soumis; dans la seconde, nous traiterons des droits qu'elle donne au créancier, contre les tiers détenteurs de ces mêmes biens.

SECTION PREMIÈRE.

Des Biens qui peuvent être soumis à l'Hypothèque.

Nous avons vu qu'en général les seuls biens immobiliers pouvoient être soumis à l'hypothèque; mais la loi du 11 brumaire an 7, et le Code, ayant introduit des changemens considérables dans la législation, relativement à l'hypothèque des biens à venir, et même, sous plusieurs rapports, à celle des biens présens, changemens qui ne sont pas les mêmes pour toutes les espèces d'hypothèques, nous traiterons en premier lieu des règles relatives aux hypothèques légale et judiciaire, qui n'ont éprouvé sur ce point que de légères modifications, et nous ferons connoître, dans un second paragraphe, les dispositions particulières à l'hypothèque conventionnelle.

§. Ier.

Des Biens qui peuvent être soumis à l'Hypothèque légale ou judiciaire.

2122.
2123.

L'ancien droit a été conservé, en grande partie, relativement à ces deux sortes d'hypothèques, qui, en conséquence, frappent tous les immeubles du débiteur, non-seulement ceux qu'il possède au moment de l'établissement de l'hypothèque, mais encore ceux qu'il peut acquérir par la suite.

Mais cependant, comme la circulation des biens, favorisée en général par le Code, s'oppose à ce qu'il soit au pouvoir d'un créancier d'entraver pour une somme souvent modique, la disposition de biens considérables, on a remédié à cet inconvénient, en autorisant, dans certains cas, la réduction de l'hypothèque.

Toutes les fois donc que les inscriptions prises par un créancier, en vertu d'une hypothèque légale ou judiciaire (1), sont portées sur plus de domaines différens qu'il n'est nécessaire à la sûreté des créances, le débiteur peut en demander la réduction. Cette demande est portée devant le tribunal dans le ressort duquel l'inscription a été faite, à moins qu'il n'y en ait un autre désigné par la convention pour le cas de contestation, ou qu'il ne s'agisse d'une condamnation éventuelle ou indéterminée, sur l'exécution ou la liquidation de laquelle les parties sont en instance, ou doivent être jugées dans un autre tribunal; auquel cas, la demande en réduction doit y être portée ou renvoyée. {2159. 2161.

Voici, au surplus, les règles d'après lesquelles les juges ont à déterminer si l'hypothèque est excessive, et s'il y a lieu en conséquence à la réduire.

Lorsque la créance est d'une valeur certaine et déterminée, sont réputées excessives, et par conséquent réductibles, les inscriptions qui frappent sur plusieurs domaines, dont un seul, ou quelques-uns, présentent en fonds libres,

---

(1) La demande en réduction peut avoir lieu, même à l'égard de l'hypothèque conventionnelle, mais dans un seul cas, que nous ferons connoître tout-à-l'heure.

d'après les bases établies ci-après, une valeur d'un tiers de plus que le montant de la créance et de ses accessoires.

2162.

Quant à la base à prendre pour déterminer la valeur des immeubles, il faut distinguer s'ils sont sujets, ou non, à dépérissement.

Dans le premier cas, la valeur du fonds est portée au décuple du revenu déclaré par la matrice du rôle de la contribution foncière, ou indiqué par la cote de contribution sur le rôle, selon la proportion qui existe dans la commune de la situation du bien hypothéqué.

Si l'immeuble n'est pas sujet à dépérissement, sa valeur en fonds est déterminée à quinze fois le revenu estimé comme dessus.

Dans tous les cas, néanmoins, les juges peuvent s'aider en outre des éclaircissemens résultans de baux non suspects, de procès-verbaux d'estimation dressés précédemment à des époques rapprochées, ou autres actes semblables, et évaluer le revenu à un taux moyen d'après ces divers renseignemens.

2165.

Si la créance est indéterminée, et que le montant ait été évalué postérieurement, ainsi qu'il a été dit dans le chapitre précédent, le juge peut, quand même l'hypothèque seroit conventionnelle, arbitrer s'il y a excès dans l'évaluation, d'après les circonstances et les pro-

2163.

babilités des chances, de manière à concilier les droits vraisemblables des créanciers, avec le crédit à conserver raisonnablement au débiteur, sans préjudice des nouvelles inscriptions qui pourront être prises, si, par événement, la créance se trouve monter à une somme plus forte que celle évaluée par le juge ; lesquelles inscriptions n'emporteront hypothèque que du jour de leur date. 2164.

Ces règles s'appliquent, en général, à tous les cas où il y a lieu à réduction. Il en est de particulières, lorsqu'il s'agit de l'hypothèque du mineur, de l'interdit, ou de la femme mariée.

Et d'abord, pour ce qui concerne le mineur ou l'interdit, le conseil de famille peut décider, au commencement de la tutelle, qu'il ne sera pris d'inscription que sur certains immeubles du tuteur ; et même, quand cette 2141. restriction n'a pas eu lieu dans le principe, si l'hypothèque générale excède notoirement les sûretés suffisantes pour la gestion, le tuteur peut, après avis de parens, demander que cette hypothèque soit restreinte aux immeubles suffisans pour la pleine garantie du mineur ou de l'interdit. Cette demande est dirigée contre le subrogé-tuteur. 2143.

De même, dans le contrat de mariage, les parties majeures peuvent convenir qu'il ne sera pris d'inscription que sur un ou certains immeubles du mari; et, dans ce cas, les immeubles non indiqués sont libres et affranchis de toute hypothèque pour la dot de la femme, ses reprises, et conventions matrimoniales; mais il ne peut être stipulé qu'il ne sera pris aucune inscription. 2140.

Même après le mariage, quand la restriction n'a pas eu lieu par le contrat, le mari peut, du consentement de sa femme, et après avoir pris l'avis des quatre plus proches parens d'icelle, réunis en assemblée de famille, demander que l'hypothèque générale soit restreinte aux immeubles suffisans pour la conservation entière des droits de la femme. 2144.

Les jugemens sur les demandes, tant des maris que des tuteurs, ne peuvent être rendus qu'après avoir entendu le ministère public, et contradictoirement avec lui.

Lorsque la restriction est prononcée, les inscriptions prises sur les immeubles non indiqués, sont rayées. 2145.

§. II.

Des Biens qui peuvent être soumis à l'Hypothèque conventionnelle.

L'hypothèque conventionnelle ne peut frapper que les biens du débiteur, et jamais ses biens à venir. Cependant, si ses biens présens et libres sont insuffisans pour la sûreté de la créance, il peut, en exprimant cette insuffisance dans l'acte, consentir à ce que chacun des biens qu'il acquerra par la suite, y demeure affecté à fur et mesure des acquisitions. Pareillement, si les biens présens assujettis à l'hypothèque, ont péri, ou éprouvé des dégradations telles qu'ils soient devenus insuffisans pour la sûreté du créancier, celui-ci peut, ou poursuivre dès-lors son remboursement, ou obtenir un supplément d'hypothèque. Enfin, les améliorations qui peuvent survenir à l'immeuble hypothéqué, sont soumises à la même hypothèque. 2129. 2130. 2131. 2133.

Non seulement l'hypothèque conventionnelle ne peut frapper que sur les biens présens, mais encore elle n'est valable, même pour ces sortes de biens, que sous les conditions suivantes :

Il faut : 1°., comme nous l'avons dit, que le

titre constitutif de l'hypothèque soit passé devant notaires, en forme authentique;

2°. Qu'il y soit fait déclaration spéciale de la nature et de la situation de chacun des immeubles sur lesquels l'hypothèque est établie. En conséquence, une simple stipulation d'hypothèque générale n'auroit aucun effet; sans préjudice cependant de la faculté qu'a le débiteur, d'hypothéquer tous ses biens, si le créancier l'exige, mais en faisant la déclaration spéciale et nominative de chacun d'eux en particulier;

2129.

3°. Que la somme pour laquelle l'hypothèque est consentie, soit certaine et déterminée par l'acte. Cependant si la créance est indéterminée de sa nature, l'hypothèque a toujours lieu; mais le créancier ne peut requérir l'inscription que jusqu'à concurrence d'une évaluation fixe faite par lui, et qui, en cas d'excès, peut être réduite sur la demande du débiteur, ainsi que nous l'avons vu au paragraphe précédent.

2132.

Section II.

De l'Effet des Priviléges et Hypothèques, à l'égard des tiers détenteurs.

Le principe général sur ce point est que,

sauf les priviléges et hypothèques qui, d'après ce que nous avons dit ci-dessus, ont leur effet sans inscription, le droit de suivre l'immeuble en quelques mains qu'il passe, n'appartient qu'aux créanciers ayant privilége ou hypothèque *inscrite*. 2166.

Il n'est cependant pas nécessaire que l'inscription soit antérieure à l'acte translatif de propriété. Actuellement, aux termes de l'article 834 du Code de Procédure, les créanciers ayant une hypothèque antérieure à l'aliénation, peuvent encore prendre inscription dans la quinzaine de la transcription dudit acte. *Pr.* 834.

Lors donc que l'inscription a été faite dans le délai prescrit, elle a pour effet de conserver les droits du créancier sur l'immeuble hypothéqué, même à l'égard du tiers détenteur; mais comme les obligations de ce dernier sont différentes, suivant qu'il a rempli, ou non, les formalités nécessaires pour purger les hypothèques, nous diviserons la présente section en deux paragraphes, dont le premier traitera du mode de purger les priviléges et hypothèques, et des effets de ce purgement. Nous verrons, dans le second, quels sont les droits des créanciers, et les obligations de l'acquéreur, lorsque le purgement n'a pas été opéré.

§. Ier.

Du Mode de purger les Priviléges et Hypothèques, et des Effets du purgement.

Les formalités requises pour purger les hypothèques doivent nécessairement varier, suivant que les hypothèques à purger sont assujetties, ou non, à la formalité de l'inscription. Nous allons faire connoître, en premier lieu, celles relatives aux hypothèques inscrites.

2181. Le détenteur d'un immeuble qui veut purger les hypothèques ou priviléges inscrits, doit d'abord faire transcrire en entier l'acte qui lui a transféré la propriété, par le conservateur dans l'arrondissement duquel le bien est situé. Cette transcription se fait sur un registre à ce destiné, et le conservateur est tenu d'en donner reconnoissance au requérant (1).

L'acquéreur doit ensuite notifier aux créanciers inscrits, aux domiciles par eux élus dans leurs inscriptions :

1°. Extrait de son titre. Cet extrait contient

---

(1) Il faut remarquer que la transcription n'a aucun effet relativement à la propriété, et que le vendeur ne peut jamais transmettre à l'acquéreur que les droits qu'il avoit lui-même sur la chose vendue. (Art. 2182.)

Tit. IX. *Des Priviléges et Hypothèq.* 279

seulement la date et la qualité de l'acte; le nom et la désignation précise de celui qui a transmis la propriété; la nature et la situation de l'objet; et, s'il s'agit d'un corps de biens, seulement la dénomination générale du domaine et des arrondissemens dans lesquels il est situé; le prix, et les charges faisant partie du prix, ou l'évaluation de la chose, si elle a été donnée, ou si le prix est indéterminé;

2°. Extrait de la transcription de l'acte translatif de propriété;

3°. Un tableau sur trois colonnes, contenant: savoir, la première, la date des hypothèques et celle des inscriptions; la seconde, le nom des créanciers, et la troisième, le montant des créances inscrites.   2183.

Par le même acte de notification, le détenteur doit déclarer qu'il est prêt à acquitter sur-le-champ les dettes et charges hypothécaires, jusqu'à concurrence du prix ou de l'évaluation, sans distinction entre les dettes exigibles et celles non exigibles.   2184.

Cette notification peut être faite avant toutes poursuites de la part des créanciers. Si elle n'a lieu qu'après, elle doit, à peine de déchéance de la faculté de purger, être faite dans le mois au plus tard, à compter de la première sommation faite au détenteur. Il 2185. suffit, d'ailleurs, dans tous les cas, qu'elle soit faite aux créanciers dont l'inscription est antérieure à la transcription de l'acte.

Pr. 835.

Sur cette notification, tous créanciers inscrits, même ceux dont l'inscription est postérieure à la transcription (1), peuvent requérir la mise de l'immeuble aux enchères et adjudications publiques, aux conditions suivantes :

Ib. 834.

Il faut, 1°. que cette réquisition soit signifiée au nouveau propriétaire et au débiteur principal, dans quarante jours, au plus tard, à compter de la notification ci-dessus, en ajoutant deux jours par cinq myriamètres (dix lieues environ) de distance, entre le domicile élu, et le domicile réel du créancier requérant;

2°. Qu'elle contienne soumission du requérant de porter ou faire porter le prix à un dixième en sus de celui stipulé dans le contrat, ou évalué par l'acquéreur;

3°. Qu'elle contienne également offre d'une caution, pour sûreté du prix et des charges, avec assignation à trois jours devant le tribunal, pour la réception de ladite caution, à laquelle il est procédé sommairement;

2185.

Pr. 832.

4°. Que l'original et les copies de cette signification soient signés par le créancier requérant, ou par son fondé de procuration

---

(1) Si toutefois elle a été faite dans la quinzaine de ladite transcription.

Tit. IX. *Des Priviléges et Hypothèq.* 281
expresse, lequel est tenu, en ce cas, de donner copie de sa procuration.

Le tout à peine de nullité.   2185.

Si la caution est rejetée, la sur-enchère est nulle, et l'acquéreur est maintenu, à moins qu'il n'ait été fait d'autres sur-enchères par d'autres créanciers.   *Pr.* 833.

Les significations ci-dessus, tant de la part du nouveau propriétaire que du créancier sur-enchérisseur, doivent être faites par un huissier commis à cet effet, sur simple requête, par le président du tribunal de l'arrondissement où elles ont lieu, et contenir constitution d'avoué près le tribunal où la sur-enchère et l'ordre devront être portés.   *Ib.* 832.

Si l'acte d'aliénation comprend des immeubles et des meubles, ou plusieurs immeubles, mais qui ne soient pas tous hypothéqués, le prix de chaque immeuble frappé d'inscriptions particulières et séparées, doit être déclaré dans l'acte de notification fait à la requête du nouveau propriétaire, par ventilation, s'il y a lieu, du prix total exprimé dans le titre ; et, dans ce cas, le créancier sur-enchérisseur a la faculté de ne faire porter sa sur-enchère que sur les immeubles hypothéqués à sa créance, et situés dans le même arrondissement, sauf le recours du nouveau propriétaire contre ses auteurs, pour raison du dommage que peut lui occasionner, soit la division des objets de son acquisition, soit celle d'exploitation.

2192.

Si la mise aux enchères n'a été valablement requise par aucun créancier dans le délai ci-dessus prescrit, la valeur de l'immeuble demeure définitivement fixée au prix stipulé dans le contrat, ou déclaré par le nouveau propriétaire, lequel est, en conséquence, libéré de tout privilége ou hypothèque, en payant ledit prix aux créanciers étant en ordre de le recevoir, ou en le consignant.

2186.

Mais si la mise aux enchères a été une fois requise valablement, le désistement du créancier requérant, même quand il paieroit le montant de sa sur-enchère, ne peut, à moins que tous les autres créanciers hypothécaires n'y consentent expressément, empêcher l'adjudication publique, qui est alors poursuivie à la diligence, soit du nouveau propriétaire (1), soit de tout autre créancier hypothécaire inscrit, ou n'ayant pas besoin de l'être.

2190.

2187.

L'adjudication a lieu suivant les formes établies pour l'expropriation forcée, en observant 1°. qu'aux termes de l'art. 836 du Code de Procédure, la première formalité est celle de

---

(1) Le nouveau propriétaire a même toujours le droit de poursuivre la revente, dans tous les cas où il y a sur-enchère. (Art. 2187.)

l'apposition des placards dont il est question dans l'art. 684 dudit Code, indicatifs de la première publication, qui est faite quinzaine après cette apposition. Ces placards doivent énoncer le prix stipulé dans le contrat, ou déclaré par le nouveau propriétaire, et la somme en sus à laquelle le créancier s'est obligé de le porter ou faire porter. Le procès-verbal d'apposition est notifié au nouveau propriétaire, si c'est un créancier qui poursuit, ou au créancier sur-enchérisseur, si c'est le nouveau propriétaire ; *Pr.* 836. 2187. *Pr.* 837.

2°. Que l'acte d'aliénation tient lieu de minute d'enchères, ou de cahier des charges ;

Et 3°. que le prix porté audit acte, augmenté de la sur-enchère, tient lieu d'enchère. *Ib.* 838.

Si l'acquéreur reste adjudicataire définitif, il n'est pas tenu de faire transcrire le jugement d'adjudication ; et il a son recours, tel que de droit, contre son auteur, pour le remboursement de tout ce qu'il a été obligé de payer en sus du prix stipulé par son titre, et des intérêts de cet excédent, à compter du jour du paiement. 2189. 2191.

Si l'immeuble ne lui est pas adjugé définitivement, l'adjudicataire est tenu, en sus du prix de son adjudication, de lui restituer les frais et loyaux coûts de son contrat, ceux de transcription, de notification, ainsi que tous

2188. ceux qu'il a pu faire pour parvenir à la revente : et, en outre, tous les droits qu'il pouvoit avoir, avant son acquisition, sur l'immeuble
2177. vendu (1), lui sont restitués (2).

Du Mode de purger les Hypothèques légales qui n'ont pas besoin d'inscription.

Les hypothèques légales qui ne sont pas assujetties à la formalité de l'inscription, et qui ne sont pas inscrites, ne peuvent être purgées
2193. que de la manière suivante :

1°. Copie duement collationnée de l'acte translatif de propriété, doit être déposée au greffe du tribunal du lieu de la situation des biens ;

2°. Ce dépôt doit être notifié, tant à la femme, ou au subrogé-tuteur, qu'au procureur-impérial près ledit tribunal ;

3°. Extrait de l'acte translatif de propriété est et demeure affiché, pendant deux mois, dans l'auditoire du tribunal. Cet extrait doit contenir la date de l'acte, les noms, prénoms, professions et domiciles des contractans, la désignation de la nature et de la situation des biens, le prix et les autres charges de la vente.

Pendant ces deux mois, les femmes, maris,

---

(1) Et qui ont été éteints par la confusion.
(2) Sans préjudice des dommages-intérêts qu'il peut exiger de son vendeur, pour raison de l'éviction qu'il a subie.

tuteurs, subrogés-tuteurs, mineurs, interdits, leurs parens ou amis, et le procureur-impérial, sont reçus à requérir, s'il y a lieu, et à faire prendre au bureau des hypothèques, des inscriptions sur l'immeuble aliéné, lesquelles auront le même effet que si elles avoient été prises le même jour que l'hypothèque a été acquise; le tout sans préjudice des poursuites extraordinaires qui pourroient avoir lieu contre les maris ou tuteurs qui n'auroient pas déclaré les hypothèques légales dont leurs immeubles étoient grevés. 2194.

Si la femme ou ceux qui la représentent, ou le subrogé-tuteur, ne sont pas connus de l'acquéreur, il suffit de déclarer dans la notification faite au procureur-impérial, que, lesdites personnes n'étant pas connues, la notification sera publiée dans les formes prescrites par l'art. 683 du Code de Procédure, c'est-à-dire, par insertion aux journaux. S'il n'y a pas de journal dans le département, le fait est certifié, à la diligence de l'acquéreur, par le procureur-impérial; et le délai de deux mois ci-dessus ne commence à courir que du jour de l'insertion aux journaux, ou du jour de la délivrance du certificat (1).

---

(1) Avis du Conseil-d'État, approuvé le 1er. juin 1807. (*Bulletin*, n°. 2451.)

Si, dans le cours des deux mois, il n'a été pris aucune inscription du chef des femmes, mineurs ou interdits, sur l'immeuble vendu, il passe à l'acquéreur, libre de toute hypothèque pour raison des créances desdites femmes, etc., sauf le recours de ces derniers, s'il y a lieu, contre leurs maris ou tuteurs.

S'il est pris inscription, alors il faut distinguer : s'il existe d'autres inscriptions faites à la requête de créanciers privilégiés, ou ayant une hypothèque antérieure au mariage ou à la tutelle ; l'acquéreur, en les payant, est libéré du prix ou de la portion du prix qui a servi au paiement ; et les inscriptions du chef des femmes, etc., sont rayées, ou en totalité, ou jusqu'à due concurrence.

2195. S'il n'existe point d'autres inscriptions, ou que celles existantes soient postérieures au mariage ou à la tutelle, l'acquéreur ne peut faire aucun paiement au préjudice des hypothèques légales, et les autres inscriptions demeurent comme non avenues à son égard, jusqu'à concurrence des droits éventuels de la femme, du mineur ou de l'interdit.

§. II.

Des Obligations du tiers détenteur qui n'a pas purgé les Hypothèques.

Lorsque le nouveau propriétaire d'un immeuble n'a pas rempli, dans le délai prescrit, les formalités requises pour purger les hypothèques, il demeure obligé, comme détenteur, à toutes les dettes hypothéquées sur l'immeuble, inscrites, ou n'ayant pas besoin de l'être. 2167.

Nous disons *comme détenteur*, pour distinguer son obligation de celle du débiteur principal, qui étant obligé personnellement auxdites dettes, ne peut se dispenser du paiement en aucune manière, au lieu que l'acquéreur n'ayant point contracté d'obligation personnelle, et n'étant tenu des dettes que comme détenteur de l'immeuble hypothéqué, peut toujours s'en affranchir, en cessant de posséder l'immeuble, c'est-à-dire en l'abandonnant aux créanciers; c'est ce que l'on appelle le délaissement par hypothèque. 2172.

Ce délaissement se fait au greffe du tribunal de la situation des biens, qui en donne acte au délaissant. Il peut être fait par tout détenteur qui n'est pas personnellement obligé à la 2174.

2172. dette, et qui est capable d'aliéner. Il peut avoir lieu en tout temps, même après que l'acquéreur a reconnu l'obligation ou a subi condamnation, pourvu toutefois qu'il n'ait reconnu, ou qu'il n'ait été condamné qu'en
2173. qualité de détenteur.

Le délaissement est, de la part du détenteur, une abdication de la possession seulement, avec consentement à ce que l'immeuble soit vendu à la requête et pour le paiement des créanciers. La propriété continue donc de résider sur sa tête jusqu'à l'adjudication ; tellement que, jusques-là, il peut reprendre l'immeuble, en payant toutes les dettes, et les
Ibid. frais.

Après le délaissement, et sur la demande de la partie la plus diligente, il est créé à l'immeuble délaissé un curateur, sur lequel la vente est poursuivie dans les formes pres-
2174. crites pour les expropriations.

Si l'acquéreur ne veut pas délaisser, il est tenu de payer sur-le-champ tous les intérêts et
2168. capitaux exigibles ; quant à ceux non-exigibles, il jouit, à cet égard, des termes et dé-
2167. lais accordés au débiteur originaire.

S'il ne paye ni ne délaisse, chaque créancier hypothécaire (1) a droit de faire vendre

---

(1) Inscrit, ou n'ayant pas besoin de l'être.

l'immeuble sur lui, trente jours après commandement fait au débiteur principal, et sommation faite au détenteur de délaisser ou de payer. 2169.

Le détenteur a néanmoins encore un moyen d'empêcher la revente, au moins temporairement, en opposant le bénéfice de discussion. Ce bénéfice est la faculté accordée à tout détenteur d'immeuble hypothéqué, qui n'est pas obligé personnellement à la dette, de requérir la discussion préalable des autres immeubles hypothéqués à la même dette, qui sont encore dans la possession du principal obligé. Cette discussion a lieu selon la forme réglée au Titre *du Cautionnement;* et tant qu'elle dure, il est sursis à la vente de l'héritage. 2170.

Le bénéfice de discussion ne peut être opposé qu'aux créanciers agissant en vertu d'une hypothèque générale. Elle ne peut en conséquence avoir lieu quand le créancier qui attaque, a un privilége ou une hypothèque spéciale sur l'immeuble. 2171.

Si la discussion n'est pas demandée, ou si elle ne suffit pas pour désintéresser le créancier, la vente, à défaut de paiement par le détenteur, est poursuivie suivant les formes de l'expropriation. 2174.

Les fruits de l'immeuble sont dus par l'acquéreur, du jour de la sommation de délaisser ou de payer : si les poursuites commencées ont été abandonnées pendant trois ans, les fruits ne sont dus que du jour de la nouvelle sommation qui lui aura été faite, après l'expiration des trois ans. Il doit en outre tenir compte aux créanciers des détériorations qui procèdent de son fait ou de sa négligence; comme il a droit de répéter ses impenses et améliorations, mais seulement jusqu'à concurrence de la plus-value qui en est résultée.

2176.

2175.

Les servitudes ou autres droits réels qu'il pouvoit avoir sur l'immeuble avant son acquisition, renaissent en sa faveur après l'adjudication, s'il n'est pas resté adjudicataire : si l'immeuble a été, dans l'intervalle, hypothéqué à quelques-uns de ses créanciers personnels, ils ont le droit d'exercer leurs hypothèques sur le prix, à leur rang entr'eux, mais après tous ceux inscrits sur les précédens propriétaires.

2177.

Dans tous les cas, soit que le tiers détenteur ait délaissé, payé, ou subi l'expropriation forcée, il a son recours, tel que de droit, contre le débiteur principal.

2178.

CHAPITRE IV.

De l'Extinction des Priviléges et Hypothèques.

Les priviléges et hypothèques s'éteignent :

1°. Par l'extinction, ou la mise hors du commerce de la chose hypothéquée, sauf, dans ce dernier cas, le recours du créancier sur le prix ;

2°. Par la confusion, lorsque le créancier acquiert en totalité la chose hypothéquée ;

3°. Par la résolution du droit de celui qui a constitué le privilége ou l'hypothèque ;

4°. Par l'extinction de l'obligation principale ;

5°. Par la renonciation du créancier ;

6°. Par l'accomplissement des formalités requises pour le purgement ;

7°. Par la restriction légalement et définitivement ordonnée ;

8°. Par la prescription. Mais, quant à ce dernier mode, il faut distinguer : si le bien hypothéqué est encore dans la main du débiteur, la prescription du privilége ou de l'hypothèque n'est acquise que par le temps fixé pour la prescription des actions qui y donnent lieu.

Si les biens sont passés dans d'autres mains, la prescription est acquise au détenteur par l'intervalle de temps qui lui seroit nécessaire pour prescrire la propriété à son profit, en observant toutefois que, si ce temps est de dix ou vingt ans, comme alors la prescription suppose un titre, elle ne commence à courir que du jour où ce titre a été transcrit sur les registres du conservateur.

Nous avons vu au Titre *de la Prescription*, qu'elle ne pouvoit être interrompue que par des poursuites dirigées directement contre le possesseur. Par conséquent, une simple inscription ne suffiroit pas pour interrompre la

2180. prescription du privilége ou de l'hypothèque.

Lorsque le privilége ou l'hypothèque sont éteints, l'inscription prise en conséquence est rayée.

Si les parties ayant capacité à cet effet, sont d'accord sur l'extinction, il en est passé acte authentique, dont expédition est déposée au bureau du conservateur, qui raye l'inscription.

S'il y a contestation, la radiation ne peut avoir lieu qu'en vertu d'un jugement en dernier ressort, ou passé en force de chose

Tit. IX. *Des Priviléges et Hypothèq.* 293

jugée, dont expédition est également déposée au bureau du conservateur. {2157. 2158.

Les règles de compétence pour la demande en radiation, sont les mêmes que celles précédemment établies pour la demande en réduction. 2159.

En général, la radiation doit être ordonnée par les tribunaux, non-seulement lorsque les droits de privilége ou d'hypothèque sont effacés par les voies légales, mais encore lorsque l'inscription n'est fondée ni sur la loi, ni sur un titre, ou lorsqu'elle a été prise en vertu d'un titre irrégulier. 2160.

CHAPITRE V.

Des Droits particuliers du Trésor public sur les biens des comptables et pour le recouvrement des contributions directes, ainsi que des frais de justice en matière correctionnelle et de police.

Postérieurement au Code Napoléon, il a été rendu trois lois, dont deux du 5 septembre 1807, qui ont réglé le privilége et l'hypothèque du trésor public sur les biens des comptables, et pour le recouvrement des frais de justice en matière criminelle, correctionnelle, et de police ; et la troisième, du 12 novembre 1808, qui a réglé le même privilége en fait de contributions directes. Nous allons en faire connoître les dispositions.

SECTION PREMIÈRE.

Des Droits du Trésor public sur les biens des comptables (1).

Le trésor public a, sur les biens des comptables, un privilége ou une hypothèque, suivant la nature des biens et des circonstances.

Le privilége s'exerce sur les meubles et sur les immeubles, ainsi qu'il suit :

Il s'exerce d'abord sur tous les biens meubles du comptable ; même dans le cas où ce dernier seroit marié et séparé de biens, tous les meubles trouvés dans le lieu de sa résidence sont censés lui appartenir, à moins que sa femme ne justifie légalement que ces meubles lui sont échus de son chef, ou que les deniers employés à l'acquisition lui appartenoient.

Ce privilége ne s'exerce néanmoins qu'après

---

(1) *Bulletin des Lois*, n°. 2775.

ceux énoncés aux articles 2101 et 2102 du Code (1).

Quant aux immeubles, ce privilége a lieu :

1°. Sur ceux acquis à titre onéreux par le comptable, postérieurement à sa nomination;

2°. Sur ceux acquis au même titre, et depuis la même époque, par sa femme, même séparée de biens, à moins qu'elle ne justifie légalement de l'origine des deniers employés à l'acquisition.

Ce privilége n'a lieu qu'à la charge d'une inscription qui doit être faite dans les deux mois de l'enregistrement de l'acte d'acquisition; sinon, et passé ce temps, il ne vaut plus que comme une hypothèque, et n'a de rang que du jour de l'inscription, conformément à l'art. 2113 du Code. Dans aucun cas, il ne peut préjudicier,

1°. Aux priviléges énoncés dans les art. 2101 et 2103 du Code;

2°. Aux créanciers des précédens propriétaires, qui auroient sur lesdits biens des hypothèques inscrites, ou n'ayant pas besoin de l'être.

Art. II.

IV.

V.

---

(1) Cette disposition ne déroge en aucune manière aux dispositions des lois existantes, relativement aux droits du Trésor public sur les fonds de cautionnement des comptables. (Art. III.)

Quant aux immeubles appartenant au comptable avant sa nomination, ou à ceux acquis depuis, autrement qu'à titre onéreux, le trésor a simplement une hypothèque légale, qui ne vaut que du jour de l'inscription.

Art. VI.

Pour l'exécution de ces dispositions, il est enjoint à tous receveurs-généraux de départemens, receveurs-particuliers d'arrondissemens, payeurs-généraux et divisionnaires, ainsi qu'aux payeurs de départemens, des ports et des armées, d'énoncer leurs titres et qualités dans tous les actes translatifs ou déclaratifs de propriété qu'ils passeront ; et ce, à peine de destitution, et en outre, d'être poursuivis comme banqueroutiers frauduleux, en cas d'insolvabilité envers le trésor public.

Il est enjoint également, aussi à peine de destitution et de tous dommages et intérêts, aux receveurs de l'enregistrement, et aux conservateurs des hypothèques, de requérir ou de faire, au vu desdits actes, l'inscription au nom du trésor, et pour la conservation de ses droits, sur les immeubles acquis ou aliénés par le comptable, et d'envoyer, tant au procureur-impérial près le tribunal de la situation des biens, qu'à l'agent du trésor public à Paris, le bordereau prescrit par les art. 2148 et suivans du Code.

Est excepté cependant le cas d'aliénation

par le comptable, lorsqu'il aura obtenu du trésor public un certificat portant que l'objet aliéné n'est pas sujet à l'inscription. Ce certificat sera énoncé et daté dans l'acte d'aliénation. Art. VII.

En cas d'aliénation, par tout comptable, de biens affectés au privilége ou à l'hypothèque ci-dessus, les agens du Gouvernement poursuivront, par les voies de droit, le recouvrement des sommes dont le comptable aura été constitué redevable. VIII.

S'il n'a pas encore été constitué redevable, le trésor est tenu, dans les trois mois, à compter de la notification qui aura dû lui être faite aux termes de l'art. 2183 du Code, de déposer au greffe du tribunal de la situation des biens vendus, un certificat constatant le situation du comptable; au défaut de quoi, et ledit délai expiré, la radiation de l'inscription aura lieu de droit, et sans qu'il soit besoin de jugement. Il en est de même dans le cas où le certificat constatera que le comptable n'est pas débiteur. IX.

La prescription des droits du trésor ne court, au profit des comptables, que du jour où leur gestion a cessé. X.

Les dispositions de cette section ont également lieu en faveur du trésor de la couronne (1).

SECTION II.

Des Droits du Trésor public pour le recouvrement des frais de justice, en matière criminelle, correctionnelle et de police (2).

Ce privilége s'exerce comme le précédent, sur les meubles et les immeubles du condamné.

Il ne s'exerce sur les meubles qu'après tous les priviléges désignés dans les art. 2101 et 2102 du Code, et en outre, après le paiement des frais faits pour la défense personnelle du condamné, sauf réglement, en cas de contestation, par le tribunal qui a prononcé la condamnation.

Art. II.

Quant aux immeubles, ce privilége n'a lieu qu'à la charge de l'inscription à prendre, dans les deux mois, à dater du jour de la condamnation ; passé lequel délai, le trésor public n'a

---

(1) Avis du Conseil-d'Etat, approuvé le 25 février 1808. (*Bulletin*, n°. 3141.)

(2) *Bulletin des Lois*, n°. 2743.

Tit. IX. *Des Priviléges et Hypothèq.* 299
plus qu'une simple hypothèque, conformément
à l'art. 2113 du Code.

Même dans le cas d'inscription faite en
temps utile, ce privilége ne s'exerce qu'après

1°. Les priviléges désignés dans les articles
2101 et 2103 du Code;

2°. Les hypothèques légales antérieures au
mandat d'arrêt, ou au jugement de condamnation s'il n'y a pas eu de mandat d'arrêt;

3°. Les autres hypothèques inscrites avant
le privilége du trésor, et résultant d'actes
ayant une date certaine antérieure audit mandat ou jugement;

4°. Enfin, les frais faits pour la défense
personnelle du condamné, sauf réglement
comme dessus.

Section III.

Du Privilége du Trésor public pour le recouvrement des Contributions directes (1).

Le trésor public n'a privilége, pour le recouvrement des contributions directes, que
pour l'année échue et celle courante; ce privilége s'exerce avant tout autre ainsi qu'il
suit:

---

(1) *Bulletin des Lois*, n°. 3886.

Pour la contribution foncière, sur les récoltes, fruits, loyers, et revenus des biens sujets à contribution;

Pour la contribution mobilière, celle des portes et fenêtres, des patentes, et toute autre contribution directe et personnelle, sur tous les meubles et autres effets mobiliers des redevables, en quelque lieu qu'ils se

Art. Ier. trouvent.

Pour l'exécution de cette disposition, tous fermiers, locataires, receveurs, etc., et en général tous dépositaires ou débiteurs de deniers appartenant aux redevables, et affectés au privilége ci-dessus, sont tenus, sur la demande qui leur en est faite, de payer en l'acquit des redevables, et sur le montant des fonds qu'ils doivent, ou qu'ils ont entre les mains, jusqu'à concurrence de tout ou partie des contributions dues par ces derniers. Les quittances du percepteur, pour les sommes légitimement dues, leur seront allouées en

II. compte.

Si des effets mobiliers ont été saisis pour le paiement des contributions, et qu'il s'élève une demande en revendication de tout ou partie desdits effets, elle doit être portée devant l'autorité administrative, qui est tenue de statuer, dans le mois, à compter du jour que le mémoire en demande lui a été présenté;

Tit. IX. *Des Priviléges et Hypothèq.* 301
faute par elle d'avoir statué dans ce délai, le
demandeur peut se pourvoir devant les tribunaux ordinaires (1).   Art. IV.

Le privilége dont il s'agit ne préjudicie en
rien aux autres droits que le trésor public
peut avoir à exercer sur les biens des redevables pour tout autre créance.   III.

---

(1) Loi du 5 novembre 1790, Tit. III, art. 15.

TITRE X.

De la Contrainte par corps en matière civile.

La contrainte par corps en matière civile est le droit accordé, en certains cas, au créancier, de faire emprisonner son débiteur, à défaut de payement.

En certains cas : En effet, comme on ne peut, en général, trafiquer de sa liberté, l'on ne peut également se soumettre, par une convention particulière, à la contrainte par corps, si ce n'est dans un très-petit nombre de cas spécialement déterminés. La loi a d'ailleurs désigné également les cas dans lesquels les tribunaux peuvent ou doivent prononcer la contrainte par corps.

Nous disons *peuvent ou doivent :* parce qu'il est des circonstances dans lesquelles les tribunaux ne peuvent se dispenser de l'ordonner ; et d'autres dans lesquelles cela est remis à leur prudence, et dépend de la circonstance du fait.

D'après cela, nous pouvons distinguer trois

Tit. X. *De la Contrainte par corps, &c.* 303
cas pour la contrainte par corps, dont il sera traité dans autant de chapitres.

1°. Lorsque la contrainte a lieu en vertu de la loi seule, et que le juge ne peut se dispenser de l'ordonner ;

2°. Lorsque cela est remis à l'arbitrage du juge ;

3°. Enfin, lorsqu'elle est convenue par les parties, dans les cas où la loi autorise formellement cette stipulation.

Nous verrons, dans un quatrième chapitre, les dispositions communes à tous les cas où la contrainte peut avoir lieu ;

Et enfin, dans un cinquième, nous ferons connoître le moyen que la loi offre aux débiteurs pour se soustraire à la contrainte par corps, et que l'on nomme *bénéfice de cession*.

Nous observerons avant tout, que les dispositions du présent titre ne dérogent en rien aux lois relatives à la contrainte par corps, dans les matières, soit de commerce, soit de police correctionnelle, soit d'administration des deniers publics.

2070.

CHAPITRE PREMIER.

Des Cas où la Contrainte par corps a lieu en vertu de la Loi seule.

La contrainte par corps a lieu en vertu de la loi seule :

1°. En cas de stellionat. Il y a stellionat, lorsqu'on vend ou qu'on hypothèque un immeuble dont on sait n'être pas propriétaire; lorsqu'on présente comme libres des biens hypothéqués; ou enfin, lorsque l'on déclare des hypothèques moindres que celles dont ces biens sont chargés ;

2059.

2°. Pour restitution d'un dépôt nécessaire ;

3°. En cas de réintégrande (1), pour le délaissement d'un fonds, ordonné par justice; pour la restitution des fruits perçus pendant l'indue possession ; et pour le paiement des dommages-intérêts, mais seulement après liquidation pour ce qui concerne ces deux derniers objets ;

2060.

Pr. 552.

4°. Pour restitution de deniers consignés entre les mains de personnes publiques établies à cet effet ;

---

(1) La réintégrande est l'action donnée pour recouvrer la possession d'un immeuble dont on a été dépouillé par violence.

TIT. X. *De la Contrainte par corps, &c.* 305

5°. Pour la représentation des choses déposées entre les mains des séquestres, commissaires et autres gardiens judiciaires ;

6°. Contre les cautions judiciaires ;

7°. Contre les officiers publics, pour la non représentation de leurs minutes, quand elle a été ordonnée par justice, ainsi que pour refus d'expédition d'un acte aux parties intéressées en nom direct (1), ou leurs ayans droit ;   2060.

Pr. 839.

8°. Contre les notaires, avoués ou huissiers, pour la restitution des titres à eux confiés, ou des deniers par eux reçus pour leurs cliens, par suite de leurs fonctions ;   2060.

9°. Contre le fol enchérisseur (2), pour le paiement de l'excédent de son prix sur celui de la revente ;   *Pr.* $\begin{cases} 712. \\ 744. \end{cases}$

10°. Contre le saisi immobilièrement, qui ne délaisse point la possession de l'immeuble saisi, aussitôt après la signification du jugement d'adjudication ;   *Ib.* 714.

11°. Contre le même, pour raison des dommages-intérêts résultans des dégradations par

---

(1) *En nom direct :* La partie qui n'est pas intéressée en nom direct dans un acte, ne peut s'en faire délivrer extrait ou expédition, que par la voie du compulsoire. (*Code de Procédure*, art. 846 et suiv.)

(2) Le fol enchérisseur est celui qui, après s'être fait adjuger un bien en justice, n'exécute pas les clauses de l'adjudication. (*Proc.* 737.)

lui commises sur l'objet saisi, depuis l'époque de la dénonciation de la saisie ;

12°. Enfin, contre l'étranger non domicilié en France, pour raison des condamnations obtenues contre lui par un français (1).

CHAPITRE II.

Des cas où la Contrainte par corps peut être ordonnée par le juge.

La contrainte par corps peut être ordonnée par le juge dans les cas suivans :

1°. Contre celui qui, ayant été condamné à désemparer un fonds par un jugement rendu au pétitoire (2), et passé en force de chose jugée, n'a pas obéi dans la quinzaine (3) de la signification dudit jugement à personne ou à domicile. Si le fonds est éloigné de plus de cinq myriamètres (dix lieues) du domicile de la partie condamnée, il est ajouté au délai de quinzaine, un jour par cinq myriamètres ;

---

(1) Voyez au tom. Ier., pag. 19 et 20.

(2) Le jugement rendu au pétitoire est celui qui a décidé de la propriété de l'objet. Quand il ne juge que la possession, on dit qu'il est rendu au possessoire.

(3) Par conséquent, il faudra, après cette quinzaine, un second jugement qui prononce la contrainte par corps.

TIT. X. *De la Contrainte par corps, &c.* 307

2°. Contre les fermiers et colons partiaires, pour défaut de représentation, à la fin du bail, des cheptels, semences et instrumens aratoires qui leur ont été confiés, à moins qu'ils ne justifient que le déficit ne procède point de leur fait ;   2062.

3°. Contre le débiteur d'un compte, pour défaut de présentation dudit compte au jour fixé. La contrainte peut être prononcée dans ce cas, jusqu'à concurrence d'une somme que le tribunal arbitrera ;   *Pr.* 534.

4°. Pour dommages et intérêts liquidés ;   *Ib.* 126.

5°. Pour reliquats de compte de tutelle, curatelle, d'administration de corps et communautés, établissemens publics, ou de toute autre administration confiée par justice (1), et pour toutes restitutions à faire par suite desdits comptes.   *Ibid.*

Les juges peuvent aussi, dans les cas énoncés dans les deux numéros précédens, et en prononçant la contrainte par corps, ordonner qu'il sera sursis à l'exécution pendant un temps qu'ils fixeront, et après lequel la contrainte sera exercée sans nouveau jugement. Ce sursis ne peut être accordé que par le juge-

―――

(1) Telle que l'administration des biens d'un absent présumé. (Art. 112.)

ment même qui statue sur la contestation, et qui énonce les motifs du délai;

6°. Pour le paiement de l'amende, des dommages et intérêts, et même du principal de la dette, contre celui qui a dénié une pièce, lorsque la dénégation a été jugée mal fondée.

Hormis ces cas, ceux déterminés par le chapitre précédent et le suivant, et ceux qui pourroient l'être à l'avenir par une loi formelle, il est défendu à tous juges de prononcer la contrainte par corps.

CHAPITRE III.

Des cas où les parties peuvent stipuler la Contrainte par corps.

La contrainte par corps peut avoir lieu en vertu de la stipulation des parties, dans deux cas seulement :

Le premier, à l'égard des cautions judiciaires, et de celles des contraignables par corps;

Et le second, à l'égard des fermiers de biens ruraux, pour le paiement de leurs fermages.

Ces deux seuls cas exceptés, il est défendu à tous notaires et greffiers de recevoir des actes dans lesquels la contrainte par corps seroit stipulée, et à tout Français, de consentir de pareils actes, même en pays étranger, le tout à peine de nullité, et de tous dépens, dommages et intérêts. 2063.

CHAPITRE IV.

Des Dispositions communes à tous les cas où la Contrainte par corps peut avoir lieu.

Ces dispositions sont relatives :
1°. A la quotité de la somme pour laquelle la contrainte peut être prononcée. Cette somme ne peut être moindre de 300 fr.; 2065.
2°. A la qualité des personnes contre lesquelles elle ne peut l'être. Ce sont d'abord les mineurs dans tous les cas ; et, en second lieu, 2064. les septuagénaires, les femmes et les filles, excepté dans le cas de stellionat. 2066.

On est censé septuagénaire à soixante-neuf *Ibid.* ans révolus; et si le débiteur qui n'avoit pas encore atteint cet âge, lorsqu'il a été incarcéré, y parvient avant d'être sorti de prison, il doit obtenir son élargissement. *Pr.* 800.

Les femmes mariées ne peuvent être contraintes par corps, même pour cause de stellionat commis pendant le mariage, si ce n'est pour raison des engagemens concernant les biens dont elles ont la libre administration.

510   Liv. IV. *Des Contrats et Engag., &c.*

2066. Celles communes en biens ne peuvent être réputées stellionataires, pour raison des obligations qu'elles ont contractées conjointement ou solidairement avec leurs maris (1).

2067. 3°. Aux formalités à observer pour l'exercice de la contrainte par corps. Celle, même légale, ne peut avoir lieu qu'en vertu d'un jugement, et en se conformant d'ailleurs aux dispositions des art. 780 et suivans du Code de Procédure.

2068. L'appel suspend la contrainte par corps, à moins que l'exécution provisoire du jugement n'ait été ordonnée sous caution.

2069. 4°. Enfin, à l'effet de cette contrainte : elle ne préjudicie en rien aux poursuites et exécutions sur les biens du débiteur.

CHAPITRE V.

Du Bénéfice de Cession.

1265. La cession de biens est, en général, l'abandon que le débiteur fait, de tous ses biens, à ses créanciers.

---

(1) Il faut excepter les femmes des commerçans, qui peuvent être poursuivies comme complices de banqueroute frauduleuse, lorsqu'elles ont prêté leur nom ou leur intervention à des actes faits par leurs maris, en fraude des créanciers de celui-ci. (*Comm.* 556.)

TIT. X. *De la Contrainte par corps, &c.* 311

Elle est volontaire ou judiciaire. — 1266.

La cession volontaire est celle que les créanciers acceptent volontairement. Ses effets sont réglés par les stipulations du contrat passé entr'eux et leur débiteur. — 1267.

La cession judiciaire dont il est question dans ce chapitre, est un bénéfice accordé par la loi au débiteur de bonne foi, et en vertu duquel il peut, nonobstant toute stipulation contraire, faire en justice, à ses créanciers, et malgré eux, l'abandon de tous ses biens (1). $\begin{cases}1268.\\1270.\end{cases}$

Les effets de cette cession sont : 1°. d'opérer la décharge de la contrainte par corps, et *Ibid.* même de procurer l'élargissement du débiteur, s'il a été emprisonné auparavant; *Pr.* 800.

2°. Que les créanciers, sans acquérir la propriété des biens de leur débiteur, ont cependant le droit de les faire vendre à leur profit, et d'en percevoir les revenus, par imputation sur leurs créances, jusqu'à la vente, 1269. à laquelle il doit être procédé suivant les formes prescrites pour la vente des biens de mineurs, sauf, pour les immeubles, le *C.* $\begin{cases}564.\\574.\end{cases}$ droit de surenchérir, accordé à tout créancier, pendant huitaine après l'adjudication. *Ib.* 565.

_____

(1) Pour les formalités prescrites pour obtenir ce bénéfice, voyez le Code de Procédure, art. 898 et suivans; et celui de Commerce, art. 566 à 575.

La cession judiciaire ne libère le débiteur que jusqu'à concurrence de la valeur des biens abandonnés, tellement que, s'ils ont été insuffisans, et qu'il lui en survienne d'autres par la suite, il est tenu de les abandonner de nouveau jusqu'à parfait paiement.

Le bénéfice de cession est, comme nous l'avons dit, une faveur accordée seulement au débiteur malheureux et de bonne foi. En conséquence, tous ceux auxquels on peut reprocher de la fraude, en sont exclus, tels que,

Les stellionataires,

Les banqueroutiers frauduleux,

Les personnes condamnées pour vol ou escroquerie,

Les comptables, tuteurs, administrateurs, et dépositaires.

Ce bénéfice est également refusé aux étrangers, à cause de la facilité qu'ils ont de se dérober aux poursuites ultérieures.

DEUXIÈME CLASSE.

Contrats réels.

Les contrats réels sont ceux qui, outre le consentement des parties, exigent encore la tradition de la chose qui en est l'objet. Ils sont au nombre de quatre, dont trois principaux, le prêt, le contrat de rente viagère, le dépôt; et un seul accessoire, le nantissement.

PREMIÈRE DISTINCTION.

Contrats réels principaux.

TITRE XI.

Du Prêt (1).

Le prêt est en général un contrat par lequel une des parties livre une chose à l'autre, pour

---

(1) Il y a dans les OEuvres de Pothier, un Traité sur le *Contrat de Prêt*, soit à usage, soit de consommation.

s'en servir, et à la charge de la restituer après s'en être servie.

A la charge de la restituer. Cette restitution peut avoir lieu de deux manières : ou en nature, si c'est un corps certain; ou en choses de même qualité, si c'est une chose fongible. Cette différence dans la nature de la chose qui est l'objet du prêt, en introduit une essentielle dans la nature du contrat. On distingue en conséquence deux sortes de prêts, celui à usage ou *commodat*, et celui 1874. de consommation.

CHAPITRE PREMIER.

Du Prêt à usage ou Commodat.

Le prêt à usage ou commodat est un contrat par lequel l'une des parties livre gratuitement à l'autre une chose non fongible, pour s'en servir, et à la charge de la rendre en 1875. nature après s'en être servie.

Un contrat, réel, de bienfaisance, non solemnel, et synallagmatique imparfait.

Livre : Ce contrat étant réel, n'est parfait que par la tradition de la chose.

Gratuitement : Parce que la gratuité est 1876. de l'essence du commodat (1).

---

(1) S'il y avoit quelque chose de stipulé pour prix de l'usage, ce seroit un louage, ou un contrat innommé quelconque.

Une chose non fongible : La chose devant être rendue en nature, il est évident qu'elle doit être du nombre de celles qui ne se consomment pas par l'usage. 1878.

Pour s'en servir : Parce que le commodat ne transfère à l'emprunteur que l'usage de la chose, dont la propriété reste dans les mains du prêteur. 1877.

Cela posé, nous aurons à voir : 1°. quelles sont les obligations de l'emprunteur;

2°. Quelles sont celles du prêteur.

SECTION PREMIÈRE.

Des Obligations de l'Emprunteur.

L'emprunteur contracte deux obligations principales :

La première, de veiller en bon père de famille à la garde et à la conservation de la chose prêtée, et de ne s'en servir qu'à l'usage déterminé par la nature de la chose, ou par la convention; le tout à peine de dommages-intérêts, s'il y a lieu. 1880.

Le commodat étant essentiellement gratuit, le prêteur a le droit d'exiger de l'emprunteur une surveillance et une exactitude particulières. Ce dernier est même tenu des cas fortuits dans les quatre circonstances suivantes :

316   Liv. IV. *Des Contrats et Engag.*, &c.

1881.
1°. S'il a employé la chose à un autre usage, ou pendant un temps plus long qu'il ne le devoit;

1882.
2°. S'il a pu la garantir de l'accident, en employant la sienne propre, ou si, ne pouvant garantir que l'une des deux, il a préféré la sienne;

1883.
3°. Si la chose a été estimée en la prêtant, à moins, dans ce cas, qu'il n'y ait convention contraire;

4°. Enfin, si l'emprunteur s'est chargé expressément des cas fortuits.

1884.
Ces quatre cas exceptés, il n'est pas tenu de la détérioration survenue, sans qu'il y ait de sa part aucune faute, quand même cette détérioration seroit une suite de l'usage même de la chose.

1888.
La seconde obligation de l'emprunteur est de rendre la chose prêtée au terme fixé par la convention, ou, à défaut de convention, après qu'elle a servi à l'usage pour lequel elle a été empruntée.

La restitution peut même être ordonnée avant l'une de ces deux époques, dans deux cas :

1879.
Le premier, quand le prêt a été fait à la seule considération de l'emprunteur, et qu'il vient à décéder avant le terme;

Et le deuxième, s'il survient au prêteur un

besoin pressant et imprévu de la chose ; la décision, dans ce dernier cas, est laissée à la prudence du juge. 1889.

L'obligation de restituer est tellement stricte dans le commodat, que l'emprunteur ne peut s'y soustraire, même sous prétexte de sommes à lui dues par le prêteur ; et si la même chose 1885. a été prêtée à plusieurs, ils sont tous solidairement responsables. 1887.

Section II.

Des Obligations du Prêteur.

La seule obligation imposée au prêteur par la nature du contrat, est celle de restituer à l'emprunteur les dépenses qu'il a faites pour la 1890. conservation de la chose : mais il faut que ces dépenses aient été,

1°. *Extraordinaires.* S'il ne s'agissoit que de celles occasionnées par l'usage ordinaire de la chose, il seroit contre l'équité que l'emprunteur, qui a profité seul de la chose, pût s'en faire rembourser ; 1886.

2°. *Nécessaires.* Autrement, il eût été possible que le prêteur ne les fît pas ;

3°. *Urgentes.* C'est-à-dire, telles que le prêteur n'ait pu être prévenu du cas qui y a donné lieu. 1890.

Le prêteur contracte bien encore une seconde obligation, c'est celle d'indemniser l'emprunteur du préjudice que lui ont occasionné les défauts de la chose prêtée, que lui prêteur connoissoit, et qu'il a dissimulés; mais, dans ce cas, l'action naît plutôt du dol commis par le prêteur, que de la nature même du contrat.

1891.

CHAPITRE II.

Du Prêt de Consommation.

Le prêt de consommation (1) est un contrat unilatéral, par lequel l'une des parties livre à l'autre une certaine quantité de choses fongibles, à la charge d'en rendre pareille quantité, nature et bonté, au terme et au lieu convenus.

1892.
1902.

Un contrat : réel, non solennel, de bienfaisance ou à titre onéreux, suivant qu'il y a, ou non, des intérêts stipulés.

Unilatéral : parce qu'il ne résulte du prêt aucune action en faveur de l'emprunteur. Le prêteur est bien sujet à la même responsabilité que dans le prêt à usage, relativement aux défauts de la chose prêtée, qu'il connoissoit et

---

(1) C'est celui que les Latins appellent *Mutuum*.

qu'il a dissimulés; mais, comme nous l'avons dit, son obligation, dans ce cas, dérive plutôt du dol qu'il a commis, que de la nature du contrat de prêt.

Livre : Ce contrat étant réel, ne s'accomplit que par la tradition de la chose. Il faut que la chose soit livrée en toute propriété : car ce prêt ne pouvant avoir lieu que pour les choses fongibles, dont on ne peut se servir sans les consommer, et le droit de consommer étant le caractère distinctif et essentiel de la propriété, il en résulte, 1°. que dans ce prêt, l'emprunteur devient propriétaire de la chose prêtée, et qu'elle périt pour lui, de quelque manière que la perte arrive, même par cas fortuit; et, 2°. que le prêt ne peut avoir lieu que de la part de celui qui peut aliéner.

Des choses fongibles : Nous avons vu que l'espèce monnoyée est mise au nombre des choses fongibles, *quià utenti perit* (1).

Pareille quantité, nature, et bonté : En conséquence, si ce sont des denrées qui aient été prêtées, le débiteur doit toujours rendre la même quantité et qualité, et ne doit rendre que cela, quand même le prix auroit augmenté ou diminué dans l'intervalle. Si, par événe-

---

(1) Tom. I, pag. 307.

ment, il lui étoit absolument impossible de rendre les denrées en nature, il est tenu d'en payer la valeur, eu égard au temps et au lieu où la chose doit être rendue d'après la convention, ou, à défaut de convention, au prix du

1903. temps et du lieu où l'emprunt a été fait, avec les intérêts, dans tous les cas, à compter du
1904. jour de la demande.

Il en est de même à l'égard du prêt d'ar-
1896. gent, s'il a été fait en lingots; mais si c'est en espèces, l'obligation qui en résulte n'est jamais que de la somme numérique énoncée au contrat; et, soit qu'il y ait eu augmentation ou diminution dans la valeur intrinsèque de l'espèce, avant l'époque du paiement, le débiteur ne doit toujours rendre que la somme numérique prêtée, et la rendre dans
1895. les espèces ayant cours au jour du paiement.

Au terme convenu: Jusque-là, en effet, le
1899. prêteur ne peut rien exiger. S'il n'a pas été fixé de terme, le prêteur peut exiger le paiement quand il le juge convenable. Mais le juge peut, suivant les circonstances, accorder un
1900. délai à l'emprunteur; comme aussi, quand même il auroit été convenu que l'emprunteur paieroit quand il le voudroit, ou quand il en auroit les moyens, le juge peut toujours, également d'après les circonstances, fixer un
1901. terme pour le paiement.

TIT. XI. *Du Prêt.*

Et au lieu : S'il n'y a pas de lieu fixé, le paiement doit être fait au domicile du débiteur. 1247.

La gratuité est de la nature, mais non de l'essence du prêt de consommation. On peut en conséquence stipuler des intérêts pour un simple prêt, soit d'argent, soit de denrées ; 1905. on peut, à plus forte raison, en stipuler pour un capital que le prêteur s'interdit d'exiger ; le prêt prend alors le nom de *constitution de* 1909. *rente.* Cette rente peut être perpétuelle, ou bornée à la vie du prêteur ou de toute autre 1910. personne. Les règles concernant ces dernières sortes de rentes appelées *rentes viagères,* sont établies au titre suivant. Nous ne traiterons 1914. donc ici que du simple prêt à intérêt, et de la rente constituée en perpétuel.

SECTION PREMIÈRE.

Du simple Prêt à intérêt.

L'intérêt est, en général, tout bénéfice que le prêteur reçoit au-delà de la somme ou de la chose prêtée. Il est légal ou conventionnel. 1907.

L'intérêt légal est celui dont le taux est fixé par la loi. Il a lieu principalement en cas de retard dans le paiement d'une somme d'argent. Nous avons traité de cette espèce d'intérêt au Titre *des Contrats en général*, chapitre IV, section IV. Il n'est donc question ici que de l'intérêt conventionnel.

1907. Le taux de cet intérêt doit être fixé par écrit. Cependant, s'il a été payé des intérêts, quoique non stipulés par écrit, l'emprunteur ne peut

1906. les répéter, ni les imputer sur le capital; mais d'un autre côté, quand ils auroient été stipulés par écrit, si le capital a été payé, et qu'il en ait été donné quittance, sans réserve des intérêts, ils sont présumés également

1908. payés, et le débiteur entièrement libéré.

Le taux de l'intérêt conventionnel peut excéder celui de l'intérêt légal, toutes les fois

1907. que la loi ne le prohibe pas (1).

Section II.

De la Rente constituée (2).

La constitution de rente est un contrat par lequel une des parties, qui reçoit de l'autre un capital quelconque, s'engage à lui payer

---

(1) La loi du 3 septembre 1807 (*Bulletin*, n°. 2740) en a fixé le maximum au taux de l'intérêt légal, c'est-à-dire, à cinq pour cent en matière civile, et six pour cent en matière de commerce.

(2) Pothier a un Traité particulier sur le *Contrat de rente perpétuelle et viagère*.

une rente annuelle et perpétuelle, rachetable à toujours, en restituant le capital reçu dans l'origine.

Un contrat : commutatif, unilatéral, et non solennel.

Qui reçoit : Ce contrat est réel, il exige la tradition de la chose.

Une rente perpétuelle : Quelque long-temps qu'ait duré la prestation de la rente, le débiteur ne peut jamais se libérer qu'en remboursant le capital. La rente est aussi perpétuelle, dans le sens que le créancier ne peut en exiger le rachat. Mais comme cette disposition est subordonnée à la condition tacite que le débiteur exécutera de son côté les obligations qui lui sont imposées, il s'ensuit que, toutes les fois qu'il ne s'y conforme pas, le rachat peut être exigé ; ce qui a lieu dans les trois cas suivans : 1909.

1°. S'il ne fournit pas au prêteur les sûretés promises par le contrat ;

2°. S'il laisse passer deux années sans payer la rente ; 1912.

3°. S'il tombe en faillite ou en déconfiture. 1913.

Rachetable à toujours : Parce que le débiteur peut, au contraire, se libérer en tout temps de la prestation de la rente, en remboursant le capital. Toute stipulation qui ten-

droit à lui interdire cette faculté à perpétuité, est nulle; seulement les parties peuvent convenir que le rachat ne sera pas fait avant un délai qui ne peut excéder dix ans, si la
1911. rente est constituée à prix d'argent; et trente
530. ans, si elle est pour prix d'un héritage.

Dans tous les cas, les parties peuvent également convenir que le rachat ne pourra être fait, sans avoir averti le créancier à un terme
1911. d'avance déterminé.

TITRE XII.

De la Rente viagère et autres Contrats aléatoires.

La rente viagère étant mise avec raison au nombre des contrats aléatoires, nous traiterons, à cette occasion, du petit nombre de ces contrats, dont il est question dans le Code.

Le contrat aléatoire a été défini au Titre *des Contrats en général* (1), celui dans lequel chacune des parties court une chance incertaine de gain ou de perte. On en distingue cinq :

1°. Le contrat d'assurance, par lequel une des parties se charge, moyennant une somme convenue, du risque des cas fortuits auxquels est exposée une chose appartenant à un autre (2) ;

2°. Le prêt à la grosse aventure, ou simplement le prêt à la grosse. C'est un contrat

---

(1) Tom. II, pag. 211.
(2) Pour le Contrat d'assurance maritime, voyez le Code de Commerce, liv. II, tit. X.

par lequel l'une des parties prête à l'autre une somme qui est spécialement affectée sur des objets faisant partie d'une expédition maritime, sous la condition qu'en cas de perte desdits objets la somme ne sera pas restituée ; et qu'en cas d'heureuse arrivée, la restitution aura lieu avec un profit convenu, qui peut, dans ce cas, excéder le taux fixé par la loi pour le *maximum* de l'intérêt conventionnel (1) ;

3°. Le jeu ;

4°. Le pari ;

1964. 5°. La rente viagère.

De ces cinq contrats, les deux premiers sont traités dans le Code de Commerce, et les trois autres seulement dans le Code Napoléon. Le jeu et le pari étant régis par les mêmes principes, il en sera question dans une même section. La seconde traitera de la rente viagère.

CHAPITRE PREMIER.

Du Jeu et du Pari.

Le jeu, considéré comme contrat, est une convention par laquelle deux joueurs con-

---

(1) Voyez le Code de Commerce, liv. II, tit. IX.

Tit. XII. *De la Rente viagère, &c.* 327
viennent que celui d'entr'eux qui perdra, donnera (1) au gagnant une chose ou une somme convenue.

Le pari est un contrat par lequel deux personnes conviennent que l'une d'entr'elles paiera à l'autre, et réciproquement, une somme ou une chose convenue, en cas qu'une chose soit ou ne soit pas.

En général, le jeu et le pari n'engendrent point d'action, mais seulement une exception. Ainsi le gagnant ne peut forcer le perdant de payer la somme convenue. Mais si ce dernier a payé, il ne peut répéter, à moins qu'il n'y ait eu dol de la part du gagnant. 1965.

1967.

Sont exceptés de ces dispositions les jeux qui tiennent à l'adresse ou à l'exercice du corps, comme les armes, les courses à pied, à cheval, de chars, le jeu de paume, etc. Dans ces sortes de jeux, le gagnant a action contre le perdant, sauf aux tribunaux à rejeter la demande, si elle leur paroît excessive. 1966.

---

(1) *Donnera :* Parce que le contrat de jeu n'est pas réel ; il est parfait par le seul consentement. Il en est de même du pari.

CHAPITRE II.

Du Contrat de rente viagère.

La constitution de rente viagère est un contrat par lequel une partie s'engage envers l'autre, à titre gratuit ou onéreux, à lui payer une rente annuelle, pendant la vie naturelle de l'individu, ou des individus désignés au contrat.

Un contrat : non solennel, unilatéral, et réel quand il est fait à titre onéreux.

1969. *A titre gratuit :* dans ce cas, c'est une véritable donation, qui ne peut avoir lieu que dans les formes requises pour les donations entre-vifs ou les testamens, et qui est assujettie à toutes les règles concernant la portion disponible et la capacité du donateur et du donataire.

1970.

1968. *Ou à titre onéreux :* le prix peut consister, soit dans une somme d'argent, soit dans un meuble ou un immeuble quelconque. Dans ce cas, la constitution de rente viagère a le caractère d'une vente, au moins sous le rapport de l'irrévocabilité de la part, tant du créancier, que du débiteur de la rente. En conséquence, ce dernier est tenu de servir la rente pendant toute la vie de la personne ou des personnes

Tit. XII. *De la Rente viagère, &c.* 329

désignées au contrat, quelle qu'en soit la durée, et quelqu'onéreux que puisse devenir le service de la rente, sans qu'il puisse s'en libérer en aucune manière, même en offrant de restituer le prix, et de renoncer à la répétition des arrérages payés. 1979.

De son côté, le créancier ne peut demander la restitution du capital, même pour défaut de paiement des arrérages. Il peut seulement saisir et faire vendre les biens de son débiteur, et faire ordonner ou consentir sur le produit de la vente, l'emploi d'une somme suffisante pour le service de la rente. 1978.

Il n'en est pas de même dans le cas où le débiteur manque à donner les sûretés stipulées dans le contrat ; alors la constitution de rente est censée conditionnelle ; et la condition venant à manquer, le créancier peut demander la résiliation du contrat. 1977.

Une rente annuelle : ce contrat étant aléatoire, la loi n'a dû établir aucune proportion déterminée entre la valeur du capital et le montant de la rente, qui peut, d'après cela, être constituée au taux qu'il plaît aux parties de fixer. 1976.

Payable : soit à la partie contractante elle-même, soit même à un tiers qui n'a pas fourni les deniers. Dans ce dernier cas, quoique la disposition ait, à l'égard de ce tiers, tous les caractères d'une libéralité, néanmoins, comme entre les parties c'est réellement un contrat à titre onéreux, dont la donation n'est qu'une des clauses, elle n'est point assujettie aux formes requises pour les donations, mais seulement aux règles relatives à la portion disponible et à la capacité des personnes.

1973.

Pendant la vie : c'est donc au créancier de la rente à justifier de l'existence de celui sur la tête duquel la rente est constituée; et lorsque ce dernier vient à mourir, la rente n'est acquise au créancier que dans la proportion du nombre de jours qu'a vécu la personne désignée, à moins cependant qu'il n'ait été convenu qu'elle seroit payée d'avance; auquel cas, le terme entier est acquis du jour où le paiement a dû en être fait.

1983.

1980.

Naturelle : parce que la rente viagère ne s'éteint pas par la mort civile de celui sur la tête duquel elle est constituée, à la charge toutefois de justifier de son existence.

1982.

De l'individu : soit de celui auquel la rente doit être payée, soit de toute autre personne qui n'a aucun droit d'en jouir ; et, dans ce dernier cas, si celui sur la tête duquel la rente est constituée, survit au créancier, les héritiers de ce dernier ont droit de la recevoir jusqu'à son extinction.

1971.

Ou des individus : parce que la rente peut

être constituée sur plusieurs têtes, soit qu'elle 1972. doive subsister jusqu'au décès du dernier mourant, soit que chacune des têtes ait droit d'en jouir ensemble ou séparément, dans l'ordre et de la manière fixés par le contrat.

L'on voit, par ce que nous venons de dire, que la rente viagère ne peut exister sans qu'il y ait une personne sur la tête de laquelle elle soit constituée. Il est donc évident que le contrat n'a point d'effet, si la personne désignée étoit morte au jour de la constitution ; et, de 1974. plus, comme ce contrat est essentiellement aléatoire, et qu'il cesseroit de l'être, si l'une des parties n'avoit aucune chance à courir, il s'ensuit que si cette même personne, quoiqu'existante au jour du contrat, étoit cependant dèslors atteinte de la maladie dont elle est décédée dans les vingt jours subséquens, le contrat est également nul. 1975.

La rente viagère peut être stipulée insaisissable, mais seulement lorsque celui à qui elle doit être payée, en jouit à titre gratuit. 1981.

TITRE XIII.

Du Dépôt et du Séquestre (1).

1915. Dans ce titre, le mot de dépôt se prend dans deux sens. Il signifie d'abord le contrat de dépôt, et, en second lieu, la chose même qui a été déposée.

Pris dans le premier sens, il peut être défini en général un contrat par lequel une chose est confiée à une personne qui se charge de la garder et de la restituer en nature. Ce contrat se divise en dépôt proprement dit, et en

1916. séquestre.

CHAPITRE PREMIER.

Du Dépôt proprement dit.

Le dépôt proprement dit est un contrat par lequel une personne donne une chose à garder à une autre, qui s'en charge gratuitement, et s'oblige de la rendre à la volonté du déposant.

---

(1) Voir le Traité de Pothier sur le *Contrat de Dépôt*.

Tit. XIII. *Du Dépôt et du Séquestre.* 333

Un contrat : réel, synallagmatique imparfait, et ordinairement de bienfaisance.

Donne : parce que le dépôt, comme nous venons de le dire, est réel, et ne s'accomplit que par la tradition réelle ou feinte de la chose déposée. 1919.

Une chose : corporelle et mobilière. Les immeubles ne peuvent être l'objet que du séquestre. 1918.

A garder : Parce que le dépositaire n'a que la garde du dépôt, et ne peut s'en servir sans la permission expresse ou présumée du déposant. 1930.

Qui s'en charge gratuitement : Parce que le dépôt est gratuit de sa nature. 1917.

A la volonté du déposant : parce que le dépôt doit être remis aussitôt que le déposant le réclame, quand même le contrat auroit fixé un délai pour la restitution, pourvu toutefois qu'il n'existe pas de saisie-arrêt ou opposition entre les mains du dépositaire. 1944.

Le dépôt est volontaire ou nécessaire. 1920.

Section première.

Du Dépôt volontaire.

Le dépôt volontaire est celui dans lequel le choix du dépositaire dépend de la volonté unique et parfaitement libre du déposant. 1921.

Pour exposer les règles relatives à ce dépôt, nous aurons à voir :

1°. Entre quelles personnes il peut avoir lieu ;

2°. Quelles sont les obligations du dépositaire ;

3°. Quelles sont celles du déposant.

§. Ier.

Entre quelles personnes le Contrat de dépôt peut avoir lieu.

1925. Le dépôt, comme tous les autres contrats, ne peut avoir lieu qu'entre personnes capables de contracter. Si l'un des contractans est incapable, il faut distinguer si c'est le déposant ou le dépositaire.

Ibid. Si c'est le déposant, le dépositaire est tenu de toutes les obligations inhérentes au dépôt ; et il peut être poursuivi pour la restitution, par le tuteur ou autre représentant du déposant.

1926. Si c'est le dépositaire, le déposant n'a que l'action en revendication de la chose déposée, si elle existe encore dans la main du dépositaire ; si elle n'y est plus, il n'a qu'une simple action personnelle, jusqu'à concurrence de ce dont le dépositaire en a profité.

§. II.

Des Obligations du Dépositaire.

Le dépositaire contracte deux obligations principales.

La première, de garder fidèlement la chose déposée ;

Et la seconde, de la restituer à la première réquisition du déposant.

Ces deux obligations ont cela de commun, qu'elles cessent du moment que le dépositaire peut parvenir à prouver qu'il est lui-même le propriétaire de la chose déposée.   1946.

De l'Obligation de garder la Chose déposée.

Les parties peuvent convenir que le dépositaire répondra de toute espèce de faute. S'il 1928. n'a rien été stipulé à cet égard, le dépositaire est tenu, par la nature du contrat, d'apporter dans la garde de la chose les mêmes soins qu'il apporte pour celles qui lui appartiennent, 1927. en observant cependant que l'on a droit d'exiger de lui une exactitude plus rigoureuse dans les trois cas suivans :

S'il s'est offert lui-même pour recevoir le dépôt ;

Si le dépôt est dans son intérêt;

Enfin, s'il y a un salaire stipulé pour la garde (1).

1928.

Dans aucun cas, cependant, le dépositaire n'est tenu des accidens de force majeure, à moins qu'il n'ait été mis en demeure (2). Mais si, par suite de l'accident, il a reçu le prix de l'objet, ou quelque chose à la place, il est tenu de restituer ce qu'il a reçu.

1929.

1934.

L'obligation de garder la chose renferme celle de ne point chercher à la connoître, lorsqu'elle a été confiée dans un coffre fermé, ou sous une enveloppe cachetée.

1931.

De l'Obligation de restituer.

Cette obligation peut se considérer sous le rapport : de la chose à restituer; du lieu et de l'époque de la restitution; et enfin, de la personne à qui la restitution doit être faite.

De la chose à restituer : Le dépositaire doit rendre identiquement celle qu'il a reçue. Si donc le dépôt est d'argent monnoyé, il doit rendre les mêmes pièces, sans égard à l'augmentation ou à la diminution qui a pu s'opérer dans leur valeur.

1932.

---

(1) Alors c'est moins un dépôt, qu'un louage de service.

(2) Et toujours, à mon avis, avec la distinction apportée dans l'art. 1302.

Tit. XIII. *Du Dépôt et du Séquestre.*

Il est tenu de rendre la chose dans l'état où elle se trouve au moment de la restitution, et il ne répond que des détériorations survenues par son fait. 1933.

Si par dol, ou par quelque faute du genre de celles dont il est tenu, il a cessé de posséder la chose, il est tenu d'en restituer la valeur, avec dommages et intérêts, suivant les circonstances; et même, en cas de dol, il est contraignable par corps (1), sans pouvoir être admis au bénéfice de cession. Il 1945. en seroit de même à l'égard de son héritier, s'il étoit prouvé qu'il avoit connoissance du dépôt; autrement, il est présumé de bonne foi; et, s'il a vendu la chose, il n'est tenu que de rendre le prix, s'il l'a reçu, ou, dans le cas contraire, de céder l'action qu'il a contre l'acheteur. 1935.

Si la chose a produit des fruits qui aient été perçus par le dépositaire, il est tenu de les restituer. Mais si le dépôt consiste en deniers comptans, il n'en doit les intérêts que du jour où il a été mis en demeure de faire la restitution. 1936.

Du lieu de la restitution: Si ce lieu a été désigné par le contrat, le dépositaire est tenu d'y porter ou d'y faire porter la chose, sauf à

---

(1) Cela seroit regardé comme une escroquerie.

se faire tenir compte par le déposant des frais de transport. S'il n'a point été désigné de lieu, la restitution doit être faite dans le lieu même du dépôt.

De l'époque de la restitution : Nous avons vu qu'elle devoit être faite à la première réquisition du déposant, nonobstant toute stipulation contraire (1).

Enfin, *de la personne à qui le dépôt doit être restitué* : C'est toujours à celle qui a fait le dépôt, ou au nom de laquelle il a été fait, ou qui a été indiquée par le déposant pour le recevoir. Cependant il peut arriver que, dans l'intervalle, le déposant soit mort, ou ait changé d'état. Dans le premier cas, la chose doit être rendue à son héritier; s'il en a plusieurs, à chacun pour sa part et portion; et si la chose déposée n'est pas naturellement divisible, ils sont tenus de s'accorder entr'eux pour la recevoir.

Si le déposant a éprouvé un changement d'état qui ait influé sur sa capacité; par exemple, si c'est un majeur qui ait été interdit, une femme qui se soit mariée, etc., le dépôt ne

---

(1) Cependant cette stipulation ne sera pas nulle. Elle aura pour effet d'empêcher que le dépositaire ne puisse forcer le déposant de reprendre la chose avant le terme fixé.

Tit. XIII. *Du Dépôt et du Séquestre.* 339

peut être restitué qu'à celui qui a l'administration de ses droits et de ses biens. 1940.

Réciproquement, si le dépôt a été fait par un tuteur, un mari, ou autre administrateur, dans l'une de ces qualités, et que leur gestion ou administration se soit terminée dans l'intervalle, il ne peut être restitué qu'à la personne qu'ils représentoient. 1941.

Régulièrement, le dépôt ne peut être fait que par le propriétaire de la chose, ou de son consentement exprès ou tacite. Néanmoins le 1922. dépositaire ne peut se défendre de restituer, en alléguant que celui qui a fait le dépôt n'étoit pas propriétaire; seulement, s'il vient à découvrir que la chose a été volée, et quel en est le propriétaire, il doit lui dénoncer le dépôt, avec sommation de le réclamer dans un délai déterminé et suffisant, et d'en faire ordonner la restitution avec le déposant. Si le propriétaire ne réclame pas, le dépositaire peut se libérer, en restituant le dépôt à celui duquel il l'a reçu. 1938.

§. III.

Des Obligations du Déposant.

Dans le contrat de dépôt, le déposant contracte deux obligations; celle de rembourser au dépositaire les dépenses qu'il a faites pour la conservation de la chose déposée, et celle de l'indemniser de tout le préjudice que le dépôt peut lui avoir occasionné. Outre l'action personnelle que le dépositaire peut exercer à cet effet, il a encore le droit de retenir la chose déposée, jusqu'à l'entier paiement de tout ce qui lui est dû.

Section II.

Du Dépôt nécessaire.

Le dépôt nécessaire est celui dans lequel le choix du dépositaire ne dépend pas uniquement de la libre volonté du déposant. On en distingue deux espèces : le dépôt nécessaire proprement dit, et le dépôt d'hôtellerie.

Le dépôt nécessaire proprement dit, est celui qui est causé par un événement fortuit et imprévu, comme un incendie, une ruine, un pillage, etc.

Le dépôt d'hôtellerie est celui des effets apportés dans une auberge par le voyageur qui y loge.

Ces deux espèces de dépôts diffèrent du dépôt volontaire, en ce que ce dernier, comme tous les contrats, ne peut être prouvé par témoins, que lorsqu'il s'agit d'une valeur de

TIT. XIII. *Du Dépôt et du Séquestre.* 341

150 francs ou au-dessous; tandis que, dans le dépôt nécessaire, cette preuve peut être reçue, quelle que soit la valeur des objets réclamés, sauf au juge à prendre en considération la qualité des personnes et les circonstances du fait.

1923.

1950.

1348.

De plus, dans le dépôt d'hôtellerie, l'hôtellier ou aubergiste est responsable du vol ou du dommage des effets du voyageur, soit que le vol ait été fait, ou le dommage causé par les domestiques ou préposés de l'hôtellerie, ou par des étrangers allant et venant dans l'auberge. Mais si le fait a été commis à main armée, ou par autre force majeure, l'aubergiste n'en est pas tenu.

1953.

1954.

CHAPITRE II.

Du Séquestre.

Le séquestre (1) est le dépôt d'une chose contestée entre les mains d'une tierce personne chargée de la garder, et de la remettre, après la contestation terminée, à celui auquel elle aura été adjugée.

---

(1) Le mot *séquestre* est pris aussi quelquefois pour la personne entre les mains de laquelle la chose est séquestrée. (*Proc.* 688.)

Nous disons *le dépôt*, parce que le séquestre, quand il est gratuit, est soumis aux règles du dépôt proprement dit, sauf les différences ci-après énoncées.

1958.

1959. *D'une chose :* Mobilière ou immobilière.

Après la contestation terminée : Parce qu'avant cette époque le dépositaire ne peut se faire décharger du séquestre, si ce n'est du consentement de toutes les parties intéressées, ou pour une cause jugée légitime.

1960.

1955. Le séquestre est conventionnel ou judiciaire.

1956. Il est conventionnel, quand il a été fait du consentement des parties, sans ordonnance

1957. du juge. Il peut n'être pas gratuit.

Le séquestre judiciaire est celui qui est fait par ordonnance du juge, dans les cas suivans :

1°. A l'égard d'un immeuble ou d'une chose mobilière dont la propriété ou la possession sont litigieuses entre deux ou plusieurs personnes ;

1961. 2°. A l'égard des choses offertes par un débiteur pour sa libération ;

Pr. 688. 3°. A l'égard de l'immeuble saisi qui n'est ni loué ni affermé.

Dans ces trois cas, le séquestre a lieu entre les mains d'une personne nommée par le juge, soit d'office, soit sur la présentation des parties. Il entraîne les mêmes obligations que le séquestre conventionnel, et, de plus, la contrainte par corps. Lorsqu'il s'agit d'un immeuble saisi, le saisi peut être nommé séquestre.

1963.

2060.

Pr. 688.

4°. Enfin, à l'égard des meubles saisis sur un débiteur. Le dépositaire se nomme alors *gardien*. Il est ordinairement établi par l'exploit de saisie (1).

1961.

Pr. 597.

Ce dernier séquestre établit entre le saisissant et le gardien des obligations réciproques.

Celle du saisissant consiste à payer au gardien le salaire fixé par la loi ;

Celles du gardien sont de veiller, en bon père de famille, à la conservation des objets saisis. En conséquence, il ne peut s'en servir, les louer, ou les prêter, à peine de privation des frais de garde et des dommages-intérêts.

1962.

Pr. 603.

Il doit en outre tenir compte des profits ou revenus que les objets saisis ont pu produire, et enfin, représenter le tout à qui de droit.

Ib. 604.

1962.

Il est sujet à la contrainte par corps, pour raison de toutes ces obligations.

2060.

---

(1) Voir à cet égard, et relativement aux personnes qui peuvent être établies gardiens, les art. 596, 597 et 598 du Code de Procédure.

Le gardien peut demander sa décharge, si la vente n'a pas été faite au jour indiqué par le procès-verbal, sans qu'il y ait eu d'empêchement : en cas d'empêchement à la vente, il peut demander sa décharge deux mois après la saisie. La demande en décharge est dirigée contre le saisissant et le saisi, et jugée en référé par le juge du lieu de la saisie.

Pr. 605.
Ib. 606.

DEUXIÈME DISTINCTION.

Contrat réel accessoire.

TITRE XIV.

Du Nantissement (1).

Le nantissement est un contrat par lequel une chose est remise à un créancier pour sûreté de sa créance.

2071.

Un contrat : réel, non solennel, à titre onéreux, et synallagmatique imparfait.

Une chose : mobilière. L'antichrèse dont il est question dans le chapitre II du présent titre, ne peut être regardée comme un véritable contrat de nantissement, au moins quant à l'immeuble qui y est soumis. On peut, au surplus, donner en nantissement toutes sortes de choses mobilières, corporelles ou incorporelles.

---

(1) Il y a dans les OEuvres de Pothier un petit Traité sur le *Contrat de Nantissement.*

2076. *Est remise :* ce contrat étant réel, n'existe que par la tradition de la chose faite au créancier, ou à un tiers convenu entre les parties ; et c'est ce qui distingue le nantissement de l'hypothèque, dans laquelle la chose affectée au paiement de la créance reste en la possession du débiteur.

2072. Le nantissement se nomme *gage* ou *antichrèse*, suivant que l'objet qui y est soumis, est meuble ou immeuble.

CHAPITRE PREMIER.

Du Gage.

Nous observerons :

1°. Quel est le droit du créancier sur la chose engagée ;

2°. Quelles sont ses obligations ;

3°. Quelles sont celles du propriétaire du gage.

Mais nous observerons, avant tout, que les règles qui vont être établies ne sont point applicables aux matières de commerce (1),

---

(1) Voyez les art. 196, 536 et 537 du Code de Commerce, et les différens réglemens concernant les Monts-de-Piété, notamment les décrets impériaux du 8 thermidor an 13. (*Bulletin*, n°⁵. 850 et 851.)

ni aux Monts-de-Piété, à l'égard desquels on suit les lois et réglemens qui les concernent. 2084.

SECTION PREMIÈRE.

Des Droits du Créancier sur la chose engagée.

Le créancier acquiert, par le contrat de gage, deux espèces de droits sur la chose engagée :

Le premier, est celui de détenir la chose pardevers lui, jusqu'à son entier remboursement.

Nous disons *de détenir,* parce que le créancier n'a qu'un simple droit de détention sur la chose, dont le propriétaire conserve toujours la libre disposition, à la charge du paiement de la créance, et jusqu'à ce qu'il en soit exproprié. Le créancier ne peut donc, même 2079. à défaut de paiement, disposer purement et simplement du gage. Il peut seulement demander en justice, ou qu'il soit vendu aux enchères pour être payé sur le prix, ou qu'il lui demeure en paiement jusqu'à due concurrence, d'après une estimation faite par experts. Toute clause qui l'autoriseroit à s'approprier le gage, ou à en disposer autrement qu'il vient d'être dit, seroit nulle et de nul effet. 2078.

Jusqu'à son entier remboursement : parce

que, non seulement le débiteur ne peut réclamer la restitution du gage, qu'il n'ait remboursé en principal, intérêts et frais, la totalité de la dette, pour sûreté de laquelle le gage a été donné, ainsi que les dépenses nécessaires et utiles faites par le créancier pour la conservation du gage ; mais encore si, postérieurement au contrat de gage, il a contracté envers le même créancier une nouvelle dette, qui soit devenue exigible avant le paiement de la première, le gage est présumé, même sans stipulation particulière, affecté à la sûreté des deux créances, et ne peut, en conséquence, être réclamé qu'après qu'elles ont été toutes deux remboursées.

Le gage est indivisible comme l'hypothèque. En conséquence, l'héritier du débiteur qui a payé sa portion dans la dette, même divisible, ne peut, ainsi que nous l'avons vu au Titre *des Contrats en général* (1), demander la restitution de sa portion dans le gage, tant que la dette n'est pas entièrement payée pour la part de ses co-héritiers ; et réciproquement, l'héritier du créancier qui a reçu sa part dans la dette, ne peut remettre le gage, même en partie, tant que ses co-héritiers ne sont pas entièrement payés.

---

(1) Tom. II, pag. 257.

Le second droit du créancier, est celui d'être payé sur le prix du gage par privilége et préférence aux autres créanciers. Ce droit diffère du précédent, en ce qu'il suffit que le gage soit prouvé d'une manière quelconque, pour que le contrat ait son plein et entier effet à l'égard du débiteur, et qu'en conséquence, le créancier puisse user du droit de rétention vis-à-vis de ce dernier (1). Mais lorsqu'il s'agit du privilége du créancier-engagiste, comme alors l'intérêt des tiers se trouve compromis, et que d'ailleurs ce privilége prétendu pourroit donner lieu à un concert frauduleux entre le débiteur et le créancier, il a été décidé que, lorsqu'il s'agiroit d'une valeur au-dessus de 150 fr., le privilége n'auroit lieu qu'autant qu'il existeroit un acte enregistré, contenant la déclaration de la somme due, ainsi que l'espèce et la nature des choses remises en gage, ou un état annexé de leurs qualité, poids et mesure. 2173. 2074.

Si c'est une créance qui ait été donnée en gage, le privilége n'a lieu qu'autant qu'il existe un acte également enregistré, et signifié au débiteur de la créance engagée. 2075.

---

(1) *Vis-à-vis de ce dernier :* Car vis-à-vis des autres créanciers du débiteur, le créancier ne pourroit user du droit de rétention, qu'autant que les formalités dont il va être parlé auroient été observées.

2076.   Dans tous les cas, le privilége ne subsiste qu'autant que le gage est resté en la possession du créancier, ou du tiers indiqué par le contrat.

Section II.

Des Obligations du Créancier.

2080.   Les obligations du créancier sont : 1°. de veiller, en bon père de famille, à la conservation du gage, de la perte ou de la détérioration duquel il répond, en cas de négligence de sa part, suivant les règles établies au Titre des Contrats en général;

2081.   2°. De tenir compte au débiteur des fruits que la chose engagée a pu produire. Si donc c'étoit une créance portant intérêts, et qu'il les ait touchés, il doit les imputer sur les intérêts de la dette, si elle en produit; sinon, sur le capital;

3°. Enfin, de restituer le gage aussitôt après l'acquittement total de la dette.

Section III.

Des Obligations du Débiteur.

Le débiteur n'est tenu, par le contrat de gage, que d'une seule obligation dont nous avons déjà parlé; celle de rembourser au créancier les dépenses nécessaires et utiles faites par lui sur la chose engagée. 2080.

CHAPITRE II.

De l'Antichrèse.

L'antichrèse est un contrat par lequel un immeuble est remis à un créancier, pour en percevoir les fruits, à compte de sa créance.

Un contrat : réel, à titre onéreux, et unilatéral. Ce contrat n'est pas solennel; et si l'article 2085 exige qu'il soit passé par écrit, ce n'est que pour la preuve, et non à titre de solennité de rigueur. 2085.

Un immeuble : appartenant, soit au débiteur, soit à un tiers, pourvu que ce dernier ait consenti à l'antichrèse. 2090.

Pour en percevoir les fruits : il faut, en effet, remarquer que l'antichrèse n'est, à proment parler, que le pouvoir, accordé au créancier, de se payer sur les fruits provenant de l'immeuble, et qu'elle ne lui donne aucun droit réel sur l'immeuble même ; d'où il résulte :

1º. Qu'elle ne préjudicie en rien aux hypothèques ou autres droits réels que des tiers pourroient acquérir sur la chose, même postérieurement au contrat d'antichrèse, sauf au

· créancier, si, indépendamment de l'antichrèse, il a une hypothèque ou un privilége sur l'immeuble, à exercer ses droits à son rang, comme tout autre créancier;

2091.

Et 2°. qu'à défaut de paiement, le créancier ne peut que poursuivre l'expropriation de son débiteur par les voies légales, sans pouvoir prétendre aucune préférence sur le prix. Il ne peut pas même stipuler dans le principe, qu'il deviendra propriétaire de l'immeuble à défaut de paiement. Toute clause semblable seroit nulle.

2088.

A compte de sa créance : Si cette créance porte intérêt, les parties peuvent convenir que les fruits se compenseront avec les intérêts, ou en totalité, ou jusqu'à une certaine concurrence, pourvu toutefois qu'il ne résulte pas de cette stipulation un intérêt supérieur au *maximum* fixé par la loi; auquel cas, l'excédent seroit imputé sur le principal. S'il n'y a pas de convention à cet égard, l'imputation se fait annuellement, d'abord sur les intérêts, s'il en a été stipulé, et ensuite sur le capital.

2089.

2085.

Ce que nous avons dit de l'indivisibilité du gage, s'applique également à l'antichrèse. En conséquence, le débiteur ni ses héritiers ne peuvent réclamer la jouissance de l'im-

2090.

Tit. XIV. *Du Nantissement.* 353

meuble qu'après l'entier acquittement de la dette. 2087.

Ce contrat est unilatéral, parce qu'il ne produit d'action que contre le créancier, qui est tenu : 1°. de payer les contributions et autres charges annuelles de l'immeuble, s'il n'en a été autrement convenu ;

2°. Il doit également, sous peine de dommages-intérêts, pourvoir, en bon père de famille, à l'entretien et aux réparations utiles et nécessaires de l'immeuble, sauf à prélever le montant de ces diverses dépenses sur les fruits, dont l'excédent seulement est imputé sur sa créance. 2086.

Dans le cas où ces dépenses viendroient à excéder la valeur des fruits, le créancier peut toujours abandonner la jouissance, à moins qu'il n'en ait été autrement convenu. 2087.

III. 23

TITRE XV.

Des Engagemens qui se forment sans convention.

1370.

Nous avons vu au Titre *des Contrats en général*, que les obligations pouvoient résulter ou de la loi, ou d'un fait personnel à l'une des parties seulement. Dans ces deux cas, l'engagement est dit *formé sans convention*. Les engagemens formés par la loi seule étant, ainsi que nous l'avons dit au même lieu, traités sous les Titres qui les concernent, il ne sera question ici que de ceux de la seconde espèce, c'est-à-dire, de ceux résultant du fait de l'une des parties.

Ibid.

Ce fait est licite ou illicite. Dans le premier cas, il en résulte ce que l'on appelle un *quasi-contrat*. Dans le second, il faut encore distinguer : si le fait illicite a été commis avec l'intention de nuire, il se nomme *délit* ; s'il a été commis sans cette intention, il se nomme *quasi-délit*.

CHAPITRE PREMIER.

Des Quasi-Contrats.

Le quasi-contrat est le fait licite et volontaire d'une personne, d'où il résulte, sans aucune convention, un engagement, soit unilatéral, soit quelquefois même synallagmatique.

1371.

Il suit de cette définition que le consentement des deux parties n'est pas nécessaire pour le quasi-contrat. En conséquence, la capacité de contracter est bien requise dans la personne dont le fait produit l'engagement, mais non dans la personne de l'autre partie, quoique cependant il puisse arriver qu'elle se trouve obligée en définitif.

On distingue, en droit français, deux principaux quasi-contrats : la gestion d'affaires, et le paiement d'une chose non due.

SECTION PREMIÈRE.

De la Gestion d'affaires (1).

La gestion d'affaires est un quasi-contrat;

---

(1) Il y a dans les Œuvres de Pothier, à la suite de son Traité sur le *Contrat de Mandat*, un Traité sur le *Quasi-Contrat de gestion d'affaires*.

par lequel celui qui a géré, sans mandat, les affaires de quelqu'un, s'oblige envers celui dont il a géré les affaires, et l'oblige, dans certains cas, envers lui-même.

1372. *Sans mandat :* Parce qu'il suffit, dans le droit actuel, qu'il n'y ait point de mandat, pour donner lieu au quasi-contrat de gestion d'affaires, quand même le propriétaire auroit eu connoissance de la gestion.

Ibid.

1374.

1372.}
1373.}

S'oblige : Les obligations du gérant sont en général les mêmes que s'il avoit reçu un mandat exprès du propriétaire. Il doit, en conséquence, apporter à la gestion tous les soins d'un bon père de famille; et il est tenu des dommages et intérêts résultans de ses fautes ou négligences, sauf aux juges à les modifier, en raison des circonstances qui ont pu le déterminer à se charger de l'affaire. Il doit continuer la gestion jusqu'à ce que le propriétaire, ou, en cas de décès, son héritier, soient en état d'y pourvoir eux-mêmes, et il est tenu de se charger également de toutes les dépendances de l'affaire.

Et oblige celui dont il a géré l'affaire : Les obligations du maître sont de remplir les engagemens que le gérant a contractés en son nom, de l'indemniser de tous ceux qu'il a contractés personnellement, et de lui rembourser toutes les dépenses utiles ou nécessaires qu'il a faites.   1375.

Dans certains cas : Parce que les obligations du maître n'ont lieu qu'autant que l'affaire a été bien et utilement administrée. Dans *Ibid.* le cas contraire, non seulement le gérant n'a aucune action, mais encore il peut être condamné, s'il y a lieu, aux dommages et intérêts du maître.

Section II.

Du Paiement de la chose non due (1).

Tout paiement suppose une dette. Mais ce 1235. n'est là qu'une présomption dite *juris*, et qui, conséquemment, n'exclut pas la preuve contraire. Si donc celui qui a payé peut prouver que la chose n'étoit pas due, il a le droit de répéter, et celui qui a reçu est, par suite, obligé *Ibid.* de restituer. Il résulte donc alors du paiement qui a été fait, une obligation qui n'a été précédée d'aucune convention.

Le paiement d'une chose non due, considéré sous ce rapport, peut être défini un

---

(1) Il y a également dans les OEuvres de Pothier, à la suite de son *Contrat de Prêt*, un Traité sur le *Quasi-Contrat*, dit *Solutio indebiti, vel promutuum*.

quasi-contrat, par lequel celui qui a payé par erreur une chose dont il se croyoit débiteur, oblige celui qui l'a reçue à la lui restituer.

1376.

Nous disons *dont il se croyoit débiteur*: Parce qu'il suffit qu'il y ait erreur de la part de celui qui paie. Ainsi la répétition a lieu, quand même la chose auroit été effectivement due à celui qui l'a reçue, si elle n'étoit pas due par celui qui l'a payée. Néanmoins, comme il ne seroit pas juste que l'erreur du payant devînt préjudiciable au créancier, si ce dernier a, par suite du paiement, supprimé son titre, il n'est pas tenu de restituer; et il ne reste d'autre recours à celui qui a payé, que de poursuivre le véritable débiteur.

1377.

Pour que la répétition ait lieu, il faut que la chose payée ne soit due en aucune manière. Nous avons vu que la simple obligation naturelle suffisoit pour empêcher la répétition.

1235.

La répétition de la chose non due étant fondée sur l'équité, qui ne permet pas qu'une personne s'enrichisse aux dépens d'une autre, et sans sa volonté, il importe peu, quant au principe de l'action, que celui qui a reçu ait été de bonne ou de mauvaise foi, quoiqu'il en résulte cependant des différences assez sensibles, quant aux effets de l'action.

Ainsi, celui qui a reçu de mauvaise foi est

Tit. XV. *Des Engag. sans convention.* 359
tenu de restituer non seulement la chose, mais encore les intérêts et les fruits, du jour qu'il l'a reçue; et il est garant de la perte, même arrivée par cas fortuit. 1378.
1379.

Si, au contraire, il est de bonne foi, il ne doit que la restitution de la chose en nature, si elle existe; s'il l'a vendue, seulement le prix de la vente; et il n'est garant de sa perte ou de sa détérioration, qu'autant qu'elle est arrivée par sa faute. Dans tous les cas, il ne doit les intérêts ou fruits, que du jour de la demande. 1380.
1379.

Quant au réclamant, l'équité exige pareillement qu'il tienne compte, même au possesseur de mauvaise foi, de toutes les dépenses nécessaires et utiles, qui ont été faites pour la conservation de la chose. 1381.

CHAPITRE II.

Des Délits et des Quasi-Délits (1).

Il résulte de ce que nous avons dit au commencement de ce Titre, que *le délit* doit être défini un fait illicite, commis avec intention de nuire, et qui peut préjudicier à autrui; et

---

(1) Voyez Pothier, *des Obligations en général*, partie I, chap. Ier, sect. II, §. II.

le *quasi-délit*, un fait illicite, commis sans intention de nuire, et qui peut cependant porter préjudice à autrui.

1382.} 1383.} Nous ne considérons point ici les délits et les quasi-délits sous le rapport de l'ordre public, mais seulement quant à l'obligation qu'ils produisent; et à cet égard, le principe général est, que l'on est tenu de réparer le dommage que l'on a causé à autrui, non seulement par son fait ou sa faute, mais encore par sa négligence.

1386. Ainsi, le propriétaire d'un bâtiment est tenu du dommage causé par la ruine dudit bâtiment, lorsqu'elle est arrivée par sa faute ou par sa négligence, par exemple, par défaut d'entretien, ou par le vice de la construction.

1385. De même, le propriétaire d'un animal, ou celui qui en fait usage, est responsable du dommage que l'animal a causé, même après qu'il s'est égaré ou échappé.

On est responsable non-seulement de ses propres actions, mais encore du fait de ceux que l'on a sous sa surveillance. Ainsi le père, et après son décès, la mère, sont tenus du dommage causé par leurs enfans mineurs, habitant avec eux;

Les instituteurs et artisans, de celui causé par leurs élèves et apprentis;

Les maîtres et les commettans, de celui

Tit. XV. *Des Engag. sans convention.* 361
causé par leurs domestiques et préposés (1).

L'obligation de ces derniers est même plus étendue, en ce qu'ils répondent de tous les dommages causés par leurs domestiques ou préposés dans l'exercice des fonctions auxquelles ils les emploient, quand même le fait qui a donné lieu au dommage auroit été commis en leur absence, au lieu que les pères, mères, instituteurs et artisans, sont déchargés de l'obligation, en prouvant qu'ils n'ont pu empêcher le fait qui a occasionné le dommage. 1384.

---

(1) Voyez Pothier, *des Obligations en général*, partie II, chap. VI, sect. VIII, art. 3.

FIN DU TROISIÈME ET DERNIER VOLUME.

TABLE

DES LIVRES, TITRES,

CHAPITRES,

SECTIONS ET PARAGRAPHES

CONTENUS DANS CE TROISIÈME VOLUME.

LIVRE QUATRIÈME.

Des différentes espèces de Contrats et d'Engagemens qui se forment sans convention.

Observation préliminaire. . . . . . . Page 1

TITRE PREMIER.

Du Contrat de Mariage. 4
Part. Ire. *Du Régime en communauté.* . . 12
Chap. Ier. *De la Communauté légale.* . . 14
Sect. Ire. *De l'Actif de la Communauté.* . 15
Sect. II. *Du Passif de la Communauté.* . . 20
Sect. III. *De l'Administration de la Communauté, et du Droit des conjoints sur les biens qui la composent.* 28
§. Ier. *Des Droits du mari sur les biens de la Communauté.* 29

§. II. Des Droits de la femme sur les biens de
la Communauté. 34
Sect. IV. De la Dissolution de la Communauté. 39
Sect. V. Des Suites de la Dissolution de la Communauté.. 46
§. Ier. De l'Acceptation de la Communauté, et
de la Renonciation qui peut y être
faite. . . . . . . Ibid.
§. II. Des Effets de l'Acceptation de la Com-
munauté. 53
Des Créances de la Communauté contre
chacun des époux. . . . 55
Des Créances des Epoux contre la Com-
munauté. 56
Du Partage de la Communauté. . 59
De la Contribution aux dettes de la Com-
munauté envers les tiers. . . 61
Des Créances respectives de chacun des
conjoints contre l'autre. . . 63
§. III. Des Effets de la Renonciation de la
femme à la Communauté. . . 64
Observation générale . . . 66
Chap. II. De la Communauté conventionnelle. 67
Sect. Ire. De la Communauté réduite aux acquêts. 69
Sect. II. De la Clause de Réalisation, ou Stipula-
tion de propre. 70
Sect. III. De la Clause d'ameublissement. . 73
Sect. IV. De la Clause de séparation des dettes. 75
Sect. V. De la Clause de franc et quitte. . 77
Sect. VI. De la Clause de reprise de l'apport de la
femme, en cas de renonciation. 78
Sect. VII. De la Clause de préciput. . . . 79
Sect. VIII. De la Clause qui assigne aux Conjoints

      des parts inégales dans la Commu-
      nauté. 81
Sect. IX. *De la Communauté à titre universel.* 84
Part. II. *Du Régime exclusif de Communauté.* Ibid.
Chap. Ier. *De la Clause portant que les époux se ma-*
    rient sans communauté. . . 85
Chap. II. *De la Clause de séparation de biens.* 86
Part. III. *Du Régime dotal.* 88
Chap. Ier. *Des Biens dotaux.* . . . 89
Sect. Ire. *De la Constitution de dot.* . . Ibid.
Sect. II. *Des Droits du mari sur les biens dotaux,*
    et de l'inaliénabilité du fonds dotal. 91
§. Ier. *Des Droits du mari sur les biens do-*
   taux. . . . . . Ibid.
§. II. *De l'Inaliénabilité du fonds dotal.* . 93
Sect. III. *De la Restitution de la dot.* . . 96
Chap. II. *Des Biens paraphernaux.* . . 99
Chap. particulier. *Des Dispositions introduites*
    par le Code de Commerce, relativement
    aux femmes des commerçans. . 100

TITRE II.

De la Vente 104
Chap. Ier. *Des Personnes qui peuvent acheter ou*
    vendre. 107
Chap. II. *Des Choses qui peuvent être vendues.* 110
Chap. III. *De quelle manière la Vente peut être*
    faite. 112
Chap. IV. *Des Obligations du Vendeur et de l'A-*
    cheteur. 113
Sect. Ire. *Des Obligations du Vendeur.* . Ibid.
§. Ier. *De la Délivrance.* 114

§. II. *De la Garantie.* 119
    De la Garantie en cas d'éviction. Ibid.
    De la Garantie pour raison des défauts de
      la Chose vendue 123
Sect. II. *Des Obligations de l'Acheteur.* . 126
Chap. V. *De la Résolution de la Vente.* . . 127
Sect. Ire. *De la Résolution de la Vente pour cause*
    de non paiement du prix, et du
    Pacte commissoire. . . . 128
Sect. II. *De la Clause de Rachat.* . . . 129
Sect. III. *De la Rescision de la Vente pour cause*
    de vilité du prix. 133
Chap. VI. *De quelques espèces particulières de Con-*
    trats de Vente. 136
Sect. Ire. *De la Vente des Droits ou Choses incor-*
    porelles. 137
§. Ier. *De la Vente des Droits personnels.* Ibid.
§. II. *De la Vente des Droits réels.* . . 139
§. III. *De la Vente d'une hérédité.* . . 140
Sect. II. *Des Ventes par licitation, et de celles*
    dites forcées. 141
§. Ier. *Des Ventes par licitation.* . Ibid.
§. II. *Des Ventes forcées.* 142

TITRE III.

De l'Echange. 149

TITRE IV.

Du Louage. 151
Part. Ire. *Du Louage des Choses.* . . . Ibid.
Chap. Ier. *Des Baux à loyer ou à ferme.* . . 154
Sect. Ire. *Des Règles communes aux Baux à loyer*
    et à ferme. . . . . Ibid.
§. Ier. *De la forme du Contrat.* . . Ibid.

§. II. *Des Obligations du Bailleur*. . . . 155
    De la Délivrance de la Chose louée. . 156
    De l'Entretien de la Chose louée.   Ibid.
    De l'Obligation de faire jouir. . . Ibid.
§. III. *Des Obligations du Preneur.* . . 159
    De l'Obligation d'user en bon père de famille. . . . . . . Ibid.
    De l'Obligation de payer le prix du Bail. 162
§. IV. *De la Résolution du Bail.* . . Ibid.
Sect. II. *Des Règles particulières aux Baux à loyer ou à ferme.* 166
    Baux à loyer. 167
§. Ier. *Des Obligations particulières du bailleur.* . . . . . . Ibid.
§. II. *Des Obligations particulières du preneur.* 168
§. III. *Des Règles particulières relatives à la résolution du Bail à loyer.* . . 169
    Baux à ferme. 170
§. Ier. *Des Obligations spéciales du bailleur.* Ib.
§. II. *Des Obligations spéciales du preneur.* Ib.
§. III. *De la Résolution du Bail à ferme.* . 175
Chap. II. *Du Bail à Cheptel.* . . . 176
Sect. Ire. *Du Cheptel simple.* . . . 177
§. Ier. *Du Bail à Cheptel simple, avec toute personne autre que le Colon partiaire du Bailleur.* . . . . Ibid.
§. II. *Du Bail à Cheptel avec le colon partiaire du Bailleur.* 181
Sect. II. *Du Cheptel à moitié.* . . . Ibid.
Sect. III. *Du Cheptel donné par le Propriétaire à son Fermier.* 182

Part. IIe. *Du Louage d'ouvrages ou de services.* 184
Chap. Ier. *Du Louage des Domestiques et des Ouvriers.* . . . . . Ibid.
Chap. II. *Des Marchés faits avec des Entrepreneurs.* 185
  Sect. Ire. *Des Marchés pour transports.* . Ibid.
  Sect. II. *Des Marchés pour confection d'ouvrages.* 187

TITRE V.

De la Société. 191
Chap. Ier. *Des différentes espèces de Sociétés.* 192
  Sect. Ire. *De la Société universelle.* . . Ibid.
    §. Ier. *De la Société de tous biens.* . . 194
    §. II. *De la Société universelle de gains.* Ibid.
  Sect. II. *De la Société particulière.* . . 195
Chap. II. *Des Clauses principales du Contrat de Société.* 196
  Sect. Ire. *Du Commencement et de la Durée de la Société.* . . . . Ibid.
  Sect. II. *De la Fixation des parts.* . . 197
  Sect. III. *De l'Administration de la Société.* . 198
Chap. III. *Des Droits et des Obligations des Associés.* 200
  Sect. Ire. *Des Obligations respectives des Associés, relativement à leur apport.* . 201
  Sect. II. *Des Droits et des Obligations des Associés, relativement au fond commun* 202
Chap. IV. *De la Dissolution de la Société.* . 205

TITRE VI.

Du Mandat. 209

TABLE DES LIVRES,

Chap. Ier. Des Obligations du Mandataire. . 211
Chap. II. Des Obligations du Mandant. . . 213
Chap. III. Des manières dont finit le Mandat. 215

TITRE VII.

De la Transaction. 219

TITRE VIII.

Du Cautionnement. 223
Chap. Ier. Des diverses espèces de Cautions. . 226
Chap. II. Des Personnes qui peuvent être admises à cautionner. 227
Chap. III. De l'effet du Cautionnement. . . 228
  Sect. Ire. De l'effet du Cautionnement entre le Créancier et la Caution. . Ibid.
    §. Ier. Du Bénéfice de discussion . . . 229
    §. II. Du Bénéfice de division. . . . 231
  Sect. II. De l'effet du Cautionnement entre la Caution et le Débiteur. . . . 232
  Sect. III. De l'effet du Cautionnement entre les Co-Fidéjusseurs 234
Chap. IV. De l'Extinction du Cautionnement. 235

TITRE IX.

Des Priviléges et Hypothèques. 237
Part. Ire. Des Priviléges. 238
Chap. Ier. Des Choses qui peuvent être l'objet des Priviléges. 240
  Sect. Iere. Des Priviléges qui s'exercent sur tous les biens.. . . . . . Ibid.
  Sect. II. Des Priviléges qui s'exercent sur les meubles seulement. . . . 241
  Sect. III. Des Priviléges sur les immeubles seulement 245

§. Ier. Du Privilége du Vendeur. . . . 247
§. II. Du Privilége des Architectes et Entre-
preneurs. 248
Chap. II. De l'Ordre dans lequel s'exercent les Priviléges. 250
Part. II. De l'Hypothèque. 251
Chap. Ier. Des diverses sortes d'Hypothèques. 253
Sect. Ire. De l'Hypothèque légale. . . . Ibid.
Sect. II. De l'Hypothèque judiciaire. . . 254
Sect. III. De l'Hypothèque conventionnelle. 256
Chap. II. Du Rang des Hypothèques entr'elles. 257
Sect. Ire. Du Mode d'Inscription des Priviléges et Hypothèques. 260
Sect. II. De la Publicité des Hypothèques légales. 264
Sect. III. Des Obligations et de la Responsabilité du Conservateur des Hypothèques. 266
Chap. III. De l'effet des Hypothèques. . . 269
Sect. Ire. Des Biens qui peuvent être soumis à l'Hypothèque. . . . . Ibid.
§. Ier. Des Biens qui peuvent être soumis à l'Hypothèque légale ou judiciaire. . 270
§. II. Des Biens qui peuvent être soumis à l'Hypothèque conventionnelle. 275
Sect. II. De l'Effet des Priviléges et Hypothèques, à l'égard des tiers détenteurs. 276
§. Ier. Du Mode de purger les priviléges et Hypothèques, et des Effets du purgement 278
Du Mode de purger les Hypothèques légales qui n'ont pas besoin d'inscription. 284

§. II. Des Obligations du tiers détenteur qui n'a pas purgé les Hypothèques. 287
CHAP. IV. De l'Extinction des Priviléges et Hypothèques. 291
CHAP. V. Des Droits particuliers du Trésor public sur les biens des comptables et pour le recouvrement des contributions directes, ainsi que des frais de justice en matière correctionnelle et de police. . . . . . : 293
Sect. Ire. Des Droits du Trésor public sur les biens des comptables. 294
Sect. II. Des Droits du Trésor public pour le recouvrement des frais de justice, en matière criminelle, correctionnelle et de police. 298
Sect. III. Du Privilége du Trésor public pour le recouvrement des Contributions directes. 299

TITRE X.

De la Contrainte par corps en matière civile. . 302
CHAP. Ier. Des cas où la Contrainte par corps a lieu en vertu de la loi seule. . . . 304
CHAP. II. Des cas où la Contrainte par corps peut être ordonnée par le juge. . . 306
CHAP. III. Des cas où les parties peuvent stipuler la Contrainte par corps. . . . 308
CHAP. IV. Des Dispositions communes à tous les cas où la Contrainte par corps peut avoir lieu. 309
CHAP. V. Du Bénéfice de Cession. 310

TITRE XI.

Du Prêt. 313
Chap. Ier. Du Prêt à usage ou Commodat. . 314
Sect. Ire. Des Obligations de l'Emprunteur. . 315
Sect. II. Des Obligations du Prêteur. . . . 317
Chap. II. Du Prêt de Consommation. . . . 318
Sect. Ire. Du simple Prêt à intérêt. 321
Sect. II. De la Rente constituée. 322

TITRE XII.

De la Rente viagère et autres Contrats aléatoires. 325
Chap. Ier. Du Jeu et du Pari. 326
Chap. II. Du Contrat de rente viagère . . . 328

TITRE XIII.

Du Dépôt et du Séquestre. 332
Chap. Ier. Du Dépôt proprement dit. . . Ibid.
Sect. Ire. Du Dépôt volontaire 333
§. Ier. Entre quelles personnes le Contrat de dépôt peut avoir lieu. . . . 334
§. II. Des Obligations du Dépositaire. . 335
De l'Obligation de garder la Chose déposée. . . . . Ibid.
De l'Obligation de restituer. . . . 336
§. III. Des Obligations du Déposant. . . 339
Sect. II. Du Dépôt nécessaire. 340
Chap. II. Du Séquestre. 341

TITRE XIV.

Du Nantissement. 345
Chap. Ier. Du Gage. 346
Sect. Ire. Des Droits du Créancier sur la chose engagée 347

Sect. II. *Des Obligations du Créancier.* . . . 350
Sect. III. *Des Obligations du Débiteur.* . . Ibid.
Chap. II. *De l'Antichrèse.* 351

TITRE XV.

Des Engagemens qui se forment sans convention. 354
Chap. Ier. *Des Quasi-Contrats.* 355
Sect. Ire. *De la Gestion d'affaires.* . . . Ibid.
Sect. II. *Du Paiement de la chose non due.* . 357
Chap. II. *Des Délits et des Quasi-Délits* . . 359

Fin de la Table.

TABLE

DES ARTICLES DU CODE NAPOLÉON,

Servant à indiquer dans quels volumes et à quelles pages chacun d'eux est relaté.

(* Les articles du Code forment la première colonne ; les tomes sont indiqués par des chiffres romains ; les pages, par des chiffres arabes ; et quand ceux-ci sont suivis de la lettre (n), cela veut dire que l'article est relaté dans les notes.)

Art.
1. I, 9.
2. I, 3.
3. I, 11 (n.), 12.
4. I, 5.
5. I, 6.
6. I, 10.
7. I, 15 (n.)
8. I, 17.
9. I, 16.
10. I, 14, 16.
11. I, 18; II, 44(n.); III, (p).
12. I, 16.
13. I, 17.
14. I, 19.
15. I, 19.
16. I, 19.
17. I, 14.
18. I, 17.
19. I, 14.
20. I, 16 (n.)
21. I, 14, 17.
22. I, 23.
23. I, 23.
24. I, 23.
25. I, 27, 102; II, 109, 111.
26. I, 24.
27. I, 24.
28. I, 24.
29. I, 29.

Art.
30. I, 30.
31. I, 29.
32. I, 30.
33. I, 28.
34. I, 36, 116 (n.)
35. I, 36.
36. I, 36.
37. I, 36.
38. I, 37; II, 166 (n.)
39. I, 37.
40. I, 32, 33.
41. I, 33.
42. I, 35.
43. I, 34.
44. I, 34, 36.
45. I, 34.
46. I, 43.
47. I, 42, 43.
48. I, 43.
49. I, 38.
50. I, 32, 39.
51. I, 39.
52. I, 32, 39.
53. I, 40.
54. I, 40.
55. I, 45.
56. I, 45.
57. I, 46.
58. I, 47.

59. I, 48.
60. I, 49.
61. I, 48.
62. I, 37, 46.
63. I, 35, 108, 109, 110, 294 (n.)
64. I, 110.
65. I, 111.
66. I, 97, 98.
67. I, 98.
68. I, 98.
69. I, 97 (n.), 112, 116.
70. I, 112, 113.
71. I, 114.
72. I, 114.
73. I, 112.
74. I, 57 (n.), 108, 114, 115 (n.)
75. I, 36 (n.), 115.
76. I, 112, 115, 116.
77. I, 49, 50.
78. I, 50.
79. I, 50.
80. I, 53.
81. I, 51.
82. I, 52.
83. I, 52.
84. I, 54.
85. I, 52, 53, 54.
86. I, 54.
87. I, 54.
88. I, 58.
89. I, 56.
90. I, 56, 57.
91. I, 57.
92. I, 57.
93. I, 58.
94. I, 57.
95. I, 58.
96. I, 56.
97. I, 53 (n.), 56, 58.
98. I. 58.
99. I, 40.
100. I, 42.
101. I, 37, 41.
102. I, 59.
103. I, 60, 63.
104. I, 60.
105. I, 61.
106. I, 63.
107. I, 62.
108. I, 62, 63.
109. I, 62.
110. I, 63.
111. I, 64.
112. I, 66, 70 (n.)
113. I, 67, 72 (n.); II, 56 (n.), 80 (n.)
114. I, 67, 71 (n.)
115. I, 65, 70.
116. I, 71.
117. I, 70.
118. I, 71.
119. I, 65, 71.
120. I, 72, 73.
121. I, 65, 70.
122. I, 65.
123. I, 74.
124. I, 75, 76.
125. I, 77.
126. I, 76 (n.), 78, 79.
127. I, 80, 287 (n.)
128. I, 78.
129. I, 81.
130. I, 74, 288 (n.)
131. I, 80.
132. I, 82, 83.
133. I, 82.
134. I, 77.
135. I, 83, 84, 288 (n.)
136. I, 84, 288 (n.), 289 (n); II, 80 (n.)
137. I, 84.
138. I, 84, 288 (n.)
139. I, 85, 123.
140. I, 74 (n.)
141. I, 68.
142. I, 68, 69.
143. I, 68.
144. I, 88, 124.
145. I, 88.
146. I, 89.
147. I, 84, 85 (n.), 100, 123.
148. I, 90.
149. I, 90.
150. I, 91.
151. I, 92.
152. I, 93.
153. I, 93.
154. I, 93.
155. I, 94, 289 (n.), 290 (n).
156. I, 92.

DU CODE NAPOLÉON.

157. I, 95.
158. I, 94.
159. I, 94.
160. I, 91, 109 (n.), 225.
161. I, 106, 107.
162. I, 106, 107.
163. I, 106.
164. I, 106.
165. I, 114, 115.
166. I, 108, 294, (n.)
167. I, 109.
168. I, 109.
169. I, 109.
170. I, 111 (n.), 116, 117, 294 (n.)
171. I, 117.
172. I, 101.
173. I, 95.
174. I, 96.
175. I, 96.
176. I, 97.
177. I, 98.
178. I, 98.
179. I, 98.
180. I, 89, 127.
181. I, 128.
182. I, 128.
183. I, 129.
184. I, 85 (n.), 123, 124.
185. I, 124.
186. I, 124.
187. I, 125, 185 (n.)
188. I, 126.
189. I, 126.
190. I, 126 (n), 127.
191. I, 124, 127.
192. I, 111.
193. I, 125.
194. I, 118.
195. I, 118.
196. I, 118.
197. I, 121, 140 (n.)
198. I, 119.
199. I, 119.
200. I, 120.
201. I, 122.
202. I, 123.
203. I, 144.
204. I, 144.
205. I, 145.
206. I, 145.

207. I, 146.
208. I, 146.
209. I, 146.
210. I, 146.
211. I, 146.
212. I, 129.
213. I, 130.
214. I, 130.
215. I, 131, 133 ; II, 81.
216. I, 131.
217. I, 131 ; II, 63.
218. I, 131.
219. I, 131 (n.)
220. I, 132.
221. I, 132.
222. I, 132.
223. I, 134.
224. I, 132.
225. I, 318.
226. I, 130.
227. I, 85, 147.
228. I, 101, 291 (n.)
229. I, 149.
230. I, 149.
231. I, 150.
232. I, 150.
233. I, 148, 169.
234. I, 150.
235. I, 151.
236. I, 151.
237. I, 152.
238. I, 152.
239. I, 152, 179 (n.)
240. I, 152.
241. I, 153.
242. I, 153.
243. I, 153, 154.
244. I, 154.
245. I, 154, 158 (n.)
246. I, 153, 155.
247. I, 156.
248. I, 156.
249. I, 156.
250. I, 157.
251. I, 157.
252. I, 157.
253. I, 157.
254. I, 158.
255. I, 158.
256. I, 158.
257. I, 158.

258. I, 158, 160.
259. I, 159.
260. I, 160.
261. I, 150.
262. I, 160.
263. I, 160.
264. I, 44, 160.
265. I, 161.
266. I, 161.
267. I, 162.
268. I, 163.
269. I, 155 (n.), 163.
270. I, 164, 165.
271. I, 164.
272. I, 155.
273. I, 155.
274. I, 155.
275. I, 170.
276. I, 170.
277. I, 170.
278. I, 170.
279. I, 171.
280. I, 171, 172.
281. I, 172.
282. I, 172.
283. I, 172, 173.
284. I, 173.
285. I, 173.
286. I, 174.
287. I, 174.
288. I, 174.
289. I, 175.
290. I, 175.
291. I, 175.
292. I, 175.
293. I, 176.
294. I, 36 (n.), 176.
295. I, 107, 176, 291 (n.)
296. I, 101.
297. I, 102, 176.
298. I, 107, 167, 291 (n.)
299. I, 166 ; II, 201.
300. I, 166 ; II, 201 ; III, 80 (n.)
301. I, 167.
302. I, 168.
303. I, 168.
304. I, 168.
305. I, 177.
306. I, 177, 178.
307. I, 178.
308. I, 180.
309. I, 180.
310. I, 180.
311. I, 179.
312. I, 46 (n.), 135, 137.
313. I, 46 (n.), 137.
314. I, 135, 136.
315. I, 135, 181 (n.)
316. I, 138.
317. I, 138.
318. I, 139.
319. I, 139.
320. I, 43 (n.), 120 (n.), 139.
321. I, 121.
322. I, 140.
323. I, 140.
324. I, 141.
325. I, 141.
326. I, 119 (n.), 141.
327. I, 119 (n.), 140 (n.), 142.
328. I, 142.
329. I, 142.
330. I, 142.
331. I, 143, 185 (n.)
332. I, 143.
333. I, 143.
334. I, 46, 184.
335. I, 182 (n.), 183 ; II, 43.
336. I, 184.
337. I, 143 (n.), 186 ; II, 39.
338. I, 184.
339. I, 187.
340. I, 37 (n.), 182.
341. I, 183.
342. I, 182 (n.), 183.
343. I, 193, 194.
344. I, 194, 195, 207 (n.)
345. I, 194.
346. I, 195.
347. I, 195.
348. I, 106, 107, 194 (n.), 196.
349. I, 196, 197.
350. I, 196.
351. I, 198.
352. I, 198.
353. I, 199.
354. I, 200.
355. I, 200.
356. I, 200.
357. I, 201.
358. I, 200 (n.), 201.

359. I, 44, 201.
360. I, 199, (n.), 201.
361. I, 204, 205.
362. I, 205.
363. I, 205.
364. I, 204, 205.
365. I, 204.
366. I, 206 (n.), 207.
367. I, 207.
368. I, 206.
369. I, 207.
370. I, 204.
371. I, 92, 144.
372. I, 188, 261.
373. I, 187.
374. I, 188.
375. I, 188.
376. I, 188.
377. I, 189.
378. I, 190.
379. I, 190.
380. I, 189.
381. I, 190.
382. I, 189.
383. I, 192.
384. I, 190, 192, 261, 296 (n.).
385. I, 191.
386. I, 191, 192.
387. I, 191.
388. I, 202.
389. I, 208.
390. I, 211.
391. I, 212.
392. I, 212, 215.
393. I, 213, 224.
394. I, 211, 230.
395. I, 212, 224; II, 244 (n.).
396. I, 213; II, 244 (n.).
397. I, 215.
398. I, 215.
399. I, 216.
400. I, 212 (n.), 216, 224.
401. I, 214.
402. I, 68 (n.), 214.
403. I, 214, 215.
404. I, 215, 224.
405. I, 216, 224, 225.
406. I, 96 (n.), 217.
407. I, 216, 217, 218.
408. I, 218.
409. I, 94 (n.), 219.

410. I, 219.
411. I, 220.
412. I, 220.
413. I, 220.
414. I, 220, 221.
415. I, 221.
416. I, 216, 221.
417. I, 226, 231 (n.).
418. I, 238.
419. I, 256.
420. I, 224, 227, 228.
421. I, 227.
422. I, 227.
423. I, 227.
424. I, 229.
425. I, 229.
426. I, 227, 229.
427. I, 230.
428. I, 231.
429. I, 231.
430. I, 231 (n.).
431. I, 231, 232.
432. I, 233.
433. I, 232.
434. I, 231.
435. I, 232, 233.
436. I, 233.
437. I, 233.
438. I, 224, 233.
439. I, 234.
440. I, 234.
441. I, 235.
442. I, 214, 219, 230, 235.
443. I, 236.
444. I, 236.
445. I, 220.
446. I, 228, 236.
447. I, 224, 236.
448. I, 236 (n.), 237.
449. I, 237.
450. I, 238, 242, 244, 246.
451. I, 228, 239, 245, 256 (n.).
452. I, 228, 240, 256 (n.).
453. I, 241.
454. I, 226, 243.
455. I, 244.
456. I, 244.
457. I, 248, 249.
458. I, 248, 249, 251.
459. I, 228, 253, 256 (n.).
460. I, 250 (n.), 251.

461. I, 247; II, 52, 63.
462. II, 64.
463. I, 247.
464. I, 247.
465. I, 248.
466. II, 89.
467. I, 248.
468. I, 190 (n.), 225, 238.
469. I, 255.
470. I, 228, 255.
471. I, 256, 257.
472. I, 258.
473. I, 257.
474. I, 257, 258.
475. I, 258.
476. I, 259.
477. I, 192 (n.), 261.
478. I, 225, 260.
479. I, 261.
480. I, 225, 255, 261.
481. I, 246 (n.), 261.
482. I, 235 (n.), 255 (n.), 262.
483. I, 262.
484. I, 262; II, 52 (n.)
485. I, 225, 262.
486. I, 263.
487. I, 263.
488. I, 90 (n.), 202, 267.
489. I, 268.
490. I, 269.
491. I, 269.
492. I, 270.
493. I, 270.
494. I, 270.
495. I, 270.
496. I, 271.
497. I, 271.
498. I, 271.
499. I, 272.
500. I, 272.
501. I, 277.
502. I, 89, 275, 277 (n.); II, 319.
503. I, 275.
504. I, 276.
505. I, 63, 257 (n.), 273.
506. I, 273.
507. I, 274.
508. I, 274.
509. I, 274; II, 63.
510. I, 274.
511. I, 276, 298 (n.)
512. I, 277.
513. I, 248.
514. I, 269.
515. I, 271.
516. I, 300.
517. I, 301.
518. I, 301.
519. I, 301.
520. I, 302.
521. I, 302.
522. I, 303, 304.
523. I, 304.
524. I, 302, 303, 304.
525. I, 304, 305, 311 (n.).
526. I, 247 (n), 309.
527.
528. I, 300.
529. I, 308, 309.
530. I, 310; III, 324.
531. I, 306.
532. I, 306.
533. I, 313.
534. I, 311.
535. I, 311.
536. I, 312.
537. I, 315.
538. I, 314; II, 19 (n.)
539. I, 315.
540. I, 314.
541. I, 314, 315.
542. I, 315.
543. I, 320.
544. I, 317.
545. I, 318; III, 142.
546. II, 6.
547. II, 6, 7.
548. II, 7.
549. II, 7, 8.
550. II, 7.
551.
552. II, 16.
553. II, 16.
554. II, 16.
555. II, 17; III, 121 (n.)
556. I, 314 (n.); II, 18.
557. I, 314 (n.); II, 18, 19.
558. II, 19.
559. II, 18.
560. I, 315; II, 20.
561. I, 330 (n.); II, 20.

562. II, 20.
563. II, 19.
564. II, 3.
565. II, 9.
566. II, 10.
567. II, 10.
568. II, 11.
569. II, 10.
570. II, 11.
571. II, 12.
572. II, 12.
573. II, 14.
574. II, 13.
575. II, 14.
576. II, 13.
577. II, 12 (n.), 14, 16 (n.).
578. I, 322.
579. I, 322.
580. I, 322.
581. I, 323.
582. I, 325.
583. I, 324.
584. I, 322, 325.
585. I, 327; II, 7 (n.)
586. I, 327.
587. I, 322, 326.
588. I, 326.
589. I, 326.
590. I, 328, 329.
591. I, 328.
592. I, 329.
593. I, 329.
594. I, 329.
595. I, 331.
596. I, 330.
597. I, 331.
598. I, 330; II, 3 (n.)
599. I, 330 (n.), 331, 332, 334 (n.)
600. I, 333.
601. I, 333.
602. I, 333.
603. I, 326 (n.), 334.
604. I, 334.
605. I, 335.
606. I, 335.
607. I, 335.
608. I, 336.
609. I, 336.
610. II, 170.
611. II, 174.
612. I, 336 (n.); II, 168, 170.
613. I, 337.
614. I, 337, 375 (n.)
615. I, 326 (n.)
616. I, 336, 340.
617. I, 338, 339.
618. I, 341.
619. I, 338.
620. I, 338.
621. I, 332.
622. I, 341.
623. I, 339.
624. I, 335 (n.), 339.
625. I, 341.
626. I, 341.
627. I, 342.
628. I, 341.
629. I, 341.
630. I, 341, 342.
631. I, 342.
632. I, 342.
633. I, 342.
634. I, 342.
635. I, 342.
636. I, 342.
637. I, 343.
638. I, 343.
639. I, 345.
640. I, 345, 346.
641. I, 347.
642. I, 347.
643. I, 348.
644. I, 346.
645. I, 348.
646. I, 352.
647. I, 352.
648. I, 353.
649. I, 349.
650. I, 349.
651. I, 349, 350.
652. I, 349.
653. I, 357.
654. I, 358; II, 345.
655. I, 360.
656. I, 361.
657. I, 361.
658. I, 362.
659. I, 362.
660. I, 363.
661. I, 359; II, 207.
662. I, 361.

663. I, 355.
664. I, 351.
665. I, 378.
666. I, 359.
667. I, 359.
668. I, 359.
669. I, 364.
670. I, 357 (n.), 359.
671. I, 364.
672. I, 365.
673. I, 364.
674. I, 362; II, 15 (n.)
675. I, 361 (n.), 363.
676. I, 365.
677. I, 366.
678. I, 366.
679. I, 367.
680. I, 367.
681. I, 346.
682. I, 353.
683. I, 354.
684. I, 354.
685. I, 354.
686. I, 343, 344, 368, 372.
687.
688. I, 369.
689. I, 370.
690. I, 364 (n.), 371.
691. I, 370 (n.), 371; II, 369.
692. I, 345, 371.
693. I, 371 (n.)
694. I, 345, 371 (n.)
695. I, 371.
696. I, 373.
697. I, 373.
698. I, 373.
699. I, 374.
700. I, 374.
701. I, 374.
702. I, 375.
703. I, 377.
704. I, 377.
705. I, 375.
706. I, 375.
707. I, 376.
708. I, 376.
709. I, 376.
710. I, 376.
711. } II, 1.
712. }
713. I, 315.

714. I, 313.
715. II, 2.
716. II, 4.
717. II, 5.
718. II, 23.
719. II, 23.
720. II, 24.
721. II, 25.
722. II, 25.
723. II, 26.
724. II, 26.
725. I, 84 (n.); II, 23 (n.), 44.
726. I, 18 (n.); II, 45.
727. II, 45, 141 (n.)
728. II, 45.
729. II, 46.
730. I, 191; II, 28, 46.
731. II, 30.
732. II, 31.
733. II, 24 (n.), 31, 37.
734. II, 31.
735. I, 105.
736. I, 104, 105.
737. I, 105 (n.)
738. I, 105.
739. II, 27.
740. II, 29.
741. II, 29.
742. I, 73 (n.); II, 29.
743. II, 29.
744. II, 27, 30.
745. II, 30.
746. II, 31, 33, 34.
747. II, 34, 139 (n.)
748. II, 32.
749. II, 32.
750. II, 33, 37.
751. II, 32.
752. II, 33, 37.
753. II, 33.
754. I, 322, 333 (n.); II, 32.
755. II, 37.
756. II, 21 (n.), 39, 40.
757. II, 39.
758. I, 74 (n.); II, 21 (n.), 39.
759. II, 39.
760. II, 40.
761. II, 40.
762. I, 183 (n.) II, 43.
763. II, 43.
764. II, 43.

765. II, 42.
766. II, 43.
767. I, 74 (n.); II, 43.
768. I, 74 (n.); II, 43.
769. II, 41.
770. II, 41.
771. II, 41, 44.
772. II, 42.
773. II, 41.
774. II, 49.
775. II, 48.
776. II, 52.
777. II, 48.
778. II, 50.
779. II, 51.
780. II, 50.
781. II, 52.
782. II, 52.
783. II, 53.
784. II, 64.
785. II, 48, 62.
786. II, 27, 48 (n.), 62.
787. II, 28.
788. II, 64.
789. II, 57, 63.
790. II, 64.
791. II, 63.
792. II, 63.
793. II, 58.
794. II, 58.
795. II, 56, 57.
796. II, 51.
797. II, 57.
798. II, 57.
799. II, 57.
800. II, 58.
801. II, 59.
802. I, 76 (n.); II, 59, 61.
803. II, 59, 61, 62.
804. II, 59.
805. II, 59.
806.
807. II, 60.
808. II, 60.
809. II, 62.
810. II, 61.
811. II, 64.
812. II, 65.
813. II, 65.
814. II, 65.
815. II, 79.

816. II, 79.
817. II, 80.
818. II, 81.
819. II, 82.
820. II, 54.
821. II, 55.
822. I, 63 (n.); II, 82.
823. II, 82.
824. II, 83.
825. II, 83.
826. II, 83.
827. I, 250 (n.); II, 84.
828. II, 85.
829. II, 68, 86.
830. II, 73, 86.
831. II, 86.
832. II, 86.
833. II, 87.
834
835
836. II, 86.
837. II, 87.
838. II, 80.
839. II, 84.
840. I, 65 (n.); II, 89.
841. II, 80.
842. II, 88.
843. II, 68, 72.
844. II, 72.
845. II, 71.
846. II, 71.
847. II, 69.
848. II, 69.
849. II, 69.
850. II, 69.
851. II, 72.
852. II, 72.
853. II, 71.
854. II, 72.
855. II, 76, 77.
856. II, 76 (n.), 78.
857. II, 71.
858. II, 77.
859. II, 73.
860. II, 74 (n.), 76.
861. II, 75.
862. II, 75.
863. II, 76.
864. II, 77.
865. II, 74.
866. II, 74.

867. II, 75.
868. II, 77.
869. II, 78.
870. II, 99.
871. II, 101, 169, 174.
872. II, 102.
873. II, 99, 101.
874. II, 174.
875. II, 102, 103.
876. II, 103.
877. II, 100.
878. II, 104.
879. II, 104.
880. II, 104.
881.
882. II, 97.
883. II, 96, 98.
884. II, 90, 91.
885. II, 90.
886. II, 91.
887. II, 92, 93.
888. II, 93.
889. II, 93.
890. II, 92.
891. II, 94.
892. II, 94.
893. II, 108.
894. II, 126.
895. II, 147.
896. II, 182.
897. II, 183.
898. II, 182.
899. II, 183.
900. II, 108.
901. II, 109.
902. II, 109.
903.
904. II, 109.
905. II, 109.
906. II, 23 (n.); 109, 194 (n.)
907. I, 258 (n.); II, 111.
908. II, 40, 111.
909. II, 112.
910. II, 113.
911. II, 113.
912. I, 18 (n.); II, 111.
913. II, 115.
914. II, 116.
915. II, 115.
916. II, 114.
917. II, 124.

918. II, 117.
919. II, 117.
920. II, 118.
921. II, 119.
922. II, 120.
923. II, 121, 122.
924. II, 125.
925. II, 122.
926. II, 120.
927. II, 120.
928. II, 124.
929. II, 123.
930. II, 124.
931. II, 126.
932. II, 128, 129.
933. II, 129.
934. II, 129.
935. I, 247 (n.); II, 130.
936. I, 202 (n.); II, 129.
937. II, 131.
938. II, 133, 203.
939. II, 135.
940. II, 135.
941. II, 134 (n.), 136.
942. II, 130, 135.
943. II, 89 (n.), 138.
944. II, 137.
945. II, 138.
946. II, 138.
947.
948. II, 77, 127.
949. II, 133.
950. I, 326 (n.); II, 133.
951. II, 139.
952. II, 34 (n.), 140.
953. II, 139.
954. II, 141.
955. I, 180 (n.); II, 142.
956. II, 141, 142.
957. II, 142.
958. I, 165 (n.); II, 143.
959. II, 143, 194.
960. II, 144, 145.
961. II, 144 (n.)
962. II, 146.
963. II, 146.
964. II, 145.
965. II, 145.
966. II, 146.
967. II, 147.
968. II, 147, 202 (n.)

969. II, 148.
970. II, 149.
971. II, 150.
672. II, 151.
973. II, 151.
974. II, 151.
975. II, 154.
976. II, 151, 152.
977. II, 151.
978. II, 153.
979. II, 154.
980. II, 154.
981. II, 155.
982. II, 155.
983. II, 156.
984. II, 156.
985. II, 159.
986. II, 159.
987. II, 159.
988. II, 156, 158.
989. II, 158.
990. II, 158.
991. II, 158.
992. II, 158.
993. II, 159.
994. II, 157.
995. II, 156.
996. II, 159.
997. II, 159.
998. II, 155, 158, 159.
999. II, 149, 160.
1000. II, 160.
1001. II, 149.
1002. II, 161.
1003. II, 161, 166.
1004. II, 167.
1005. II, 167.
1006. II, 167.
1007. II, 180, 181.
1008. II, 168.
1009. II, 167.
1010. II, 168.
1011. II, 168.
1012. II, 169.
1013. II, 169.
1014. II, 162, 172.
1015. II, 172.
1016. II, 166.
1017. II, 173.
1018. II, 174.
1019. II, 175; III, 20 (n.).

1020. II, 174.
1021. II, 171.
1022. II, 171.
1023. II, 172.
1024. II, 174.
1025. II, 175.
1026. II, 175.
1027. II, 176.
1028. II, 177.
1029. II, 177.
1030. II, 177.
1031. II, 177.
1032. II, 176.
1033. II, 175, 177, 244 (n.).
1034. II, 177.
1035. II, 178.
1036. II, 178.
1037. II, 179.
1038. II, 179.
1039. II, 164.
1040. II, 163, 164.
1041. II, 163.
1042. II, 173.
1043. II, 164.
1044. II, 165.
1045. II, 165.
1046. II, 179.
1047. II, 179.
1048. I, 282 (n.); II, 184, 185.
1049. I, 282 (n.); II, 184.
1050. II, 185.
1051. II, 185.
1052. II, 185.
1053. II, 186.
1054. II, 190.
1055. II, 187, 188.
1056. II, 187.
1057. II, 188.
1058. II, 188.
1059. II, 188, 189.
1060. II, 189.
1061. II, 189.
1062. II, 190.
1063. II, 190.
1064. II, 173 (n.), 190.
1065. II, 191.
1066. II, 191.
1067. II, 191.
1068. II, 191.
1069. II, 192.
1070. II, 192.

1071. II, 192.
1072. II, 192.
1073. II, 187.
1074. II, 188 (n.)
1075. II, 89.
1076. II, 89.
1077. II, 89.
1078. II, 90.
1079. II, 90.
1080.
1081. II, 194.
1082. II, 36 (n.), 195.
1083. II, 195.
1084. II, 196.
1085. II, 197.
1086. II, 194, 196.
1087. II, 193, 200 (n.)
1088. II, 194.
1089. II, 197.
1090. II, 118 (n.), 197.
1091. II, 200.
1092. II, 200.
1093. II, 200.
1094. II, 116, 196, 202 (n.)
1095. II, 109.
1096. II, 144, 196; 202.
1097. II, 202.
1098. II, 196; III, 69 (n.)
1099. II, 197.
1100. II, 199.
1101. II, 208.
1102. II, 209.
1103. II, 209.
1104. II, 211.
1105. II, 210.
1106. II, 211.
1107. II, 204, 212.
1108. II, 214.
1109. I, 89; II, 216.
1110. II, 216, 217.
1111. II, 219.
1112. II, 218.
1113. II, 218.
1114. II, 218.
1115. II, 323.
1116. II, 219, 220.
1117. II, 216, 315.
1118. II, 211 (n.), 220.
1119. II, 222.
1120. II, 225.
1121. II, 131, 223, 267.

1122. II, 224.
1123. II, 215.
1124. II, 215.
1125. I, 275 (n); II, 318.
1126. II, 221.
1127. II, 221.
1128. II, 222.
1129. II, 222, 242.
1130. II, 63, 222.
1131. II, 218, 226.
1132. II, 226.
1133. II, 226.
1134. II, 267, 268.
1135. II, 268.
1136. II, 174 (n.), 269, 313.
1137. II, 174 (n.), 269, 313.
1138. I, 380 (n.); II, 133, 203, 270, 271; III, 201.
1139. II, 272, 280.
1140.
1141. I, 381 (n.); II, 134, 203 (n.), 270; III, 105.
1142. II, 272.
1143. II, 273.
1144. II, 272.
1145. II, 264, 277.
1146. II, 271, 277.
1147. II, 277.
1148. II, 268, 278.
1149. II, 277.
1150. II, 278.
1151. II, 278.
1152. II, 265, 279.
1153. II, 279, 280.
1154. II, 281.
1155. II, 281.
1156. II, 273.
1157. II, 274.
1158. II, 276.
1159. II, 275.
1160. II, 275.
1161. II, 275.
1162. II, 277.
1163. II, 274.
1164. II, 276.
1165. II, 222, 267.
1166. II, 268.
1167. II, 268.
1168. II, 228.
1169. II, 229.

1170. II, 228.
1171. II, 229.
1172. II, 229.
1173. II, 229.
1174. II, 205, 229.
1175. II, 230.
1176. II, 231.
1177. II, 231.
1178. II, 230.
1179. II, 232, 233.
1180. II, 232.
1181. II, 228, 232.
1182. II, 233.
1183. II, 140, 233, 234.
1184. II, 234, 235; III, 166.
1185. II, 236.
1186. II, 236.
1187. II, 237, 290.
1188. II, 237.
1189. II, 238.
1190. II, 94 (n.), 171 (n.), 239.
1191. II, 238.
1192. II, 238.
1193. II, 239.
1194. II, 240.
1195. II, 239, 240.
1196. II, 238.
1197. II, 245, 246.
1198. II, 247.
1199. II, 246.
1200. II, 245, 247.
1201. II, 245.
1202. II, 246.
1203. II, 248.
1204. II, 249.
1205. II, 249.
1206. II, 246.
1207. II, 250.
1208. II, 252.
1209. II, 250 (n.)
1210. II, 253.
1211. II, 253.
1212. II, 253.
1213. II, 248.
1214. II, 248, 257.
1215. II, 253.
1216. II, 248.
1217. II, 255.
1218. II, 255, 256.
1219. II, 260.
1220. II, 254, 257.

1221. II, 257, 258, 259.
1222. II, 260.
1223. II, 260.
1224. II, 260, 262.
1225. II, 262.
1226. II, 263.
1227. II, 263.
1228. II, 263.
1229. II, 263, 264.
1230. II, 264.
1231. II, 265.
1232. II, 266.
1233. II, 266.
1234. II, 282.
1235. II, 205; III, 357, 358.
1236. II, 283, 296.
1237. II, 283.
1238. II, 284.
1239. II, 284.
1240. I, 289 (n.); II, 285.
1241. II, 285.
1242. II, 285.
1243. II, 292.
1244. II, 254, 293.
1245. II, 292.
1246. II, 243 (n.), 293.
1247. II, 291; III, 321.
1248. II, 291.
1249. II, 297.
1250. II, 102 (n.), 298.
1251. II, 102 (n.), 248, 299; III, 232.
1252. II, 299.
1253. II, 294.
1254. II, 294.
1255. II, 295.
1256. II, 295.
1257. II, 288, 289.
1258. II, 287.
1259. II, 288.
1260. II, 289.
1261. II, 289.
1262. II, 286, 289, 290.
1263. II, 290.
1264. II, 289.
1265. III, 310.
1266. III, 311.
1267. III, 311.
1268. III, 311.
1269. III, 311.
1270. III, 311, 312.

1271. II, 300, 301.
1272. II, 299.
1273. II, 300.
1274. II, 301.
1275. II, 302.
1276. II, 302.
1277. II, 300.
1278. II, 303.
1279. II, 303.
1280. II, 303.
1281. II, 251, 268, 303.
1282. II, 132 (n.), 303.
1283. II, 132 (n.), 303, 345.
1284. II, 306.
1285. II, 251, 306.
1286. II, 305.
1287. II, 305.
1288. II, 306.
1289. II, 306.
1290. II, 306, 309.
1291. II, 237 (n.), 307.
1292. II, 237, 307.
1293. II, 308.
1294. II, 250, 307.
1295. II, 308.
1296. II, 310.
1297. II, 310.
1298. II, 308.
1299. II, 309.
1300. II, 61 (n.), 311.
1301. II, 250 (n.), 312.
1302. II, 239 (n.), 258, 271, 292 (n.), 313, 314; III, 336 (n.)
1303. II, 314.
1304. II, 92 (n.), 322.
1305. I, 261 (n.); II, 320.
1306. II, 319.
1307. II, 320.
1308. II, 320.
1309. II, 321.
1310. II, 320.
1311. II, 322.
1312. II, 318.
1313. I, 261 (n.); II, 220.
1314. I, 253.
1315. II, 324.
1316. II, 324.
1317. I, 184 (n.); II, 325.
1318. II, 325.
1319. II, 326.
1320. II, 326.
1321. II, 326.
1322. II, 328.
1323. II, 328.
1324. II, 328.
1325. II, 331, 333 (n.).
1326. II, 330.
1327. II, 330.
1328. II, 138 (n.), 339.
1329. II, 332.
1330. II, 332.
1331. II, 332.
1332. II, 333.
1333. II, 334.
1334. II, 334.
1335. II, 335, 336.
1336. II, 337.
1337. II, 339.
1338. II, 322, 323.
1339. II, 127, 322 (n.), 323.
1340. II, 128, 323.
1341. II, 339, 340.
1342. II, 340.
1343. II, 341.
1344. II, 341.
1345. II, 340, 341.
1346. II, 340.
1347. II, 342.
1348. II, 341, 342; III, 341.
1349. II, 342.
1350. II, 343.
1351. I, 2 (n.); II, 344.
1352. II, 343, 345.
1353. II, 345.
1354. II, 345.
1355. II, 346.
1356. II, 346.
1357. II, 347.
1358. II, 347.
1359. II, 347.
1360. II, 347.
1361. II, 348.
1362. II, 347.
1363. II, 206 (n.), 348.
1364. II, 348.
1365. II, 247, 251, 348.
1366. II, 349.
1367. II, 349.
1368. II, 349.
1369. II, 350.
1370. II, 206; III, 354.

DU CODE NAPOLÉON.

1371. III, 355.
1372. III, 356.
1373. III, 356.
1374. III, 356.
1375. III, 357.
1376. III, 358.
1377. III, 358.
1378. III, 359.
1379. III, 359.
1380. III, 359.
1381. III, 359.
1382. III, 360.
1383. I, 39; III, 360.
1384. III, 361.
1385. III, 360.
1386. III, 360.
1387. III, 5.
1388. I, 134, 211 (n.) III, 5.
1389. III, 6.
1390. III, 6.
1391. III, 10, 11.
1392. III, 10, 88.
1393. III, 10.
1394. III, 7.
1395. III, 7.
1396. III, 8.
1397. III, 8.
1398. I, 225, 296 (n.); III, 7.
1399. III, 13.
1400. III, 14.
1401. I, 286 (n.), 322 (n.); III, 15, 16.
1402. III, 16, 20, 69.
1403. III, 15, 16.
1404. III, 13, 16.
1405. III, 17.
1406. III, 18.
1407. III, 18.
1408. III, 19.
1409. III, 21.
1410. III, 22.
1411. III, 24.
1412. III, 24, 25.
1413. III, 26.
1414. III, 26.
1415. III, 26.
1416. III, 27.
1417. III, 24, 25, 27.
1418. III, 27.
1419. I, 132 (n.); III, 23, 31, 36, 38.

1420. III, 36.
1421. I, 285 (n.); III, 28.
1422. I, 285 (n.); III, 32.
1423. II, 171 (n.); III, 33.
1424. I, 131 (n.); III, 32, 35.
1425. I, 131 (n.); III, 33.
1426. III, 24, 31, 34.
1427. III, 34.
1428. I, 375 (n.); III, 30.
1429. I, 246.
1430. I, 246.
1431. III, 38.
1432. III, 38 (n.)
1433. III, 28, 57, 58.
1434. III, 58.
1435. III, 58.
1436. III, 59.
1437. III, 28, 55.
1438. II, 70; III, 64.
1439. II, 70; III, 32.
1440. III, 91.
1441. III, 39, 40.
1442. I, 191, 240; III, 39.
1443. III, 41.
1444. III, 43, 48.
1445. III, 43, 44.
1446. II, 268 (n.); III, 41.
1447. III, 43.
1448. I, 129 (n.); III, 45.
1449. I, 133; II, 81; III, 44, 87 (n.)
1450. III, 44.
1451. III, 45.
1452. I, 166; III, 52.
1453. III, 47.
1454. III, 48.
1455. I, 76 (n.); III, 48.
1456. III, 49.
1457. III, 49, 51.
1458. III, 49.
1459. III, 50.
1460. III, 48, 53.
1461. III, 50.
1462. III, 49.
1463. III, 49.
1464. III, 51.
1465. III, 52.
1466. III, 50.
1467. III, 54.
1468. III, 59.
1469. III, 59 (n.)

1470. III, 57, 59.
1471. III, 60.
1472. III, 60.
1473. III, 56, 59.
1474. III, 60.
1475. III, 51.
1476. III, 60.
1477. III, 53.
1478. III, 63 (n), 64.
1479. III, 64.
1480. III, 64.
1481. III, 52.
1482. III, 31, 61.
1483. III, 37, 53, 61.
1484. III, 62.
1485. III, 63.
1486. III, 62.
1487. III, 37, 62.
1488. III, 62.
1489. III, 62.
1490. III, 63.
1491. III, 63.
1492. III, 65.
1493. III, 66.
1494. III, 31, 36, 37, 65.
1495. III, 52, 66.
1496. III, 66.
1497. III, 68.
1498. III, 69.
1499. III, 69.
1500. III, 70, 71.
1501. III, 71.
1502. III, 72.
1503. III, 71, 72.
1504. III, 72.
1505. III, 73.
1506. III, 73, 74.
1507. III, 74.
1508. III, 74, 75.
1509. III, 74.
1510. III, 76.
1511. III, 75.
1512. III, 77.
1513. III, 78.
1514. II, 224 (n); III, 79.
1515. I, 166 (n); III, 80, 81.
1516. III, 81.
1517. III, 80.
1518. III, 80, 81 (n).
1519. III, 81.
1520. III, 82.

1521. III, 82.
1522. III, 83.
1523. III, 83.
1524. III, 83.
1525. III, 84.
1526. III, 84.
1527. III, 67, 68.
1528. III, 14, 67.
1529. III, 84, 85.
1530. III, 85.
1531. III, 85, 86.
1532. III, 86.
1533. III, 86.
1534. III, 86.
1535. III, 85.
1536. I, 133; III, 87.
1537. I, 129 (n); III, 87.
1538. I, 133, 134; II, 81; III, 11.
1539. III, 87.
1540. III, 11, 89.
1541. III, 12, 89.
1542. III, 90.
1543. III, 89.
1544. III, 90.
1545. III, 90.
1546. III, 90.
1547. III, 91.
1548. III, 91.
1549. III, 91.
1550. III, 91.
1551. III, 92.
1552. III, 92, 93.
1553. III, 93.
1554. III, 93.
1555. III, 94.
1556. III, 94.
1557. III, 93.
1558. III, 95.
1559. III, 95.
1560. III, 95.
1561. III, 96.
1562. III, 92.
1563. III, 92.
1564. III, 96.
1565. III, 97.
1566. III, 96, 97.
1567. III, 97.
1568. III, 97.
1569. III, 98.
1570. III, 98.

1571. III, 98.
1572. III, 99.
1573. II, 73.
1574. I, 133 (n); III, 99.
1575. I, 129 (n); III, 88, 99.
1576. I, 133; II, 81; III, 99.
1577. III, 100.
1578. III, 100.
1579. III, 100.
1580. III, 100.
1581. III, 70, 88.
1582. III, 112.
1583. I, 381 (n.); II, 203; III, 104.
1584. III, 112.
1585. III, 105.
1586. III, 105.
1587. III, 105.
1588. III, 105.
1589. III, 112, 113.
1590. III, 112.
1591. III, 106.
1592. III, 106.
1593. III, 113.
1594. III, 107.
1595. III, 110.
1596. I, 244; III, 108.
1597. III, 109.
1598. III, 111.
1599. III, 111.
1600. III, 111.
1601. III, 110.
1602. III, 113.
1603. III, 113.
1604. III, 114.
1605. III, 115.
1606. III, 114, 115.
1607. III, 140.
1608. III, 115.
1609. III, 115.
1610. III, 115.
1611. III, 115.
1612. III, 115.
1613. III, 116.
1614. III, 116.
1615. III, 116.
1616. III, 116.
1617. III, 117.
1618. III, 117.
1619. III, 118.
1620. III, 118.
1621. III, 117.
1622. III, 119.
1623. III, 118.
1624. III, 116.
1625. III, 119.
1626. III, 120.
1627. III, 120.
1628. III, 120.
1629. III, 120.
1630. III, 121.
1631. III, 122.
1632. III, 122.
1633. III, 121.
1634. III, 121.
1635. III, 121.
1636. III, 122.
1637. III, 122.
1638. III, 123.
1639. III, 122.
1640. III, 123.
1641. II, 217 (n.); III, 124.
1642. III, 124.
1643. III, 124, 125.
1644. II, 217; III, 124.
1645. III, 124.
1646. III, 125.
1647. III, 125.
1648. III, 124, 125.
1649. III, 125.
1650. III, 126.
1651. II, 291 (n.); III, 126.
1652. II, 280 (n.); III, 127.
1653. III, 126.
1654. III, 126, 128.
1655. III, 129.
1656. II, 234 (n.); III, 128.
1657. II, 235 (n.); III, 129.
1658. III, 127.
1659. III, 129.
1660. III, 129.
1661. III, 129, 130.
1662. III, 130.
1663. III, 130.
1664. III, 131.
1665. II, 233; III, 130.
1666. III, 130.
1667. III, 131.
1668. III, 132.
1669. III, 132.
1670. III, 132.
1671. III, 132.

TABLE DES ARTICLES

1672. III, 132.
1673. III, 130, 131.
1674. III, 134.
1675. III, 135.
1676. III, 134.
1677. III, 134.
1678. III, 135.
1679. III, 135.
1680. III, 135.
1681. III, 135, 136.
1682. III, 135.
1683. III, 136.
1684. I, 253; III, 134.
1685. III, 136.
1686. III, 141.
1687. II, 84; III, 142.
1688. III, 142.
1689. III, 137.
1690. II, 301; III, 137.
1691. II, 301; III, 137.
1692. III, 138.
1693. III, 138.
1694. III, 139.
1695. III, 139.
1696. III, 140.
1697. III, 140.
1698. III, 141.
1699. III, 138.
1700. III, 138.
1701. III, 139.
1702. III, 149.
1703. III, 149.
1704. III, 150.
1705. III, 150.
1706. III, 149.
1707. III, 149.
1708. III, 151.
1709. III, 151.
1710. III, 184.
1711. III, 153.
1712. III, 152 (n.)
1713. III, 152.
1714. III, 152, 154.
1715. III, 155.
1716. III, 155.
1717. III, 160.
1718. I, 246.
1719. II, 213; III, 155.
1720. III, 156.
1721. III, 158, 159.
1722. III, 159.

1723. III, 157.
1724. III, 157.
1725. III, 158.
1726. III, 158.
1727. III, 158.
1728. III, 158, 160, 162.
1729. III, 161.
1730. III, 161.
1731. III, 161.
1732. III, 160.
1733. III, 161, 169.
1734. III, 169.
1735. III, 160.
1736. III, 163.
1737. III, 163.
1738. III, 163.
1739. III, 163.
1740. III, 264 (n.)
1741. III, 163, 165.
1742. III, 166.
1743. III, 164.
1744. III, 164.
1745. III, 165.
1746. III, 165.
1747. III, 165.
1748. III, 164.
1749. III, 165.
1750. III, 165.
1751. III, 165.
1752. III, 168.
1753. III, 169, 243.
1754. III, 169.
1755. III, 167, 168.
1756. III, 167.
1757. III, 170.
1758. III, 170.
1759. III, 163.
1760. III, 167.
1761. III, 167.
1762. III, 167.
1763. III, 172.
1764. III, 172.
1765. III, 170.
1766. III, 160, 161, 171.
1767. III, 171.
1768. III, 161.
1769. III, 172, 173.
1770. III, 172.
1771. III, 172, 174.
1772. III, 173.
1773. III, 173.

DU CODE NAPOLÉON.

1774. III, 163, 175.
1775. III, 175.
1776. III, 163.
1777. III, 171.
1778. III, 171.
1779. III, 184.
1780. III, 185.
1781. III, 185.
1782. III, 186.
1783. III, 186.
1784. III, 186.
1785. III, 186.
1786. III, 186.
1787. III, 187.
1788. III, 187.
1789. III, 187.
1790. III, 188.
1791. III, 188.
1792. III, 189.
1793. III, 189.
1794. III, 188.
1795. III, 190.
1796. III, 190.
1797. III, 187.
1798. III, 190.
1799. III, 189.
1800. III, 176.
1801. III, 176.
1802. III, 176.
1803. III, 177.
1804. III, 178.
1805. I, 363 (n.); III, 178.
1806. III, 178.
1807. III, 178.
1808. III, 178.
1809. III, 179.
1810. III, 179.
1811. III, 178, 179, 180.
1812. III, 180.
1813. III, 179.
1814. III, 180.
1815. III, 180.
1816. III, 180.
1817. III, 180.
1818. III, 182.
1819. III, 182.
1820. III, 182.
1821. III, 183.
1822. III, 183.
1823. III, 183.
1824. III, 183.

1825. III, 183.
1826. III, 184.
1827.
1828. III, 181.
1829. III, 181.
1830. III, 181.
1831. III, 177.
1832. III, 191.
1833. III, 191, 192.
1834. III, 191.
1835. III, 192.
1836. III, 193.
1837. III, 194.
1838. III, 195.
1839. III, 193.
1840. III, 193.
1841. III, 195.
1842. III, 195.
1843. III, 196.
1844.
1845. III, 201, 202.
1846. II, 279; III, 201, 202, 205.
1847. III, 202.
1848. III, 204.
1849. III, 205.
1850. III, 205.
1851. III, 201, 202.
1852. III, 203.
1853. III, 197, 198.
1854. III, 198.
1855. III, 192, 197.
1856. III, 198.
1857. III, 199.
1858. III, 199.
1859. III, 199, 203.
1860. III, 203.
1861. III, 204.
1862. III, 200.
1863. III, 200.
1864. III, 200.
1865. III, 205, 206, 207.
1866. III, 206.
1867. III, 201 (n.), 206.
1868. III, 206, 207.
1869. III, 207.
1870. III, 208.
1871. III, 207.
1872. III, 208.
1873. III, 195.
1874. III, 314.

1875. III, 314.
1876. III, 314.
1877. III, 315.
1878. III, 315.
1879. III, 316.
1880. III, 315.
1881. III, 316.
1882. III, 316.
1883. III, 316.
1884. III, 316.
1885. III, 317.
1886. III, 317.
1887. III, 317.
1888. III, 316.
1889. III, 317.
1890. III, 317.
1891. III, 318.
1892. III, 318.
1893. III, 319.
1894. III, 319.
1895. III, 320.
1896. III, 320.
1897. III, 319.
1898. III, 319.
1899. III, 320.
1900. III, 320.
1901. III, 320.
1902. III, 318.
1903. III, 320.
1904. III, 320.
1905. III, 321.
1906. III, 322.
1907. III, 321, 322.
1908. II, 294; III, 322.
1909. III, 321, 322.
1910. III, 221.
1911. III, 324.
1912. III, 323.
1913. III, 323.
1914. III, 321.
1915. III, 332.
1916. III, 332.
1917. III, 333.
1918. III, 333.
1919. III, 333.
1920. III, 333.
1921. III, 333.
1922. III, 339.
1923. III, 341.
1924.
1925. III, 334.
1926. III, 334.
1927. III, 335.
1928. III, 335, 336.
1929. III, 336.
1930. III, 336.
1931. III, 336.
1932. III, 336.
1933. III, 337.
1934. III, 336.
1935. III, 337.
1936. III, 337.
1937. III, 338.
1938. III, 339.
1939. III, 338.
1940. III, 339.
1941. III, 339.
1942. III, 338.
1943. III, 338.
1944. III, 333, 338.
1945. III, 337.
1946. III, 335.
1947. III, 340.
1948. III, 340.
1949. III, 340.
1950. III, 341.
1951.
1952. III, 340.
1953. III, 186, 341.
1954. III, 341.
1955. III, 342.
1956. III, 342.
1957. III, 342.
1958. III, 342.
1959. III, 342.
1960. III, 342.
1961. II, 289; III, 342, 343.
1962. III, 343.
1963. III, 343.
1964. III, 326.
1965. III, 327.
1966. III, 327.
1967. III, 327.
1968. III, 328.
1969. III, 328.
1970. III, 328.
1971. III, 330.
1972. III, 331.
1973. II, 132; III, 330.
1974. III, 331.
1975. III, 331.
1976. III, 329.

1977. III, 329.
1978. III, 329.
1979. III, 329.
1980. III, 330.
1981. II, 308; III, 331.
1982. III, 330.
1983. III, 330.
1984. III, 209.
1985. III, 209, 210.
1986. III, 210.
1987. III, 210.
1988. III, 204, 212.
1989. III, 204, 212.
1990. III, 210.
1991. III, 211, 217.
1992. III, 213.
1993. III, 213.
1994. III, 212.
1995. III, 213.
1996. III, 213.
1997. III, 212.
1998. III, 215.
1999. III, 214.
2000. III, 214.
2001. III, 214.
2002. III, 209, 214.
2003. III, 215, 216, 217.
2004. III, 215, 216.
2005. III, 216.
2006. III, 215.
2007. III, 217.
2008. III, 218.
2009. III, 218.
2010. III, 217.
2011. III, 223.
2012. III, 225.
2013. III, 225.
2014. III, 225.
2015. III, 224.
2016. III, 224.
2017. III, 224.
2018. III, 227.
2019. III, 227.
2020. III, 228.
2021. III, 228, 229, 230, 231.
2022. III, 229, 230.
2023. III, 230.
2024. III, 230.
2025. III, 229.
2026. III, 231.
2027. III, 231.

2028. II, 279; III, 232, 233.
2029. III, 232.
2030. III, 232.
2031. III, 234.
2032. III, 234.
2033. III, 224, 234.
2034. III, 235.
2035. III, 235.
2036. III, 236.
2037. III, 235.
2038. III, 236.
2039. III, 336.
2040. III, 227.
2041. III, 227.
2042. III, 229.
2043. III, 230.
2044. II, 93 (n.); III, 219.
2045. III, 220.
2046. III, 221.
2047. III, 222.
2048. II, 274 (n.); III, 221.
2049. III, 222.
2050. III, 222.
2051. III, 220.
2052. III, 219, 221, 222.
2053. III, 222.
2054. III, 221.
2055. III, 221.
2056. III, 221.
2057. III, 221.
2058. III, 222.
2059. III, 304.
2060. I, 164 (n.); III, 304, 305, 308, 343.
2061. III, 306.
2062. III, 162, 174, 307, 308.
2063. III, 308, 309.
2064. III, 309.
2065. III, 309.
2066. III, 309, 310.
2067. III, 310.
2068. III, 310.
2069. III, 310.
2070. III, 303.
2071. III, 345.
2072. III, 346.
2073. III, 349.
2074. III, 349.
2075. III, 349.
2076. III, 346, 350.
2077.

2078. III, 347.
2079. III, 347.
2080. III, 348, 350, 351.
2081. III, 350.
2082. III, 348.
2083. II, 258; III, 252, 348.
2084. III, 347.
2085. III, 351, 352.
2086. III, 353.
2087. III, 353.
2088. III, 352.
2089. III, 352.
2090. III, 351, 352.
2091. III, 352.
2092. III, 142, 237, 257.
2093. II, 293; III, 143, 237.
2094. III, 237.
2095. III, 238.
2096. III, 239.
2097. III, 239.
2098. III, 239.
2099. III, 240.
2100. III, 240.
2101. II, 60 (n.); III, 240, 241.
2102. II, 60 (n.); III, 106, 162, 179, 187, 242, 245.
2103. II, 90; III, 190, 247, 249.
2104. III, 241.
2105. III, 241.
2106. III, 246.
2107. III, 241.
2108. III, 248.
2109. II, 87 (n.).
2110. III, 190, 249.
2111. II, 105, 164.
2112. III, 238.
2113. III, 246, 299.
2114. II, 100; III, 252.
2115.
2116. III, 253.
2117. I, 375 (n.); III, 254.
2118. II, 134 (n.); III, 252.
2119. II, 190; III, 252.
2120. III, 252.
2121. III, 254.
2122. III, 270.
2123. I, 20, 78 (not.); III, 255, 270.
2124. III, 256.
2125. III, 257.
2126. I, 78; III, 256 (n.), 257.
2127. III, 256.
2128. III, 256.
2129. III, 275, 276.
2130. III, 275.
2131. II, 237; III, 275.
2132. III, 276.
2133. III, 275.
2134. III, 254, 258, 265.
2135. I, 258; III, 38, 60 (n.) 62 (n.) 65, 99, 254, 258, 259.
2136. III, 265.
2137. III, 266.
2138. III, 266.
2139. III, 266.
2140. III, 274.
2141. III, 273.
2142.
2143. III, 273.
2144. III, 274.
2145. III, 274.
2146. III, 260, 264.
2147. III, 258.
2148. I, 3 (n.); III, 261, 262.
2149. III, 263.
2150. III, 263.
2151. III, 261.
2152. III, 263.
2153. III, 262.
2154. III, 264.
2155. III, 248, 263.
2156. III, 263.
2157. III, 293.
2158. III, 293.
2159. III, 271, 293.
2160. III, 293.
2161. III, 271.
2162. III, 272.
2163. III, 272.
2164. III, 273.
2165. III, 272.
2166. III, 277.
2167. III, 287, 288.
2168. II, 100 (n.); III, 288.
2169. III, 289.
2170. III, 289.
2171. III, 289.
2172. III, 287, 288.
2173. III, 288.
2174. III, 287, 288, 289.

2175. III, 290.
2176. III, 290.
2177. III, 290.
2178. III, 290.
2179.
2180. III, 292.
2181. III, 278.
2182. III, 278 (n.)
2183. III, 279.
2184. III, 279.
2185. III, 280, 281.
2186. III, 282.
2187. III, 282, 283.
2188. III, 284.
2189. III, 283.
2190. III, 282.
2191. III, 283.
2192. III, 282.
2193. III, 284.
2194. III, 258, 285.
2195. III, 286.
2196. III, 266.
2197. III, 268.
2198. III, 268.
2199. III, 267.
2200. III, 267.
2201. III, 266.
2202. III, 268.
2203. III, 269.
2204. III, 144, 146.
2205. II, 98; III, 148.
2206. I, 249; III, 146.
2207. I, 250; III, 147.
2208. III, 147.
2209. III, 144.
2210. III, 146.
2211. III, 145.
2212. III, 146.
2213. III, 148.
2214. III, 146.
2215. III, 148.
2216. III, 148.
2217.
2218.
2219. II, 351.
2220. II, 352.
2221. II, 352.
2222. II, 353.
2223. II, 352.
2224. II, 353.
2225. II, 353.

2226. II, 355.
2227. II, 355.
2228. II, 367.
2229. I, 347 (n.); II, 367.
2230. II, 370.
2231. II, 370.
2232. I, 347 (n.), 352 (n.); II, 370.
2233. II, 369.
2234. II, 371.
2235. II, 374.
2236. II, 368.
2237. II, 368.
2238. II, 371.
2239. II, 368.
2240. II, 370.
2241. II, 371.
2242. II, 359.
2243. II, 371.
2244. II, 359.
2245. II, 359.
2246. II, 359.
2247. II, 360.
2248. II, 359, 371.
2249. II, 261.
2250.
2251. II, 358.
2252. II, 357.
2253. II, 357.
2254. II, 357.
2255.
2256. II, 357, 358 (n.)
2257. II, 91, 358.
2258. II, 358.
2259. II, 358.
2260. II, 353.
2261. II, 354.
2262. I, 359 (n.); II, 355, 372.
2263. II, 338 (n.), 361.
2264.
2265. I, 370 (n.); II, 372, 373.
2266. II, 373.
2267. II, 372.
2268. I, 84 (n.); II, 7, 270 (n.), 273.
2269. II, 273.
2270. III, 189.
2271. II, 364.
2272. II, 363.
2273. II, 362, 363.

396 TABLE DES ARTICLES DU CODE NAPOLÉON.

2274. II, 364.
2275. II, 365.
2276. II, 362, 363.
2277. II, 361.

2278. I, 242 (n.); II, 365.
2279. I, 381 (n.); II, 4(n.), 366.
2280. II, 4 (n.), 366.
2281. I, 370 (n.); II, 354.

Fin de la table des articles du Code Napoléon.

DE L'IMPRIMERIE DE P. GUEFFIER.

www.ingramcontent.com/pod-product-compliance
Lightning Source LLC
Chambersburg PA
CBHW071948220426
43662CB00009B/1050